学术前沿研究

BIM设计

及设备应用

许可 高治军 高宾 著

中国电力出版社
CHINA ELECTRIC POWER PRESS

内 容 提 要

本书结合大量工程项目技术实践经验,讲述了 BIM 技术与设备应用的结合,涵盖了项目设计、施工和运维。全书共分为 8 个章节,第 1～2 章主要分别从 BIM 基础知识和 Revit 软件在项目管理中的应用做了简单介绍;第 3～4 章主要论述 Revit 在给排水和暖通空调设计和建模分析,进一步从项目管理的设计阶段、施工阶段和运维阶段对 BIM 技术在项目中的应用和管理做了详细具体的介绍;第 5 章主要论述 BIM 在建筑电气设计中的应用和设计;第 6 章主要论述协同工作方式,特别是对碰撞分析进行了详细的研究;第 7 章论述"族"的建立、插入、修改和统计的过程以及族与各种类型的建筑构件之间的对应关系;第 8 章以两个案例为对象研究整体的项目设计过程。

本书适合 BIM 领域从业人员,以及有意向学习 BIM 技术的人员,也可作为高校 BIM 课程的教材。

图书在版编目(CIP)数据

BIM 设计及设备应用 / 许可,高治军,高宾著. —北京:中国电力出版社,2017.7
(2023.1 重印)
ISBN 978-7-5198-0905-8

Ⅰ. ①B⋯　Ⅱ. ①许⋯ ②高⋯ ③高⋯　Ⅲ. ①建筑设计–计算机辅助设计–应用软件–教材　Ⅳ. ①TU201.4

中国版本图书馆 CIP 数据核字(2017)第 157936 号

出版发行:中国电力出版社
地　　址:北京市东城区北京站西街 19 号 (邮政编码 100005)
网　　址:http://www.cepp.sgcc.com.cn
责任编辑:乐　苑 (010－63412380)
责任校对:朱丽芳
装帧设计:王红柳
责任印制:单　玲

印　　刷:中国电力出版社有限公司
版　　次:2017 年 7 月第一版
印　　次:2023 年 1 月北京第三次印刷
开　　本:710 毫米×1000 毫米　16 开本
印　　张:15
字　　数:280 千字
定　　价:48.00 元

前　言

BIM（Building Information Modeling），建筑信息模型，自 2002 年这一方法和理念首次提出之后，这一引领建筑行业信息技术变革的风潮便在全球范围内席卷开来。随着建筑技术、信息技术的提高以及人们对可持续性建筑的不断深入研究，近些年国内外已普遍开始接受 BIM 理念与技术。国内先进的建筑设计机构和地产公司纷纷成立 BIM 技术小组。同时，北京、上海、广州等地专业 BIM 咨询公司在建筑项目生命周期的各个阶段（包括策划、设计、招投标、施工、运营维护和改造升级等）都开始了 BIM 技术的应用。目前，BIM 在国内市场的主要应用典例是 BIM 模型维护、场地分析、建筑策划、方案论证、可视化设计、协同设计、性能化分析、工程量统计、管线综合、施工进度模拟、施工组织模拟、数字化建设、物料跟踪、施工现场配合、竣工模拟交付、维护计划、资产管理、空间管理、建筑系统分析、危害应急模拟。从以上 BIM 典型应用中可以看出，BIM 应用对于实现建筑全生命周期管理，提高建筑行业规划、设计、施工和运营的科学技术水平，促进建筑业全面信息化和现代化，具有巨大的应用价值和广阔的应用前景。BIM 被誉为 21 世纪建筑产业技术的革命，无论从管理层面还是技术层面都远远优越于传统 CAD 模式。

本书围绕 BIM 工程设计这一中心，根据实际工程项目，从全周期的角度对 BIM 整体应用进行系统性分析研究，以设计企业 BIM 实施标准的建立为目标，从 BIM 设计过程的资源、行为、交付三个基本维度，给出设计企业实施标准的具体方法和实践内容，逐步形成以建筑内部设备标准设计框架研究为理论基础、以领域和专业的实施标准为主要应用标准，使建筑内部系统综合设计能更直观、明了、高效、充分、精确的帮助我们协调各系统的管线布置，因此本书对推动 BIM 在工程设计阶段的理论研究和应用实践，加快建筑业信息化建设具有重要的理论意义和实际应用价值。

本书第一、四、六、七、八章由沈阳建筑大学的许可撰写，其中高治军参与了部分撰写工作；其余各章由上海宝冶集团有限公司建筑设计研究院的高宾撰写。最后定稿和校对由许可完成。

值此书付诸印刷之际，首先感谢沈阳建筑大学林阳、刘冰、杨宇鑫、瞿荣、赵义龙，上海宝冶集团有限公司建筑设计研究院高振洋，中国建筑上海设计研究院郑述，中国建筑第八工程局天津公司费博伟等同志为此书的撰写投入大量精力；其次，感谢沈阳建筑大学侯静、刘剑、李孟歆、张颖、刘美菊等同志提供宝贵意见。

限于时间和作者水平，疏漏和不妥之处在所难免，诚恳欢迎读者和有识之士批评指正。

著　者
2017 年 4 月 10 日

目　　录

第一章 BIM 与 Revit 技术

1.1 建筑信息模型 Building Information Modeling

1.1.1 BIM 技术概述

BIM 是 Building Information Modeling 的英文缩写，代表的是建筑信息模型。近几年来，它作为一种新型的数字化技术被广泛地应用在建筑行业中，推动了建筑行业的巨大变革。BIM 技术被广泛地应用在建筑领域的设计阶段、施工阶段以及建成后的维护和管理阶段，现在已经成为设计和施工单位承接项目的必要能力，受到了广泛的重视。目前，BIM 技术专业咨询公司已经出现很多，发展势力非常活跃，为中小企业运用 BIM 技术提供了强有力的支持。BIM 是以三维数字技术为基础，以集成建筑工程项目各种相关信息的工程数据模型的方式对该工程项目相关信息进行详尽的表达，是解决建筑工程在软件中的描述问题的直接应用，并且让设计人员和工程技术人员能够对各种建筑信息做出正确的应对。BIM 技术可以对工程项目设施实体和功能特性进行数字化表达。完善的信息模型可以将建筑项目在不同周期的数据、资源以及过程连接起来，能够将完整的工程对象描述出来，能够方便地被各个建筑项目参与方使用。BIM 信息模型具有单一工程数据源，可解决分布式、异构工程数据之间的一致性和全局共享问题，支持建设项目生命周期中动态的工程信息创建、管理和共享。建筑信息模型同时又是一种应用于设计、建造、管理的数字化方法，这种方法支持建筑工程的集成管理环境，可以使建筑工程在其整个进程中显著提高效率和大量减少风险。

BIM 技术具备可视化、协调性、模拟性、优化性、可出图性、完备性、关联性、一致性的特点，从而可以方便地进行更好的沟通、讨论与决策，减少不合理变更方案或问题变更方案。

1.1.2 BIM 技术应用前景

BIM 理念正逐渐为我国建筑行业知晓。国内先进的建筑设计机构和地产公司纷纷成立 BIM 技术小组。同时，北京、上海、广州等地的专业 BIM 咨询公司在建筑项目生命周期的各个阶段（包括策划、设计、招投标、施工、运营维护和

1

改造升级等）都开始了 BIM 技术的应用。

目前，BIM 在国内市场的主要应用典例是 BIM 模型维护、场地分析、建筑策划、方案论证、可视化设计、协同设计、性能化分析、工程量统计、管线综合、施工进度模拟、施工组织模拟、数字化建设、物料跟踪、施工现场配合、竣工模拟交付、维护计划、资产管理、空间管理、建筑系统分析、危害应急模拟。从以上 BIM 典型应用中可以看出，BIM 的应用对于实现建筑全生命周期管理，提高建筑行业规划、设计、施工和运营的科学技术水平，促进建筑业全面信息化和现代化，具有巨大的应用价值和广阔应用前景。BIM 被誉为 21 世纪建筑产业技术的革命，无论从管理层面还是技术层面都远远优越于传统 CAD 模式。

BIM 的关键在于其对建筑全生命周期中的应用范围，从概念设计到后期施工，再到竣工乃至拆除，BIM 是可以贯穿其始终的。在各阶段不同的利益相关者，都可以通过 BIM 建立的模型来查看自身的业务状况，然后做出合理判断，并且达成一致为同一项目服务的行为。这也是 BIM 为达成最佳协同提供了一个平台。

Revit 是国内 BIM 应用方面的一款主流软件，其覆盖率有数据显示高达 75% 左右。旗下有建筑、结构、管线综合三大模块。基本覆盖了建筑设计方面所有的专业，而且该软件是欧克旗下的，因此其与 CAD 可以完美结合，两款软件之间的数据可以相互交换，基本不用担心数据损失问题。

总的来说，BIM 就是一个平台，而 Revit 就是实现 BIM 这个平台的一个工具，两者是包含与被包含的关系。另外，Revit 是表现 BIM 技术的一个渠道，而 BIM 则是给了 Revit 一个展示的舞台。

1.2 Revit 软件

1.2.1 Revit 的基本术语

标识 Revit 对象的基本术语是大多数建筑师熟悉的常用业界标准术语。但是，一些术语对 Revit 来讲是唯一的。了解下列术语对于了解本软件非常重要。

1. 族

族是 Revit 的设计基础，是某一种类别图元的类。它可以根据参数集的共用、使用上的相同和图形表示的相似来对图元进行分组。一个族中不同图元的部分或全部属性可能有不同的值，但是属性中对名称和含义的设置是相同的。族中含有的参数记录着图元在项目中的尺寸、材质、安装位置等信息，修改这些参数可以改变图元的尺寸和位置等。在 Revit 中，族分为以下三种：

（1）可载入族。

可载入族是指单独保存为族.rfa 格式的独立族文件，且可以随时载入到项目中的族。Revit 提供了族样板文件，允许用户自定义任何形式的族。在 Revit 中，门、窗、结构柱、卫浴装置等均为可载入族。

（2）系统族。

系统族仅能利用系统提供的默认参数进行定义，不能作为单个族文件载入或创建。系统族包括墙、尺寸标注、天花板、屋顶、楼板等。系统族中定义的族类型可以使用"项目传递"功能在不同的项目之间进行传递。

（3）内建族。

在项目中，由用户在项目中直接创建的族称为内建族。内建族仅能在本项目中使用，既不能保存为单独的.rfa 格式的族文件，也不能通过"项目传递"功能将其传递给其他项目。

与其他族不同，内建族仅能包含一种类型。Revit 不允许用户通过复制内建族类型来创建新的族类型。

四种基本文件格式：

.rvt 格式：项目文件格式   .rte 格式：样板文件格式

.rfa 格式：外部族文件格式   .rft 格式：外部族样板文件格式

2. 类型

类型表示同一族的不同参数（属性）值，每一个族都可以拥有很多个类型。类型可以是族的特定尺寸，例如一个 A0 标题栏或 50″×60″。类型也可以是样式，例如尺寸标注的默认角度样式或默认对齐样式。

3. 类别

类别是一组用于对设计建模或归档的图元，例如模型图元类别包括墙和梁，注释图元类别包括标记和文字注释。

4. 实例

实例是放置在项目中的实际项（单个图元），它们在建筑（模型实例）或图纸（注释实例）中都有特定的位置。

5. 项目

在 Revit 中，项目是单个设计信息数据库–建筑信息模型。项目文件包含了建筑的所有设计信息（从几何图形到构造数据），这些信息包括用于设计模型的构件、项目视图和设计图纸。通过使用单个项目文件，在 Revit 中不仅可以轻松地修改设计，还可以使修改反映在所有关联区域（平面视图、立面视图、剖面视图、明细表等）中。仅需要跟踪一个文件，同时还方便了项目管理。

6. 图元

图元都是使用"族"来创建的，在创建项目时，可以向设计中添加 Revit 参数化建筑图元。Revit 按照族、类型和类别对图元进行分类。图元又分模型图元、视图专用图元、基准图元（轴网、标高和工作平面）。

轴网：有限平面，可以在立面视图中拖拽其范围，使其不与标高线相交。轴网可以是直线，也可以是弧线。

标高：是无限的水平平面，用作屋顶、楼顶和天花板等以层为主体图元的参照。大多用于定义建筑内的垂直高度或楼层。可为每个已知楼层或建筑的其他必需参照（如第二层、墙顶或基础底端）创建标高，要放置标高必须处于剖面或立面视图中。

工作平面：是虚拟的二维表面。工作平面与每个视图都相关联，其用途如下：作为视图的原点、绘制图元、在特殊视图中启用某些工具（例如在三维视图中启用"旋转"和"镜像"）、用于放置基于工作平面的构件。平面视图、三维视图和绘图视图以及族编辑器的视图中，工作平面是自动设置的。立面视图和剖面视图中，则必须设置工作平面。

1.2.2　Revit 的启动

要启动 Revit 2015 简体中文版，有三种方法。

（1）双击桌面上的快捷图标，可直接进入工作界面。

（2）点击电脑左下角开始/所有程序/ Revit 2015 简体中文版，进入工作界面。

（3）双击桌面"我的电脑"图标，打开安装目录文件夹（一般在 C 盘的 Program Files 文件夹内找到 Revit 2015\Revit.exe）双击 Revit.exe 进入工作界面。

启动 Revit 2015 时，需要注意的是在安装完之后会有 Revit 2015 和 Revit Viewer 2015 两种运行模式。Revit Viewer 2015 是一种只读的模式打开，在这种模式下只能查看，对文件进行的任何修改和编辑最终是不能保存的，因此这是一种比较安全的查看模式。

启动 Revit 2015 之后，默认它会打开最近使用的文件欢迎界面。这里会有最近打开过的项目文件和使用过的族文件缩略示意图，如图 1-1 所示。

图 1-1　Revit 2015 界面

如果要不显示最近使用的文件，只需要单击左上角的应用程序菜单，在列表中选择选项按钮，这样就会弹出选项对话框，然后切换到用户界面，取消勾选启动时启用"最近使用的文件"界面（F），那么在下次启动的时候就不会显示最近使用的文件界面了。

1.2.3 Revit 的界面

Revit 使用的是简化工作流的 Ribbon 界面。用户可以根据自己的需求修改界面布局。例如，可以将不需要的工具隐藏起来和同时显示若干个项目视图，或修改默认视图模式和项目浏览器的默认位置。图 1–2 为在项目编辑模式下 Revit 的界面形式。

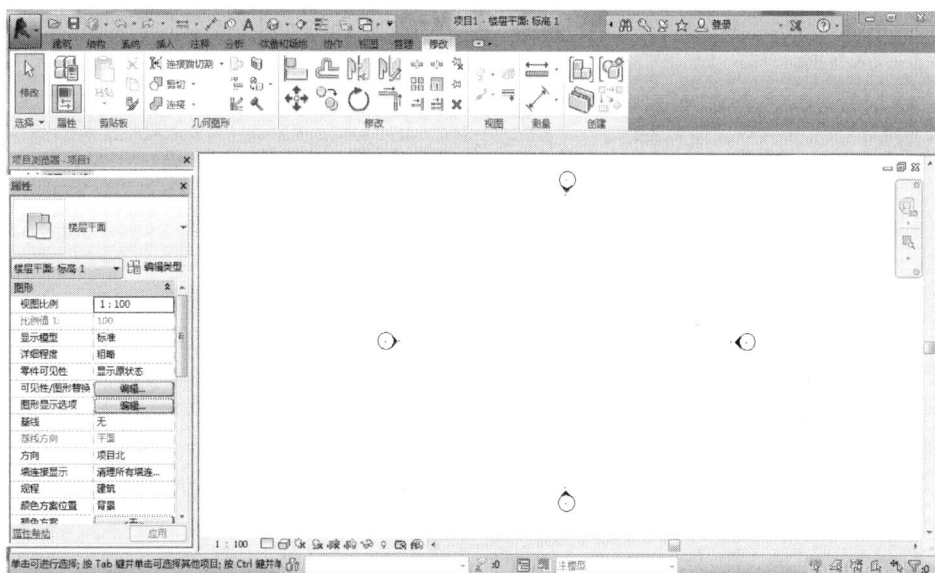

图 1–2　项目编辑界面

1. 应用程序菜单

单击左上角"应用程序菜单"按钮，可以打开应用程序菜单列表，如图 1–3 所示。应用程序菜单按钮类似于传统界面下的"文件"菜单，包括新建、保存、打印、退出 Revit 等，均可以在此菜单下执行。在应用程序菜单中，可以单击菜单右侧的箭头查看每个菜单选项的展开选择项，然后再单击列表中各选项执行相应的操作，如图 1–4 所示。单击应用程序菜单右下角"选项"按钮，可以打开"选项"对话框。如图 1–5 所示，在"用户界面"选项中，用户可根据自己的工作需要自定义出现在功能区域的选项卡命令，并自定义快捷键。

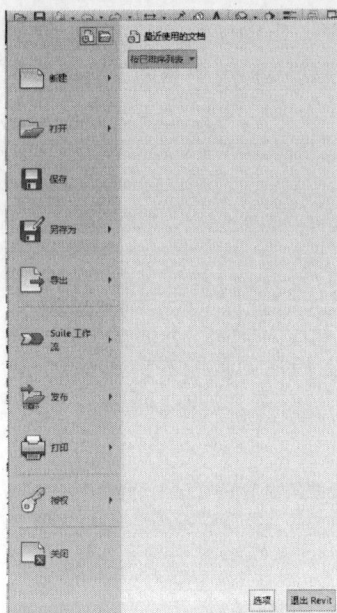

图 1-3　应用程序菜单

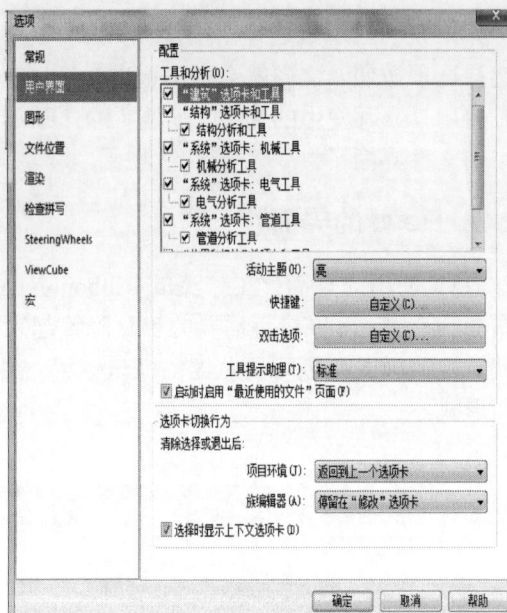

图 1-4　菜单选项对话框

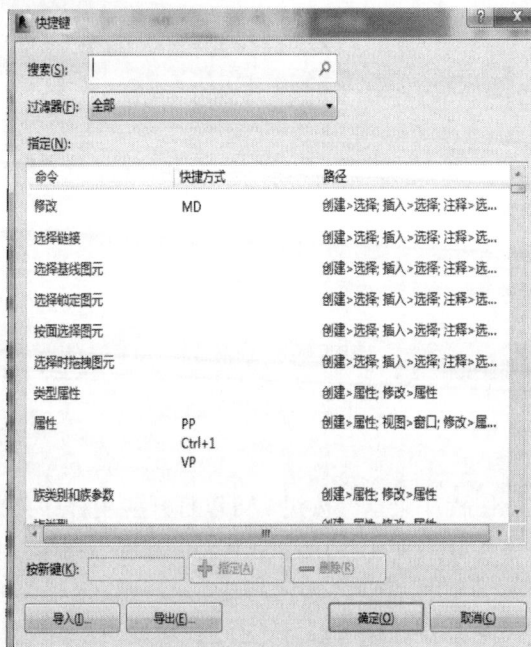

图 1-5　用户界面快捷键

　　功能区提供了在创建项目或族时所需要的全部工具。在创建项目文件时，功能区显示如图 1-6 所示。功能区主要由选项卡、工具面板和工具组成。

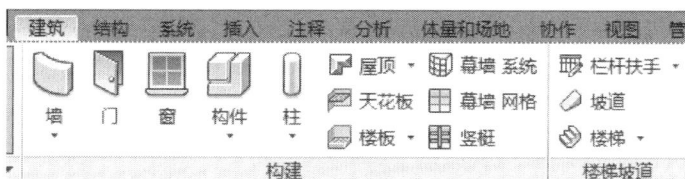

图1-6 功能区

单击工具可以执行相应的命令，进入绘制或编辑状态。例如，要执行"门"工具，将描述为"单击建筑选项卡构建面板中门工具"。如果同一个工具图标中存在其他工具或命令，则会在工具图标下方显示下拉箭头。单击该箭头，可以显示附加的相关工具。与之类似，如果在工具面板中存在未显示的工具，会在面板名称位置具有下拉箭头。图1-7为墙工具中包含的附加工具。

Revit 根据各工具的性质和用途，分别组织在不同的面板中，如图1-8所示。如果存在与面板中工具相关的设置选项，则会在面板名称中显示斜向箭头设置按钮。单击该箭头，可以打开对应的设置对话框，对工具进行详细的通用设定。鼠标左键按住并拖动工具面板标签位置时，可以将该面板拖拽到功能区上其他任意位置，使其成为浮动面板。要将浮动面板返回到功能区，移动光标至面板之上，浮动面板右上角显示控制柄时，如图1-9所示，单击"将面板返回到功能区"符号即可将浮动面板重新返回工作区域。注意工具面板仅能返回其原来所有的选项卡中。

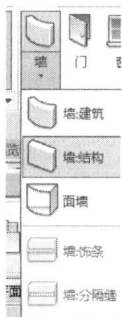

图1-7 墙工具

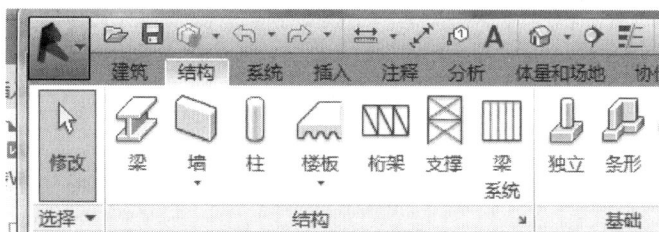

图1-8 结构面板

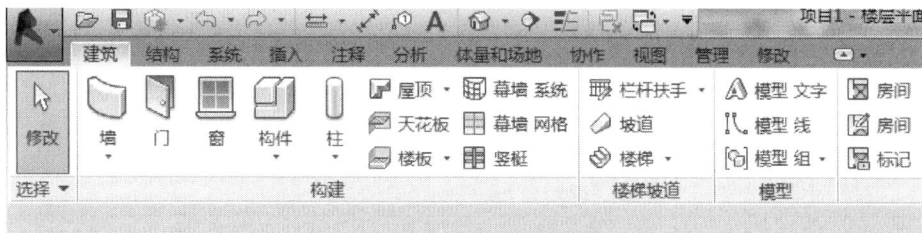

图1-9 浮动面板的改动

7

Revit 提供了 3 种不同的功能区面板显示状态。单击选项卡右侧的功能区状态切换符号，可以将功能区视图在显示完整的功能区、最小化到面板平铺、最小化至选项卡状态间切换。图 1-10 为最小化到平面平铺时功能区的显示状态。

图 1-10　最小化平铺显示

2. 快速访问工具栏

除可以在功能区域内单击或命令外，Revit 还提供了快速访问工具栏，用于执行最常使用的命令。默认情况下，快速访问工具栏包含表 1-1 所示项目。可以根据需要自定义快速访问工具栏中的工具内容，根据自己的需要重新排列顺序。例如，要想在快速访问工具栏中创建墙工具，右键单击功能区"墙"工具，在弹出的快捷菜单中选择"添加到快速访问工具栏"即可将墙及其附加工具同时添加至快速访问工具栏中，如图 1-11 所示。使用类似的方式，在快速访问工具栏中右键单击任意工具，选择"从快速访问工具栏中删除"，可以将工具从快速访问工具栏中移除。

表 1-1　　　　　　　　　　快速访问工具栏

快速访问工具栏	说　　明
打开	打开项目、族、注释、建筑构件或 IFC 文件
保存	用于保存当前的项目、族、注释或样板文件
撤销	用于在默认情况下取消上次的操作。显示在任务执行期间执行的所有操作的列表
恢复	恢复上次取消的操作。另外，还可显示在执行任务期间所执行的所有已恢复操作的列表
切换窗口	点击下拉箭头，然后单击要显示切换的视图
三维视图	打开或创建视图，包括默认三维视图、相机视图和漫游视图
同步并修改设置	用于将本地文件与中心服务器上的文件进行同步
定义快速访问工具栏	用于自定义快速访问工具栏上显示的项目。要启动或禁用项目，应在"自定义快速访问工具栏"下拉列表上该工具的旁边单击

8

图 1-11　添加快捷工具

快速访问工具栏可能会显示在功能区下方。在快速访问工具栏上单击"自定义快速访问工具栏"下拉菜单"在功能区下方显示"，如图 1-12 所示。

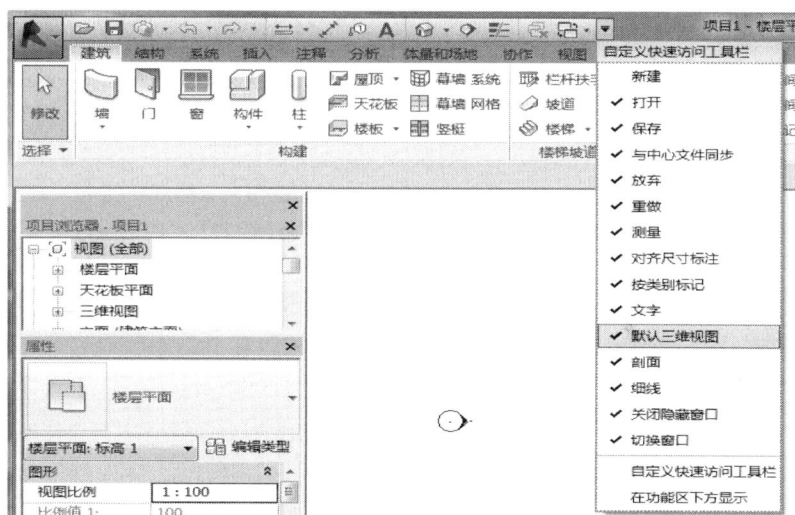

图 1-12　自定义快速访问工具栏下拉菜单

单击"自定义快速访问工具栏"下拉菜单，在列表中选择"自定义快速访问工具栏"选项，将弹出如图 1-13 所示的"自定义快速访问工具栏"对话框。使用该对话框，可以重新排列快速访问工具栏中的工具显示顺序，并根据需要添加分隔线。勾选该对话框中的"在功能区下方显示快速访问工具栏"选项，也可以修改快速访问工具栏的位置。

3. 选项栏

选项栏默认位于功能区下方。用于设置当前正在执行操作的细节设置。选项栏的内容比较类似于 AutoCAD 的命令提示行，其内容因当前所执行的工具或所选图元的不同而不同，如图 1-14 所示。可以根据需要，将选项栏移动到 Revit 窗口的底部，在选项栏上单击鼠标右键，然后选择"固定在底部"选项即可。

9

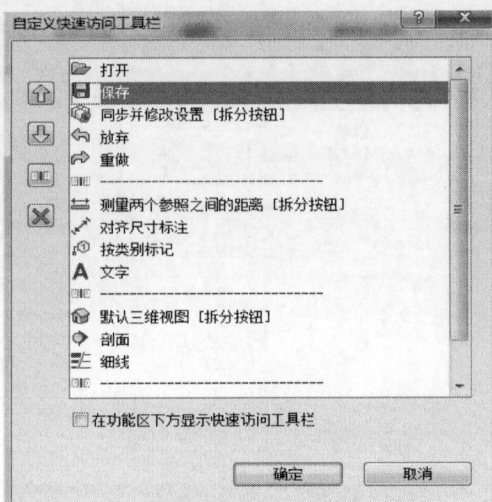

图 1-13　访问工具栏的保存

图 1-14　细节设置

4. 项目浏览器

项目浏览器用于组织和管理当前项目中包括的所有信息。包括项目中所有视图、明细表、图纸、族、组、链接的 Revit 模型等项目资源。Revit 按逻辑层次关系组织这些项目资源,方便用户管理。展开和折叠各分支时,将显示下一层级的内容。图 1-15 为项目浏览器中包含的项目内容。在 Revit 中,可以在项目浏览器对话框任意栏目名称上单击鼠标右键,在弹出的快捷菜单中选择"搜索"选项,打开"在项目浏览器中搜索"对话框,如图 1-16 所示。可以使用该对话框在项目浏览器中对视图、族及族类型名称进行查找定位。

图 1-15　项目浏览器

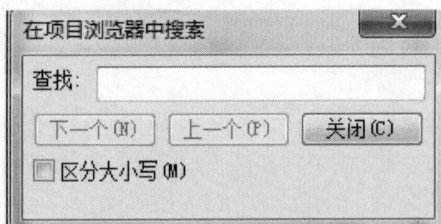

图 1-16　视图查找

10

在项目浏览器中，右键单击第一行"视图"，在弹出的快捷菜单中选择"类型属性"选项，将打开项目浏览器的"类型属性"对话框，如图 1–17 所示。可以自定义项目视图的组织方式，包括排序方法和显示条件过滤器。

5．"属性"面板

"属性"选项卡可以查看和修改用来定义 Revit 中图元实例属性的参数。属性面板各部分的功能如图 1–18 所示。

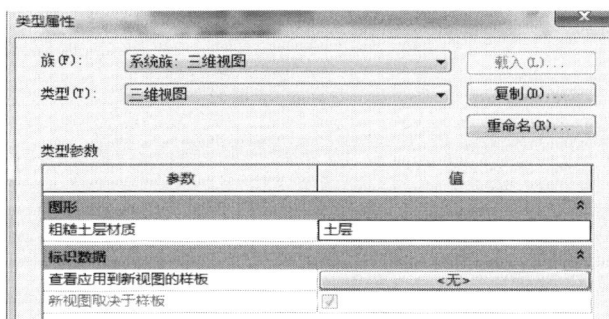

图 1–17　类型属性

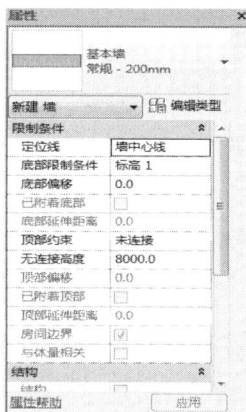

图 1–18　修改属性参数

在任何情况下，按键盘快捷键 Ctrl+L 均可打开或关闭属性面板。还可以选择任意图元，单击下面关联选项卡中"属性"按钮，或在绘图区域中单击鼠标右键，在弹出的快捷菜单中选择"属性"选项将其打开。可以将该选项板固定到 Revit 窗口的任一侧，也可以将其拖拽到绘图区域的任意位置成为浮动面板。当选择图元对象时，属性面板将显示当前所选择对象的实例属性；如果未选择任何图元，则选项板上将显示活动视图的属性。

6．绘图区域

Revit 窗口中的绘图区域显示当前项目的楼层平面视图以及图纸和明细表视图。在 Revit 中每当切换至新视图时，都将在绘图区域创建新的视图窗口，而且保留所有已打开的其他视图。

默认情况下，绘图区域的背景颜色为白色。在"选项"对话框"图形"选项卡中，可以设置视图中的绘图区域背景反转为黑色。使用"视图"选项卡"窗口"面板中的平铺、层叠工具，并可设置所有已打开视图排列方式为平铺、层叠等，如图 1–19 所示。

7．视图控制栏

在楼层平面视图和三维视图中，绘图区域各视图窗口底部均会出现视图控制栏。

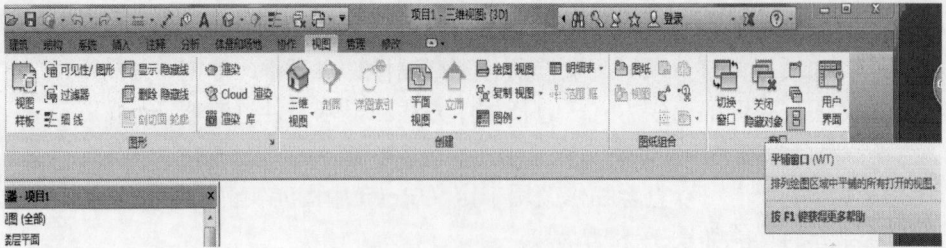

图 1-19　视图排列方式的设置

通过控制栏，可以快速访问影响当前视图功能，其中包括下列 12 个功能：比例、详细程度、视图样式、打开/关闭日光路径、打开/关闭阴影、显示/隐藏渲染对话框、裁剪视图、显示/隐藏裁剪区域、解锁/锁定三维视图、临时隔离/隐藏、显示隐藏的图元和分析模型的可见性。

1.2.4　项目与项目样板

项目文件包括设计所需的所有信息，全部的设计模型、视图及信息都被存储在一个后缀名为".rvt"的 Revit 项目文件中。项目样板文件中定义了新建项目中默认的初始参数，例如项目默认的度量单位、楼层数量的设置、层高信息、线性设置等。"项目样板文件"是以后缀名为".rte"格式的文件作为项目的初始条件。

第二章 Revit 软件基础

Revit 是一款三维参数化建筑设计软件，是有效创建建筑信息模型的设计工具。本章 Revit 软件基础的内容主要包括 Revit 工具介绍，建筑设计基本操作，标高和轴网的绘制，墙体和楼梯的创建，柱、梁和结构构件的添加，房间与面积等，覆盖了使用 Revit 进行建筑建模设计的全过程。

2.1 Revit 通用功能

2.1.1 视图工具

在 Revit 功能区视图选项卡中，包括用于管理和修改当前视图以及切换视图的工具，如图 2–1 所示。

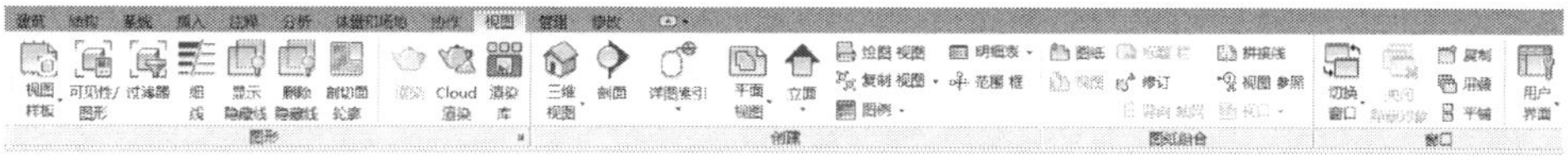

图 2–1 视图选项卡

1. 可见性/图形

与 AutoCAD 中关闭图层显示功能相似，当绘图区域里图元较多、图纸比较复杂时，需要关闭某些对象的显示，Revit 也可以根据具体的情况选择不同的可见性控制方法。单击"视图"→"图形"面板→"可见性/图形"自动弹出对话框，如图 2–2 所示。对话框中分别按"模型类别""注释类别""分析模型类别""导入的类别""过滤器"五个选项卡分类控制各种图元类别的可见性和线条样式等。取消勾选图元类别前面的复选框，即可关闭这一类型图元显示。

（1）模型类别：控制风管、水管、风管附件、机械设备等模型的可见性、线样式及详细程度等。

（2）注释类别：控制所有立面、剖面符号，门窗标记，尺寸标注等注释图元的可见性和线样式等。

（3）分析模型类别：结构模型分析使用。

（4）导入的类型：控制导入的外部 CAD 格式文件图元的可见性和线样式等，仍按图层控制。

图 2-2　可见性设置

（5）过滤器：使用过滤器可以替换图形的外观，还可以控制特定视图中所有共享公共属性的图元可见性。需要先创建过滤器，然后再设置可见性。

2. 创建

单击"视图"→"创建"面板下包括"三维视图""平面视图"等命令。通过该面板中的命令，可以快速创建出平面视图、立面视图及剖面视图。通过打开三维视图，可以利用"相机"命令从放置在视图中的相机的透视图来创建三维视图。可以利用"漫游"命令创建模型的动画三维漫游。

3. 图纸组合

单击"视图"→"图纸组合"面板下包括"图纸""标题栏""修订"等命令，可以为文档集创建页面、创建标题栏图元、指定项目修订信息等。

4. 窗口

单击"视图"→"窗口"面板下包括"切换窗口""用户界面"等命令，可以指定要显示或给出焦点的视图，选择视图的显示方式，控制用户界面组件（包括状态栏、项目浏览器等）的显示。

5. 视图控制栏

视图控制栏位于 Revit 窗口底部的状态栏上方，通过它可以快速访问影响绘图区域的功能。界面为： 1:100 🔲 🗖 🐢 🔍 🕸 🖿 🏠 🏠 ❍ 💡 🐾 🔳 🖿 ‹ 。

单击视图控制栏中的按钮，其工作内容从左到右依次如下：

（1）设置视图的比例。

可以选择1:100、1:200等视图比例，便于查看。

（2）详细程度。

因为在建筑设计的图纸表达里，不同图纸的视图表达要求也不相同，所以需要对视图进行详细程度的设置。单击"详细程度"命令，可以选择"粗略""中等"或"精细"三种程度。

（3）模型图形样式。

单击"模型图形样式"命令，可以选择线框、隐藏线、着色、一致的颜色和真实5种模式，同时增加了新的选项卡——"图形显示选项"。此方法适用于所有类型视图。

（4）打开/关闭日光路径。

在日光路径里的命令中，可以对日光进行详细的设置。

（5）打开/关闭阴影。

在视图中，可以通过此命令显示模型的光照阴影，增强模型的表现力。

（6）显示/隐藏渲染对话框（仅当绘图区域显示三维视图时可用）。

（7）打开/关闭剪裁区域。

（8）显示/隐藏剪裁区域。

视图剪裁区域定义了视图中用于显示项目的范围，由两个工具组成：打开/关闭剪裁区域和显示/隐藏剪裁区域，可以单击命令在视图中显示剪裁区域，再通过启用剪裁按钮将视图剪裁功能启用，通过拖拽剪裁边界，对视图进行剪裁。完成后，剪裁框外的图元不显示。

（9）锁定/解锁三维视图（仅三维视图可以使用）。

如果需要在三维视图中进行三维尺寸标注以及添加文字注释信息，需要先锁定三维视图。单击该命令将创建新的锁定三维视图。锁定的三维视图不能旋转，但是可以进行平移和缩放。在创建三维详图大样时，使用这种方法。

（10）临时隐藏/隔离。

单击"临时隐藏/隔离"命令，下拉列表中有以下命令：

隔离类别：在当前视图中只显示与选中图元相同类别的所有图元，隐藏不同类别的其他所有图元。

隐藏类别：在当前视图中隐藏与选中图元相同类别的所有图元。

隔离图元：在当前视图中只显示选中图元，隐藏选中图元以外所有对象。

隐藏图元：在当前视图中隐藏选中图元。

重设临时隐藏/隔离：恢复显示所有图元。

（11）显示隐藏的图元。

单击该命令，将显示原本被隐藏的图元，且所有隐藏图元会用彩色标识出来，而可见性图元为灰色。

（12）临时视图属性。

单击可选择启用临时视图属性、临时应用样板属性和恢复视图属性。

（13）显示/隐藏分析模型。

临时仅显示分析模型类别：结构图元的分析线会显示一个临时视图模式，隐藏项目视图中的物理模型并仅显示分析模型类别，这是一种临时状态，并不会随项目一起保存，清除此选项则退出临时分析模型视图。

（14）高亮显示位移集。

2.1.2 项目设置

管理选项卡——项目和系统参数，以及设置。

单击"管理"选项卡→"设置"面板，在这里可以对项目信息进行设置，如图 2-3 所示。

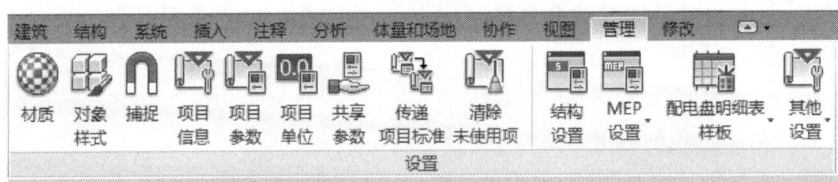

图 2-3 "管理"选项卡

单击"项目信息"，弹出"项目属性"对话框，可以按照图 2-4 所示内容录入项目信息，包括项目发布日期、项目名称以及编号等等。单击"确定"按钮完成。

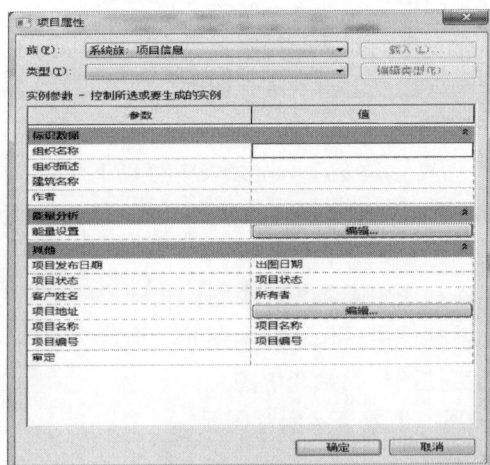

图 2-4 项目属性

单击"项目参数"即可以指定添加到项目中的图元类别并在明细表中使用的参数，如图 2-5 所示。但是，项目参数不能与其他项目或族共享，要创建共享参数应使用"共享参数工具"。

单击"项目单位"命令，打开"项目单位"设置对话框，如图 2-6 所示。单击"长度"选项组中的"格式"列按钮，将长度单位设置为 mm；单击"面积"选项组中"格式"列按钮，将面积单位设置为 m^2；单击"体积"选项组中"格式"列按钮，将体积单位设置为 m^3。同时，也可以修改角度、坡度等。

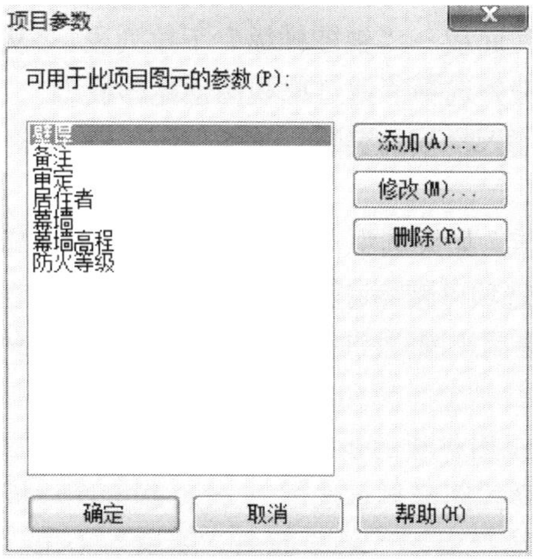

图 2-5　项目参数

图 2-6　项目单位

2.1.3　视图样板定制

视图样板用于创建、编辑视图或将标准化设置应用于视图。它是视图属性，诸如视图比例、规程、详细程度以及可见性设置的集合，这些属性对于视图类型是公共的。使用视图样板，可以标准化项目中视图的设置。

创建视图样板：可通过复制现有的视图样板，并进行必要的修改来创建新的视图样板，也可以从项目视图或直接从"图形显示选项"对话框中创建视图样板。

1. 基于现有视图样板创建视图样板的步骤

（1）单击"视图"选项卡→"图形"面板→"视图样板"下拉列表"管理视图样板"命令。

（2）在"视图样板"对话框中的"视图样板"下，使用"规程"过滤器和"视图类型"过滤器限制视图样板列表。每个视图类型的样板都包含一组不同的视图属性，应为正在创建的样板选择适当的视图类型。

（3）在"名称"列表中，选择视图样板以用作新样板的起点。

（4）单击"复制"。

17

在弹出的"明细表属性"对话框中完成进一步的设置，如图 2-9 所示。在"字段"选项卡中，从"可用的字段"列表框中选择要统计的字段，例如型号、功能等等。单击"添加"按钮移动到"明细表字段"列表框中，利用"上移"和"下移"调整字段顺序。

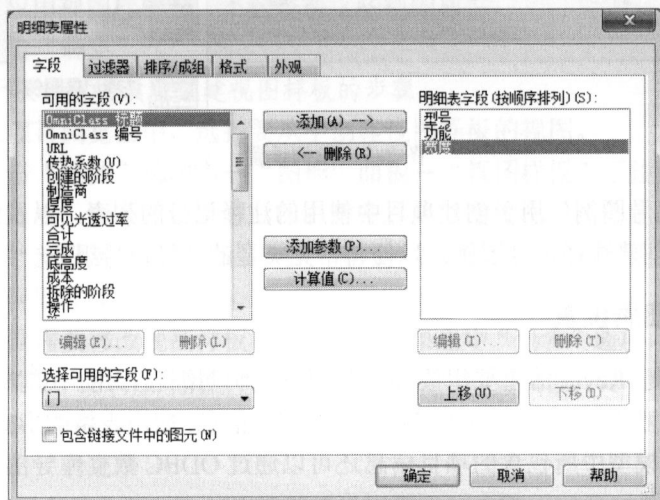

图 2-9　字段设置

在"过滤器"选项卡中，设置过滤器可统计其中部分构件，不设置则统计全部构件，如图 2-10 所示。

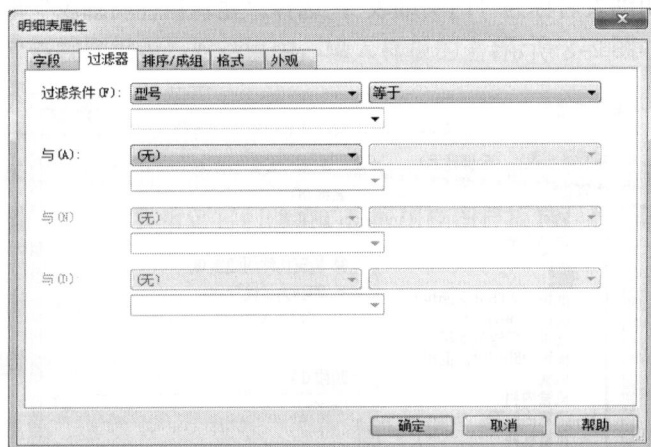

图 2-10　过滤器设置

"排序/成组"选项卡设置排序方式，例如按照型号排序。勾选"总计"和"逐项列举每个实例"复选框，如图 2-11 所示。

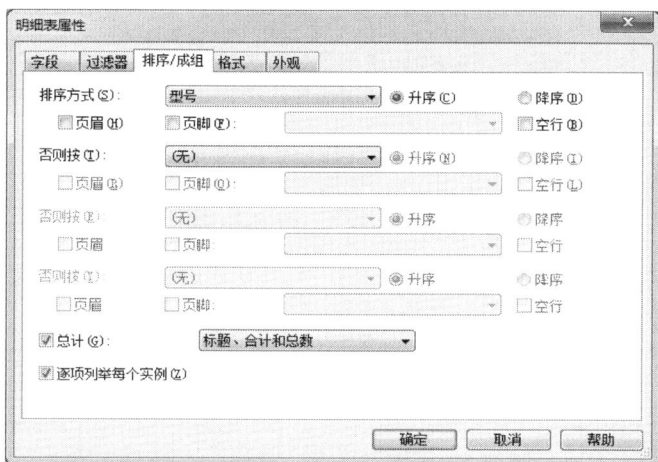

图 2-11　排序/成组设置

　　"格式"选项卡：如图 2-12 所示，设置字段在表格中的标题名称（字段和标题名称可以不同）、标题方向、对齐方式，需要时可勾选"计算总数"复选框。

"外观"选项卡：如图 2-13 所示，设置表格线宽、标题和正文字体的大小，单击"确定"按钮完成设置。

图 2-12　格式设置

　　2. 创建类型明细表

　　在实例明细表视图左侧"视图属性"面板中单击"排列/成组"对应的编辑按钮，在"排列/成组"选项卡中取消勾选"逐项列举每个实例"复选框，注意"排序方式"选择构件类型，确定后自动生成类型明细表。

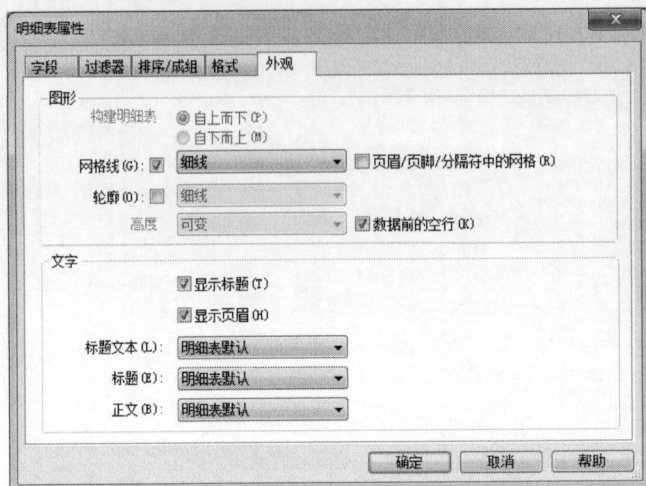

图 2-13   外观设置

3. 创建关键字明细表

选择"明细表/数量"命令，选择要统计构件的类别，例如房间。设置明细表名称，选择"明细表关键字"单选按钮，输入"关键字名称"，单击"确定"按钮，如图 2-14 所示。

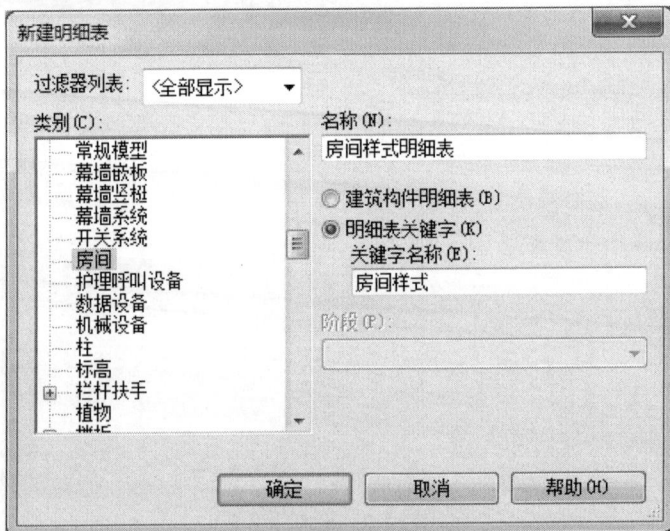

图 2-14   新建关键字明细表

接下来，按照创建实例明细表的步骤，设置明细表字段、排列/成组、格式、外观等属性。在功能区单击"行"面板中的"插入"按钮向明细表中添加新行，创建新关键字，并填写每个关键字的相应信息，如图 2-15 所示。

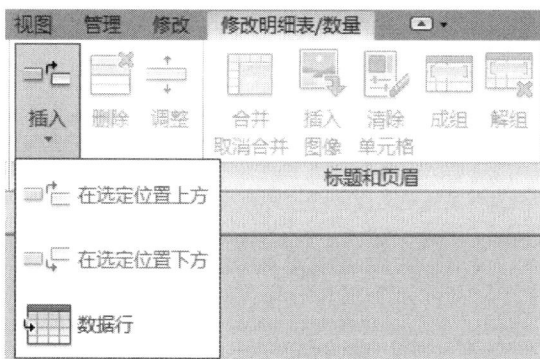

图 2-15 修改明细表

将关键字应用到图元中，在图形视图中选择含有预定义关键字的图元。

将关键字应用到明细表，按上述步骤新建明细表，选择字段时添加关键字名称字段，如"房间样式"，设置表格属性，单击"确定"按钮。

2.1.6 BIM 技术工程设计

1. 工程设计阶段

BIM 提供工程全部信息，将项目各阶段主要参与方集中，做出项目空间三维复杂形态的表达。设计阶段的 BIM 具体到工程设计阶段，BIM 的内容主要可以归纳为以下几点：

（1）高完成度的设计与制图。

基于 BIM 的工程设计，更容易实现异形建筑的建模，整个项目模型三维清晰可见；采用参数化设计，一点更新则相关部分自动更新，从模型自动生成所需图纸与材料设备明细表。

（2）多专业协同。

基于 BIM 的信息共享，改善了传统设计流程，可同时多人或多专业在同一模型中进行设计，实时可见他人的设计内容，避免设计重复与矛盾；碰撞检查功能可以及时暴露肉眼不可见的问题。

（3）执行全面的建筑分析。

包括结构可靠性分析、建筑性能化分析（基于绿色、节能、环保等的建筑物理上的声、光、热、气流、人流、视线、气候等分析）等。

2. 分析阶段

使用 BIM 技术除了能进行造型、体量和空间分析外，还可以同时进行能耗分析和建造成本分析等。建筑、结构、机电各专业建立 BIM 模型。利用模型信息进行能耗、结构、热工、日照等分析，进行各种干涉检查和规范检查，以及工程量统计等。

3. 施工阶段

应用 BIM 整合现场。BIM 在施工阶段应用可以分为以下几个方面。一是设计效果可视化；二是模型效果检验；三是四维效果的模拟和施工的监控。在利用 Revit 等专业软件为工程建立了三维信息模型后，会得到项目建成后的效果作为虚拟的建筑，因此 BIM 展现了二维图纸所不能给予的视觉效果和认知角度，同时为有效控制施工安排、减少返工、控制成本、创造绿色环保低碳施工等方面提供有力的支持。施工模型如图 2-16 所示。

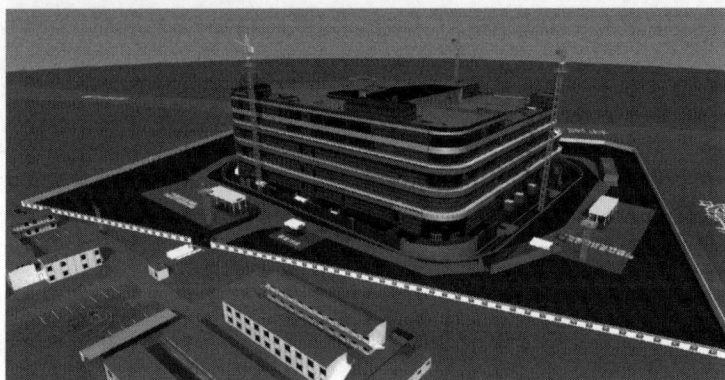

图 2-16　施工模型

2.1.7　注释工具

功能区选项卡注释——用于将二维信息添加到设计中的工具。其中，包括尺寸标注、添加高程点与坡度、添加门窗及房间标记等，如图 2-17 和 2-18 所示。

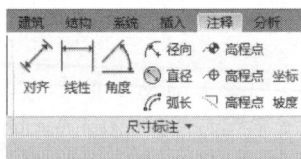

图 2-17　尺寸标注

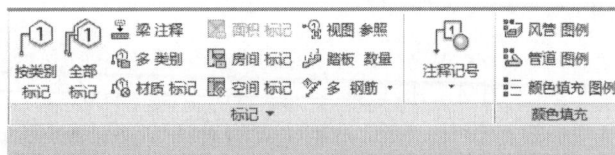

图 2-18　尺寸标记

2.1.8　详图工具

在 Revit 软件中，可以通过详图索引工具直接索引绘制出平面、立面、剖面的大样详图，而且可以随意修改大样图的出图比例，所有的文字标注、注释符号等会自动缩放与其相匹配。此外，在绘制详图大样时，软件不仅提供详图线工具（所绘制的线仅在当前视图可见）、模型线工具（在各视图都可见）、编辑剖面轮廓工具等，而且还提供各式各样的详图构件和注释符号。这些详图构件和注释符号都允许用户自行定制。正是因为详图索引工具的易用性，以及详图构件和符号的高度自定义特点，用户在 Revit 软件中绘制大样详图事半功倍，而且可以定制出完全符合本地化需求的施工图设计图纸。相关命令如图 2-19 所示。

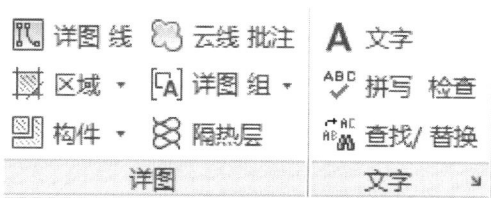

图 2-19　详图工具

1. 详图线

单击"注释"选项卡→"详图"面板→"详图线"命令，在弹出的线样式面板中选择适当的线类型，用直线、矩形、多边形、圆、弧、椭圆、样条曲线等绘制工具，绘制所需的详图图案。

2. 详图构件

（1）单击"注释"选项卡→"详图"面板→"构件"下拉命令，在弹出的下拉列表中选择"详图构件"选项，在子列表中选择适当的详图构件，如截断线、观察孔、木板、混凝土过梁、不同规格型钢剖面等。可用"载入族"从库中载入所需的构件，或创建自己的详图构件族文件。

（2）按空格键旋转构件方向，单击放置详图构件。

（3）选择详图构件，单击"图元"面板→"图元属性"按钮，修改参数值。

（4）选择详图构件，用鼠标拖拽控制柄，调整构件形状。

3. 重复详图

（1）单击"注释"选项卡→"详图"面板→"构件"下拉命令，在弹出的下拉列表中选择"重复详图构件"选项，在弹出的"属性"对话框中单击"编辑类型"按钮，弹出"类型属性"对话框，单击"复制"按钮，输入重复详图类型名称，单击"确定"按钮。

（2）为"详图"参数选择要重复的详图构件，设置重复详图的布局方式，根据不同的布局方式来设置"内部"和"间距"参数，单击"确定"按钮。

（3）用鼠标拾取两个点，系统按布局规则在两点之间放置多个重复的详图构件。

4. 隔热层

单击"注释"选项卡→"详图"面板→"隔热层"命令，在选项栏做相应设置：隔热层宽度、偏移值、定位线，鼠标拾取两个点放置隔热层。选择隔热层，用鼠标拖拽控制点调整隔热层长度，修改"隔热层宽度"和"隔热层膨胀与宽度的比率（l/x）"参数值。

5. 区域

（1）单击"注释"选项卡→"详图"面板→"区域"命令，用"线"绘制工具绘制区域的封闭轮廓。

（2）选择边界线条，从线样式面板中选择需要的线样式，如选择"不可见线"作为隐藏边界。

（3）选择刚才画的区域，单击"编辑类型"按钮，弹出"类型属性"对话框，选择填充样式，设置填充背景、线宽、颜色参数值，单击"确定"按钮完成绘制。

6. 云线批注

（1）单击"注释"选项卡→"详图"面板→"云线批注"命令，绘制云线批注轮廓。

（2）"云线批注"工具用于将云线批注添加到当前视图或图纸中，以指明已修改的设计区域。

2.1.9 修改工具

1. 修改工具

修改选项卡——用于编辑现有图元、数据和系统的工具，如图 2-20 所示。

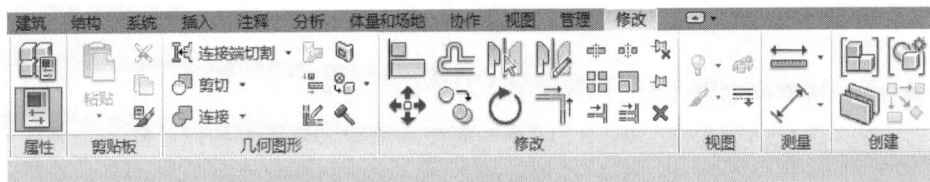

图 2-20　修改选项卡

常规的编辑命令适用于软件的整个绘图过程中移动、复制、旋转、阵列镜像、对齐、拆分、修剪、偏移等编辑命令。下面主要通过墙体和门窗的编辑来详细介绍。

复制：用于复制选定图元并将它们放置在当前视图中的指定位置。勾选选项栏选项，修改 | 墙　☑约束 □分开 ☑多个　拾取复制的参考点和目标点，可复制多个墙体到新的位置，结束复制命令可以单击鼠标右键，在弹出的快捷菜单中单击"取消"或者按键盘上的 Esc 键结束复制命令，复制的墙与相交的墙自动连接。

※注：选项栏的"约束"选项可以保证正交，勾选"多个"可以在一次复制完成后不需要激活"复制"命令继续执行操作，从而实现多次复制。

旋转：可以绕轴旋转选定图元。拖拽"中心点"可以改变旋转的中心位置。鼠标拾取旋转参照位置和目标位置，旋转墙体，也可以在选项栏设置旋转角度值后回车旋转墙体，如图 2-21 所示。

※注：如图 2-22 所示，勾选"复制"会在旋转的同时复制一个墙体的副本。

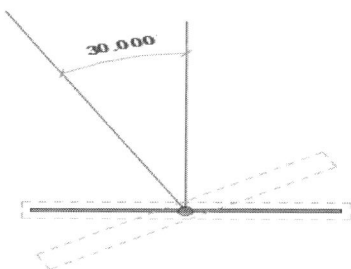

图 2-21　旋转

图 2-22　修改墙设置

　　田田 阵列：选择"阵列"调整选项栏中相应设置，在视图中拾取参考点和目标点位置，二者间距将作为第一个墙体和第二个或最后一个墙体的间距值，自动阵列墙体。

　　※注：如图 2-23 所示，勾选"成组并关联"选项，阵列后的标高将自动成组，需要编辑该组才能调墙体的相应属性，"项目数"包含被阵列对象在内的墙体个数，勾选"约束"选项可保证正交。

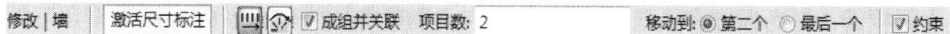

图 2-23　阵列设置

　　阵 阵 镜像：可以选择"拾取镜像轴"或者"绘制镜像轴"。"拾取轴"可以使用现有线或者边作为镜像轴来反转选定图元的位置；"绘制轴"绘制一条临时线作为镜像轴。

　　田 缩放：可以调整选定项的大小。选择图元墙体，单击"缩放"工具，选项栏选择缩放方式：修改 | 墙　◉ 图形方式 ◯ 数值方式　比例：2

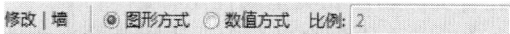

　　"图形方式"单击整道墙体的起点、终点，以此来作为缩放的参照距离，再次单击墙体新的起点、终点，确认缩放后的大小距离，"数值方式"直接缩放比例数值，回车确认即可。

　　田 对齐：可以将一个或者多个图元与选定的图元对齐。选定目标构件，使用 Tab 键确定对齐位置，再选择需要对齐构件，再次使用 Tab 键选择需要对齐的部位。

　　⊸ ⊸ 拆分：包括"拆分图元"和"用间隙拆分"。"拆分图元"在选定点剪切图元（例如墙或线），或者删除两点间的线段。"用间隙拆分"将墙拆分成之前已定义间隙的两面单独的墙。

　　⊣ 修剪：修剪或延伸图元，以形成一个角。

2. 快速访问工具栏

快速访问工具栏显示用于对文件所做更改进行放弃和重做的选项。若要放弃或重做之前的更改，请单击"放弃"和"重做"按钮右侧的下拉按钮，如图 2-26 所示。

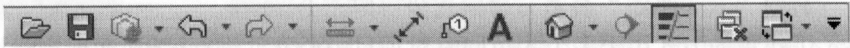

图 2-26　快速访问工具栏

3. 信息中心

信息中心工具栏是一个工具集合，如图 2-27 所示。它可以帮助您查找有关 Revit 的信息。信息中心包含"搜索""通讯中心""速博应用（Subscription）中心"和"收藏夹"工具。Revit 帮助也位于信息中心工具栏上。

图 2-27　信息中心工具栏

4. 状态栏

状态栏位于 Revit 窗口的底部，如图 2-28 所示。使用某一工具时，状态栏左侧会提供一些技巧或提示，告诉用户如何应用。高亮显示图元或构件时，状态栏会显示族和类型的名称。

单击可输入墙起始点。

图 2-28　状态栏

5. 功能区三种类型的按钮：选项卡、上下文选项卡、选项栏

6. 项目浏览器

项目浏览器如图 2-29 所示。

（1）视图、明细表、图纸：项目中所有需要的图纸都在此处。

（2）族：项目及样板文件中所有用到的以及系统设置的族文件都在此处。

（3）组。

（4）Revit 链接。

7. 绘图区

（1）全导航控制盘。

将查看对象控制盘和巡视建筑控制盘上的三维导航工具组合到一起。用户可以查看各个对象以及围绕模型进行漫游和导航，如图 2-30 所示。

图 2-29　项目浏览器

（2）ViewCube。

ViewCube 是一个三维导航工具，可指示模型的当前方向，从而调整视点，如图 2-31 所示。主视图是随模型一同存储的特殊视图，可以方便地返回已知视图或熟悉的视图，用户可以将模型的任何视图定义为主视图。在 ViewCube 上单击鼠标右键，然后单击"将当前视图设定为主视图"。

图 2-30　全导航控制盘

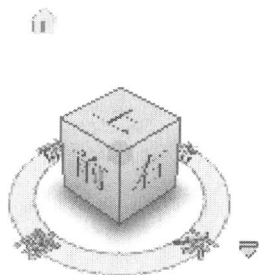

图 2-31　ViewCube

8. 视图控制栏

位于 Revit 窗口底部的状态栏上方。通过它可以快速访问影响绘图区域的功能。

2.2.2　图形、文件位置设置

在"选项"对话框中，可以设置 Revit 中文件的位置，如图 2-32 所示。

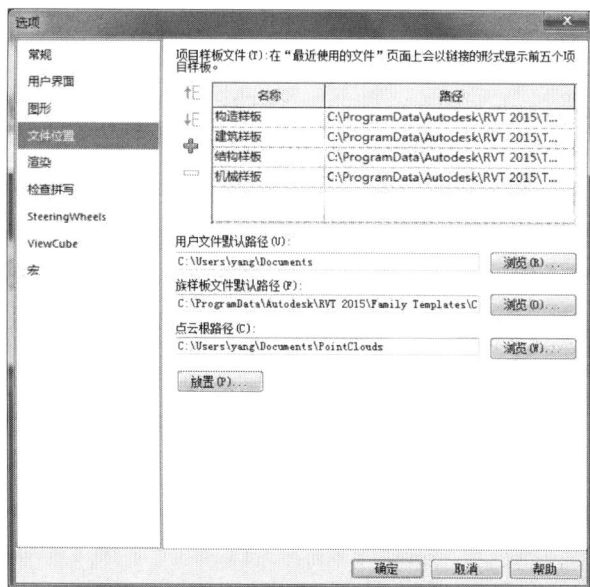

图 2-32　文件位置设置

2.2.3　快捷键设置

在使用 Revit 绘图的过程中，应用快捷键将会极大地提高工作效率。通常情况下，Revit 有一套默认的快捷键。例如：

"LL" menu："绘图–标高"

"GR" menu："绘图–轴网"

"WA" menu："建模–墙"

"DR" menu："建模门"……

当然，我们也可以自定义快捷键，进入快捷键设置界面有两种方法：

（1）视图→用户界面→快捷键。

（2）应用程序菜单栏→选项→用户界面→快捷键。

在快捷键对话框中选中需要定义的功能，输入需要添加的快捷键，指定给该功能确认即可，如图 2–33 所示。

图 2–33　快捷键设置

※注：设置快捷键时有以下几点说明。

① 设置规则说明：以 "WA" menu："建模–墙"为例，"WA" 为快捷命令，"建模–墙"为下拉菜单"建模"中的"墙"命令。注意：在引号中设置完快捷命

令后，要将行首的分号删除掉，快捷命令才能生效。

② 目前 Revit 的快捷命令为两个字符，例如墙的快捷命令为 WA，如果设置了一个字符如 W，则在软件中必须连续单击"W+空格键"，才能激活命令。

③ 编辑完文件并保存后，需要重新启动 Revit 才可生效。此时，在下拉菜单中的命令后面会出现设置好的快捷命令。

2.2.4　创建轴网标高

标高用来定义楼层层高以及生成平面视图，标高不是必须作为楼层层高；轴网用于为构件定位，在 Revit 中轴网确定了一个不可见的工作平面。轴网编号以及标高符号样式均可定制修改。目前，软件可以绘制弧形和直线轴网不支持折线轴网。

1. 标高

（1）绘制标高。

进入任意立面视图，通常样板中会有预设标高，如需要修改现有标高高度，单击标高符号上方或下方表示的数值，单击后该数字变为可输入即可进行修改。如图 2-34 所示，"室外标高"由"-0.900"修改为"-0.300"。需要注意的是，标高单位通常设置单位为"m"。同时，标高名称和样式可以通过修改标高标头族文件来设定。

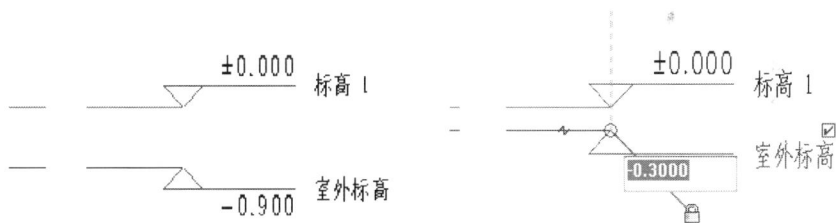

图 2-34　修改标高

除上述方法外，还可以单击选择标高 2，这时在标高 1 与标高 2 之间会显示一条蓝色临时尺寸标注。同时，标高标头名称及标高值都变成蓝色显示，单击蓝色显示文字、标注等即可编辑修改。在蓝色临时尺寸标注值上单击激活文本框，重新输入新的数值并回车，即完成标高高度的调整。要注意此时标高高度距离的单位为"mm"，如图 2-35 所示。

绘制添加标高：

单击"建筑"选项卡→"基准"面板→"标高"命令，移动光标到视图中"标高 2"左侧标头上方。当出现标头对齐虚线时，单击鼠标左键捕捉标高起点。从左向右移动光标到"标高 2"右侧标头上方，当出现标头对齐虚线时，再次单击

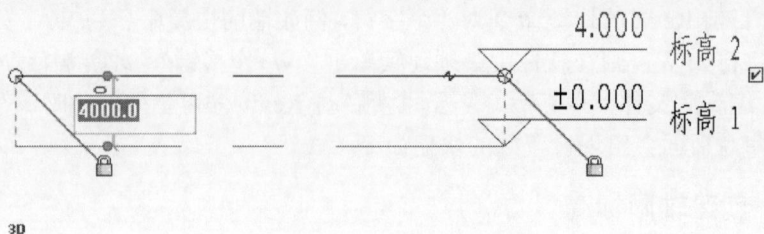

图 2-35　修改标高尺寸

鼠标左键捕捉标高终点，创建"标高 3"。在绘制标高期间不必考虑标高尺寸，绘制完成后可以用与"标高 2"相同的方法修改调整其间隔，标高名称按照标高 1、2、3……自动排序。

　　※注：标高名称的自动排序是按照名称的最后一个字母排序，并且软件不能识别中文的一、二、三……汉字排序方式。所以，如果项目需要只能单独修改标高名称为一层、二层等汉字名称。当不勾选"创建平面视图"复选框时绘制标高为参照标高，不会在项目浏览器里自动添加"楼层平面"视图和"天花板平面"视图。如果需要在项目浏览器中添加平面视图，可以单击"视图"选项卡下"创建"面板中"平面视图"选择对应的平面生成视图。

　　复制、阵列标高：

　　选择一层标高，自动激活"修改标高"选项卡，单击"修改"面板下的"复制"或"阵列"命令，可以快速生成所需标高。选择"标高 2"，单击功能区"复制"工具，勾选"约束""多个"选项，光标回到绘图区域，在标高 2 上单击并向上移动，此时可直接在键盘输入新标高与被复制标高间距数值如"3000"，单位为 mm，输入后回车，完成一个标高的复制。由于勾选了"多个"可继续输入下一标高间距，而无须再次选择标高并激活"复制"工具，如图 2-36 所示。

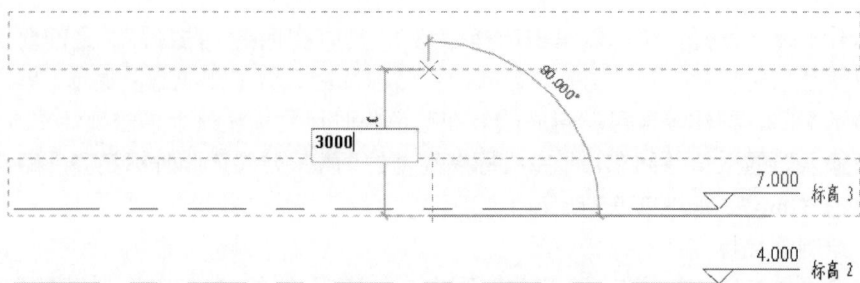

图 2-36　复制标高

用"阵列"的方式绘制标高，可一次绘制多个间距相等的标高，此种方法适用于多层或高层建筑。选择一现有标高，光标移到功能区单击"阵列"工具，显示出设置选项栏，取消勾选"成组并关联"，输入项目数按需要任意，假设为"6"即生成包含被阵列对象在内的共 6 个标高。为保证正交，可以勾选"约束"选项以保证正交，如图 2-37 所示。

图 2-37　阵列设置

设置完选项栏后，单击所需阵列标高，向上移动，键盘输入标高间距"3000"。按回车，将自动生成包含原有标高在内的 6 个标高。

（2）编辑标高。

选择任意一根标高线，会显示临时尺寸、一些控制符号和复选框，可以编辑其尺寸值、单击拖拽控制符号来整体或单独调整标高标头位置、控制标头隐藏或显示、标头偏移等操作。如何操作以及 2D 和 3D 显示模式的不同作用，详见轴网部分相关内容。选择标高线，鼠标点击标头外侧方框，即可关闭/打开编号显示。单击标头附近的折线符号，偏移标头，鼠标按住蓝色"拖拽点"调整标头，如图 2-38 所示。

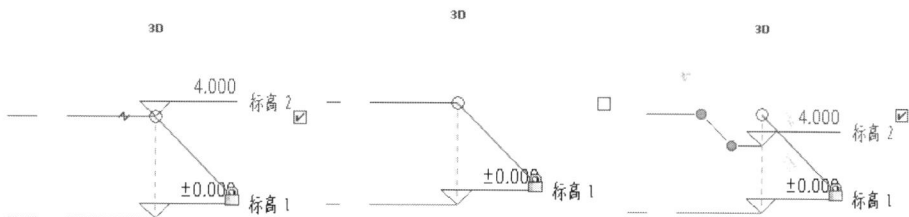

图 2-38　编辑标高

2. 轴网

一般来说，在绘制项目时，先进行标高的绘制，然后再绘制轴网，以保证标高和轴网都能够相交，轴网在每一个标高的平面视图均可见。

（1）绘制轴网。

单击"建筑"选项卡→"基准"面板→"轴网"命令，移动光标到视图中单击鼠标左键捕捉一点作为轴线起点。然后，从下向上垂直移动光标一段距离后，再次单击鼠标左键捕捉轴线终点创建第一条垂直轴线。绘制的第一根纵轴的编号为 1，后续轴号按 2、3……自动排序。水平轴网创建方法与上述相同，单击选项卡"建筑"→"轴网"命令，移动光标到视图中 1 号轴线标头左上方位置，单击鼠标左键捕捉一点作为轴线起点。然后，从左向右水平移动光标一段距离后，再次单击鼠标左键捕捉轴线终点创建第一条水平轴线。将绘制第一根横轴编号改为"A"，后续编号将按照 B、C……自动排序。软件不能自动排除"I"和"O"字母作为轴网编号，须手动排除。

※注：可调用 CAD 图纸作为底图，利用拾取命令生成轴网，轴网只需要在任意平面视图绘制，其他标高视图均可见。

（2）复制、阵列、镜像轴网。

选择一根轴线，点击工具栏中的"复制""阵列"或"镜像"命令，可以快速生成所需的轴线，轴号自动排序。

※注：如图 2–39 所示，1–3 轴线以轴线 4 为中心镜像同样可以生成 5–7 轴线，但镜像后 7–5 轴线的顺序将发生颠倒，即轴线 7 将在最左侧，5 号轴线将在最右侧。因为在对多个轴线进行复制或镜像时，Revit 默认以复制原对象的绘制顺序进行排序，所以绘制轴网时不建议使用镜像的方式。

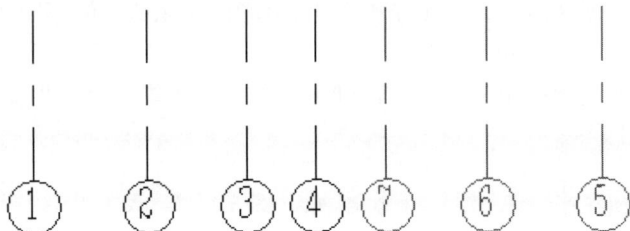

图 2–39　镜像轴网

※注：选择不同命令时选项栏会出现不同选项，如"复制""多个""约束"等。阵列时注意关闭"成组并关联"选项。因为轴网成组后修改将会相互关联，影响其他轴网的控制。

（3）编辑轴网。

调整轴线位置：选择任意一根轴网线，会出现蓝色的临时尺寸标注，鼠标点击尺寸即可修改，调整轴网位置。

（4）调整轴网标头。

调整轴号位置：选择任意一根轴网线，所有对齐轴线的端点位置会出现一条对齐虚线，鼠标拖拽轴线端点，所有轴线端点同步移动。如果想只移动单根轴线的端点，则先打开对齐锁定，再拖拽轴线端点。如果轴线状态为 3D，则所有平行视图里的轴线端点同步联动。单击切换为 2D，则只改变当前视图的轴线端点位置，如图 2–40 所示。

轴号偏移：如图 2–41 所示，单击标头附近的折线符号，偏移轴号，鼠标按住蓝色拖拽点调整轴号位置。偏移后想要恢复原来状态，按住蓝色拖拽点到直线上松开鼠标即可。

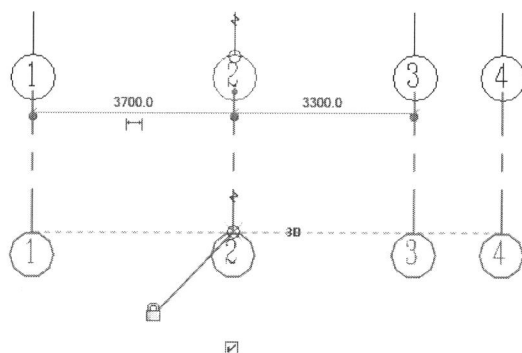

图 2-40　调整轴线位置

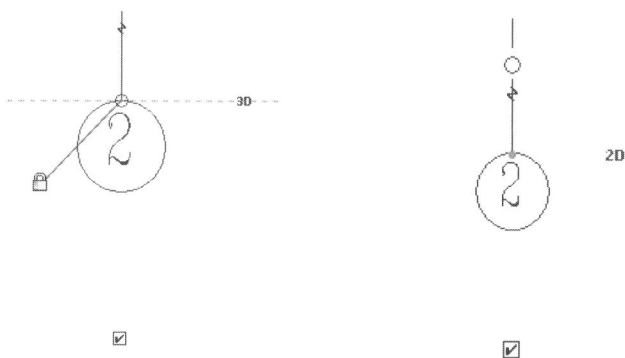

图 2-41　调整轴网标头

轴网属性设置：选择轴线，属性栏自动出现轴网属性，如图 2-42 所示。

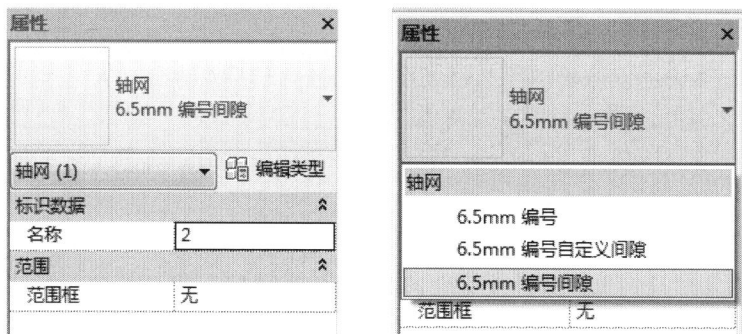

图 2-42　轴网设置

　　点击轴网，出现各种轴线类型，可以进行选择。单击"编辑类型"可以对轴网的线型、颜色，轴号显示等进行修改。此方法可以控制修改所有轴网。如果只修改一根轴线，须选择所修改的轴线，复制该类型后进行修改，如图 2-43 所示。

图 2–43　轴网类型属性

2.2.5　场地地理信息设定

在 Revit 中提供的场地工具是创建场地模型的重要工具，单击"体量与场地"选项卡→"场地建模"面板→"箭头"按钮，设置等高线间隔值、经过高程、添加自定义等高线、剖面填充样式、基础土层高程、角度显示等项目全局场地设置，如图 2–44 和图 2–45 所示。

图 2–44　"体量和场地"选项卡

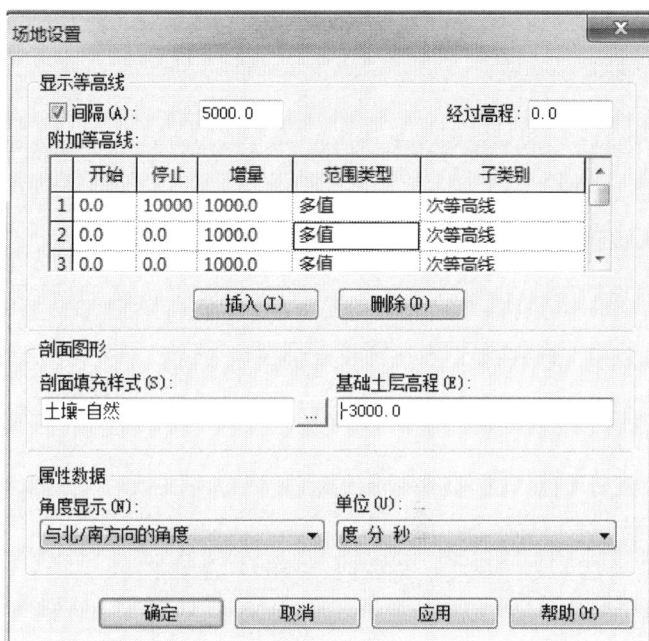

图 2-45 场地设置

2.2.6 学习地形建模和修改

1. 地形建模

在场地选项卡中提供了三种创建场地的基本方法：第一，通过创建点来生成场地模型；第二，通过导入等高线等三维模型数据生成场地；第三，通过导入测量点，Revit 对其导入的点数据进行计算来生成场地。

（1）建点生成。

打开"场地"平面视图，单击"体量与场地"选项卡→"场地建模"面板→"地形表面"命令，进入绘制模式。单击"工具"面板→"放置点"命令，设置高程值，单击鼠标放置点，连续放置生成等高线。修改高程值，放置其他点。单击"表面属性"命令设置材质。

（2）导入地形表面。

打开"场地"平面视图，单击"插入"选项卡→"导入"面板→"导入 CAD"命令，导入三维等高线数据。单击"体量与场地"选项卡→"场地建模"面板→"地形表面"命令，进入绘制模式。用"通过导入创建"命令，选择已导入的三维等高线数据。系统会自动生成选择绘图区域中已导入的三维等高线数据。此时，出现"从所选图层添加点"对话框，选择要将高程点应用到的图层并单击"确定"。Revit 会分析已导入的三维等高线数据，并根据沿等高线放置的高程点来生成一个地形表面。单击"地形属性"设置材质，完成表面绘制。

（3）地形表面子面域。

单击"体量与场地"选项卡→"修改场地"面板→"子面域"命令，进入绘制模式。用"线"绘制工具，绘制子面域边界轮廓线。点击"子面域属性"设置子面域材质，完成绘制。

2. 地形编辑修改

（1）拆分表面。

打开"场地"平面视图或三维视图，"体量与场地"选项卡→"修改场地"面板→"子拆分表面"命令，选择要拆分的地形表面，进入绘制模式。用"线"绘制工具，绘制表面边界轮廓线。点击"表面属性"设置新表面材质，完成绘制。

（2）合并表面。

单击"体量与场地"选项卡→"修改场地"面板→"合并表面"命令，勾选选项栏 ☑ 删除公共边上的点 选择要合并的主表面，再选择次表面，两个表面合二为一。

※注：合并后的表面材质，与先前选择的主表面相同。

（3）平整区域。

打开"场地"平面视图，单击"体量与场地"选项卡→"修改场地"面板→"平整区域"命令，在"编辑平整区域"对话框中，选择下列选项之一：

● 创建一个与现有地形表面完全类似的新地形表面。

● 仅基于周界点创建新地形表面。

选择"地形表面"，进入绘制模式，做添加或删除点、修改点的高程或简化表面等编辑，完成绘制，如图 2-46 所示。

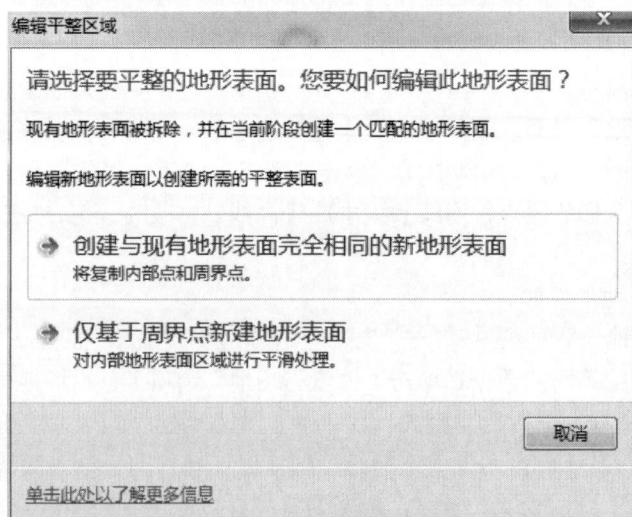

图 2-46 编辑平整区域

※注：场地平整区域后自动创建新的阶段，因此需要将视图属性中的阶段修改为新构造。

（4）建筑地坪。

单击"体量与场地"选项卡→"场地建模"面板→"建筑地坪"命令，进入绘制模式。用"拾取墙"或"线"绘制工具，绘制封闭的地坪轮廓线。单击"建筑地坪属性"设置"与标高的高度偏移"、地坪复合层结构等参数，完成绘制。

3. 建筑红线

（1）绘制建筑红线。

单击"体量与场地"选项卡→"修改场地"面板→"建筑红线"命令，选择"通过绘制来创建"，进入绘制模式。用"线"绘制工具，绘制封闭的建筑红线轮廓线，完成绘制。在"创建建筑红线"对话框中，选择"通过输入距离和方向角来创建"。在"建筑红线"对话框中，单击"插入"，然后从测量数据中添加距离和方向角，如图 2-47 所示。

※注：要将绘制的建筑红线转换为基于表格的建筑红线，选择绘制的建筑红线并单击"编辑表格"。

（2）用测量数据创建建筑红线。

单击"体量与场地"选项卡→"修改场地"面板→"建筑红线"命令，选择"通过输入距离和方向角来创建"建筑红线。单击"插入"添加测量数据，并设置直线、弧线边界的距离、方向、半径等参数。调整顺序，如果边界没有闭合，点"添加线以封闭"。确定后，选择红线移动到所需位置，如图 2-48 所示。

※注：可以利用"明细表/数量"命令创建建筑红线、建筑红线线段明细表。

4. 场地构建和停车场构件

（1）场地构件。

打开"场地"平面视图，单击"体量与场地"选项卡→"场地建模"面板→"场地构建"命令，从下拉列表中选择所需的构件，如树木、RPC 人物等，单击鼠标放置构件。如列表中没有需要的构件，可从库中载入，也可定义自己的场地构件族文件，如图 2-49 所示。

（2）停车场构件。

打开"场地"平面，单击"体量与场地"选项卡→"场地建模"面板→"停车场构件"命令，从下拉列表中选择所需不同类型的停车场构件，单击鼠标放置构件。可以用复制、阵列命令放置多个停车场构件。选择所有停车场构件，单击"主体"面板下的"设置主体"命令，选择地形表面。停车场构件将附着到表面

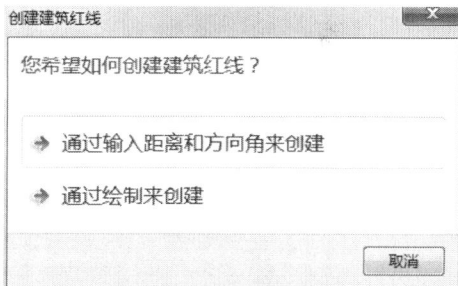
图 2-47　创建建筑红线

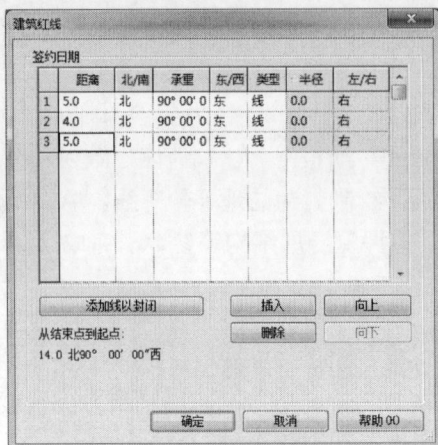

图 2-48　建筑红线

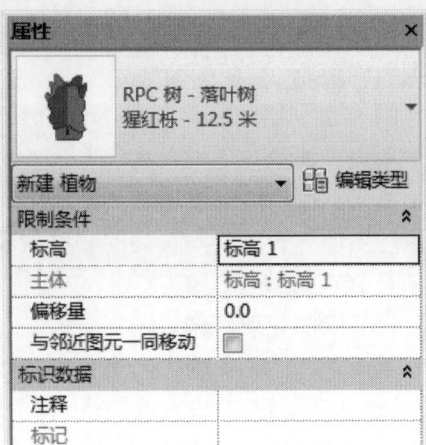

图 2-49　放置构件

上。场地模型如图 2-50 所示。

图 2-50　场地模型

2.2.7　墙、梁、板、柱等建筑构件的创建与编辑

在墙体绘制时需要综合考虑墙体的高度、构造做法、立面显示及墙身大样详图、图纸的粗略、精细程度的显示（各种视图比例的显示）、内外墙体区别等。

（1）绘制墙体。

选择"建筑"选项卡→"构建"面板→"墙"下拉按钮，可以看到有墙、结构墙、面墙、墙饰条、分隔缝共 5 种类型可供选择。结构墙为创建承重墙和剪力墙时使用；在使用体量面或常规模型时选择面墙；墙饰条和分隔缝的设置原理相同。

从类型选择器中选择"墙"类型，必要时可单击"图元属性"按钮，在弹出的对话框中编辑墙属性，使用复制的方式创建新的墙类型。设置墙高度、定位线、偏移值、半径、墙链，选择直线、矩形、多边形、弧形墙体等绘制方法进行墙体的绘制，如图 2-51 所示。在视图中拾取两点，直接绘制墙线。

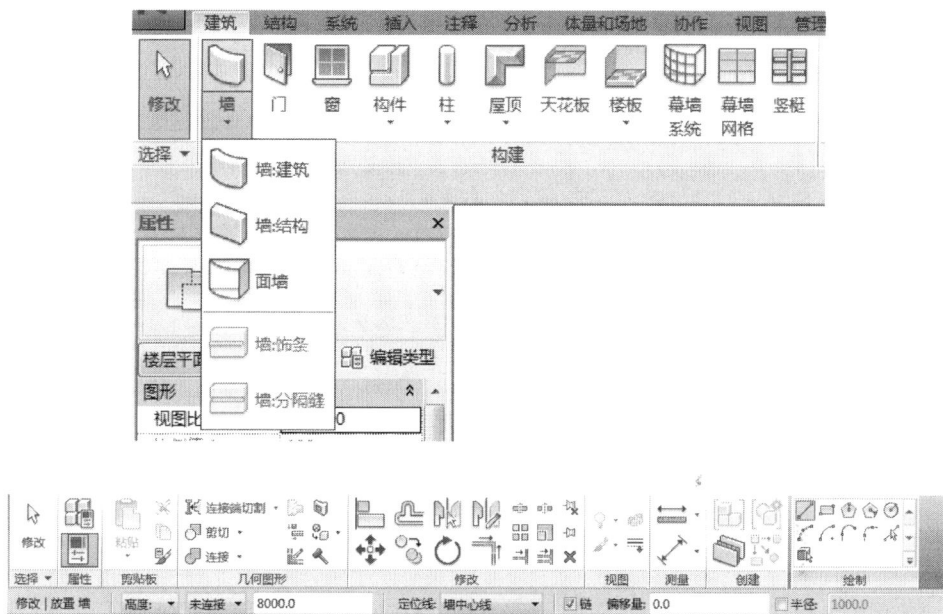

图 2-51　创建墙体

※注：顺时针绘制墙体，在 Revit 中墙体有内墙面和外墙面的区别。

（2）拾取命令生成墙体。

如果有导入的二维.dwg 平面图作为底图，可以先选择墙类型，设置好墙高度、定位线、偏移量、半径等参数后，选择"拾取线/边"命令，拾取.dwg 平面图的墙线，自动生成 Revit 墙体，也可以通过拾取面生成墙体。此方法主要应用在体量的面墙生成。

（3）编辑墙体。

选择墙体，自动激活"修改墙"选项卡，弹出墙体"属性"对话框。修改墙的实例参数，包括设置所选择墙体的定位线、高度、基面和顶面的位置及偏移、结构用途等特性，如图 2-52 所示。

单击"编辑类型"可以设置墙的参数类型，包括粗略比例填充样式、结构材质等，如图 2-53 所示。

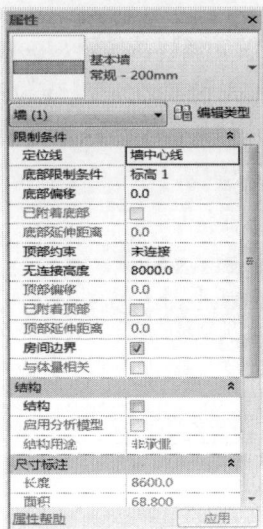

图 2-52　编辑墙体　　　　　　图 2-53　修改类型属性

单击图元在"属性"中"结构"对应的"编辑"按钮，弹出"编辑部件"对话框，单击"插入"可以增加墙体的构造层，墙体构造层厚度及位置关系（可利用"向上"和"向下"按钮调整）可以由用户自行定义。在"功能"选项下可以自定义所需构造层名称，例如面层、衬底等。在"材质"选项下可以选择对应的材料，如图 2-54 所示。需要注意的是，绘制墙体的定位有核心边界的选项。

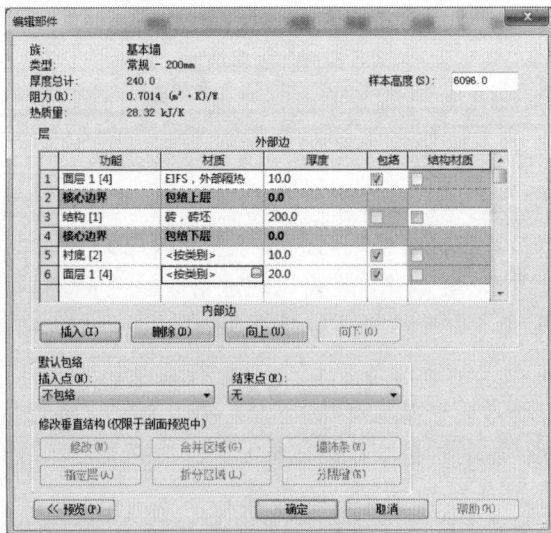

图 2-54　编辑部件

● 尺寸驱动、鼠标拖拽控制柄修改墙体位置、长度、高度、内外墙面等，如图 2–55 所示。

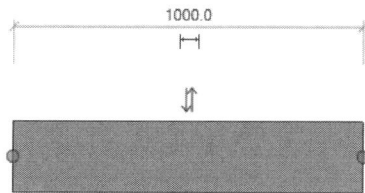

● 移动、复制、旋转、阵列、镜像、对齐、拆分、修剪、偏移等，所有常规的编辑命令同样适用于墙体的编辑，选择墙体，在"修改|墙"选项卡的"修改"面板中选择命令进行编辑。

图 2–55　修改尺寸

● 编辑立面轮廓。选择墙体，自动激活"修改|墙"选项卡，单击"修改墙"面板→"编辑轮廓"命令。如果在平面视图进行此操作，此时会弹出"转到视图"对话框，选择任意立面进行操作，进入绘制轮廓草图模式。在立面上用"线"绘制工具绘制封闭轮廓，单击"完成绘制"按钮可生成任意形状的墙体。同时，如需一次性还原已编辑过轮廓的墙体，选择墙体，单击"重设轮廓"按钮即可实现。

● 附着/分离，选择墙体，自动激活"修改|墙"选项卡，单击"修改墙"面板→"附着"命令，然后拾取屋顶、楼板、天花板或参照平面，可将墙连接到屋顶、楼板、天花板、参照平面上，墙体形状自动发生变化。单击"分离"按钮可将墙从屋顶、楼板、天花板、参照平面上分离，墙体形状恢复原状。

● 修改墙体垂直结构。在编辑墙体结构对话框中，单击"修改垂直结构"选项区域的"拆分区域"按钮，将一个构造层拆为上、下 n 个部分，用"修改"命令修改尺寸及调整拆分边界位置，原始的构造层厚度值变为"可变"。在"图层"中插入 $n-1$ 个构造层，指定不同的材质，厚度为 0，单击其中一个构造层，用"指定层"在左侧预览框中单击拆分开的某个部分指定给该图层，用同样的操作对所有图层设置完成，即可实现一面墙在不同的高度有几种材质的要求，如图 2–56 所示。

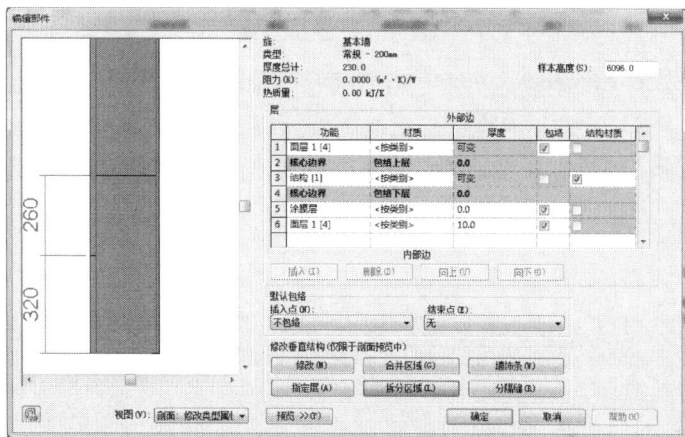

图 2–56　修改墙体垂直结构

　　单击"墙饰条"按钮，弹出"墙饰条"对话框，添加并设置墙饰条的轮廓。如需新的轮廓，可单击"载入轮廓"按钮，从库中载入轮廓族，单击"添加"按钮添加墙饰条轮廓，并设置其高度、放置位置（墙体的顶部、底部、内部、外部）、与墙体的偏移值、材质及是否剪切等。

　　单击"分隔缝"按钮，可以添加墙体分隔缝，其设置方法同墙饰条相似。

　　（4）叠层墙设置。

　　选择"建筑"选项卡→单击"构建"面板→"墙"按钮，从类型选择器中选择"叠层墙：外部-砌块勒脚砖墙"类型，单击"编辑类型"按钮，弹出"类型属性"对话框，选择"结构"后的"编辑"按钮，弹出"编辑部件"对话框，可以选择任意墙体进行组合。叠层墙是一种由若干个不同子墙（基本墙类型）相互堆叠在一起而组成的主墙，可以在不同的高度定义不同的墙厚、复合层和材质等，如图 2-57 所示。

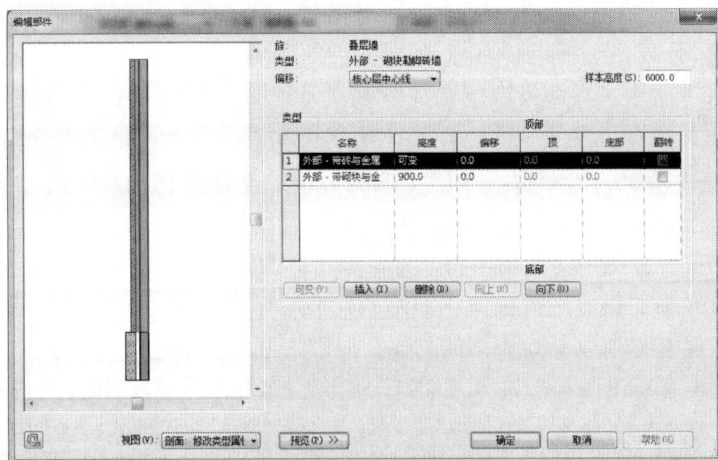

图 2-57　叠层墙设置

　　（5）异形墙体的创建。

　　所谓异形墙，就是不能直接应用绘制墙体命令生成的造型特异的墙体，如倾斜墙、扭曲墙。创建方法包括体量生成面墙与内建族创建墙体两种。

2.2.8　添加幕墙系统

　　幕墙在软件中属于墙的一种类型。幕墙默认有 3 种类型：店面，外部玻璃，幕墙。在 Revit 中幕墙由"幕墙嵌板""幕墙网格"和"幕墙竖梃"组成。

　　1. 绘制幕墙

　　在 Revit 中玻璃幕墙是一种墙类型，可以像绘制基本墙一样绘制幕墙，如图 2-58 所示。

2. 图元属性修改

对于外部玻璃和店面类型幕墙，可用参数控制幕墙网格的布局模式、网格的间距值及对齐、旋转角度和偏移值。选择幕墙，自动激活"修改墙"选项卡，在"属性"窗口可以编辑该幕墙的实例参数，单击"编辑类型"按钮，弹出幕墙的"类型属性"对话框，编辑幕墙的类型参数。选择"自动嵌入"可以设置幕墙是否自动嵌入，选择"布局"可以设置间距模式，包括：固定距离、固定数量、最大间距、最小间距，如图 2-59 所示。

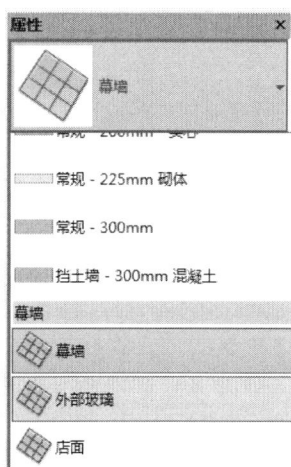

图 2-58　创建幕墙　　　　　　　　　　图 2-59　编辑幕墙

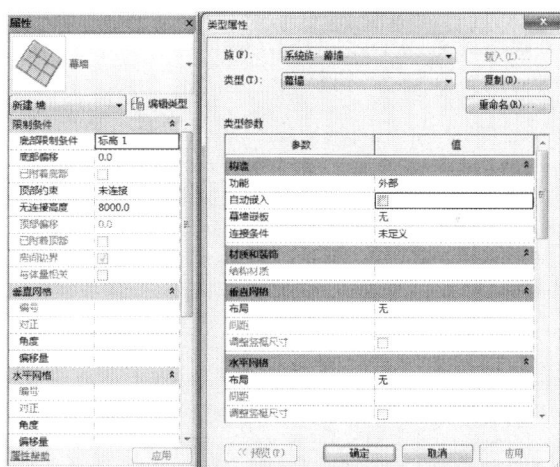

手动修改幕墙网格间距：单击幕墙网格线（按 Tab 键切换选择）完成尺寸输入，如图 2-60 所示。

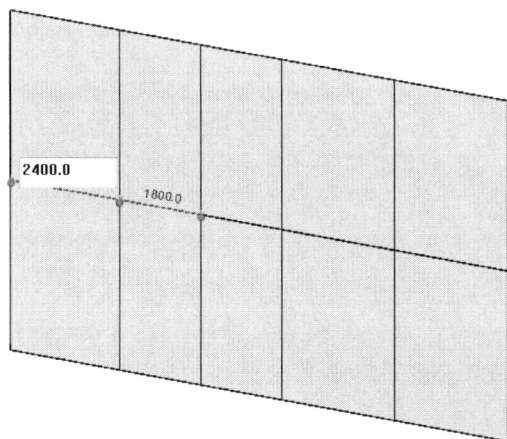

图 2-60　修改幕墙网格间距

（1）立面轮廓。

选择幕墙，自动激活"修改墙"选项卡，单击"编辑轮廓"按钮，与基本墙一样可以任意编辑立面轮廓。

（2）墙网格及竖梃。

选择"建筑"选项卡，单击"构建"面板下"幕墙网格"按钮，可以整体或者局部地划分幕墙，如图 2-61 所示。

全部分段：单击添加整条网格线。

一段：单击添加一段网格线。

除拾取外的全部：单击除拾取外的全部，先添加整条红色的网格线，再单击某段，便删除该段，其余正常添加。

选择"构建"面板中的"竖梃"可以拾取网格线添加幕墙竖梃。竖梃的样式可以在属性栏中选择，也可以通过"编辑类型"修改，如图 2-62 所示。

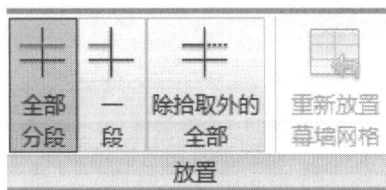

图 2-61　幕墙网格

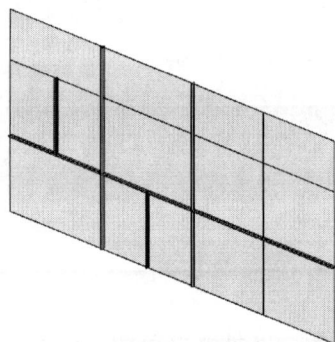

图 2-62　幕墙竖梃

※注：在实际绘图过程中，要考虑计算竖梃尺寸，不要忽略上下两个左右两边的边界尺寸。

（3）幕墙系统。

幕墙系统是一种构件，由嵌板、幕墙网格和竖梃组成，通过选择体量图元面，可以创建幕墙系统。在创建幕墙系统之后，可以使用与幕墙相同的方法添加幕墙网格和竖梃。

绘制异形幕墙，选择"建筑"选项卡，单击"构建"面板下的"幕墙系统"命令，拾取体量或常规模型的面可创建幕墙系统，然后用"幕墙网格"细分后添加竖梃。

※注：拾取常规模型的面生成幕墙系统，指的是内建族中的族类别为常规模型的内建模型。

幕墙相关模型如图 2-63 和图 2-64 所示。

图 2-63 幕墙模型

图 2-64 整体模型

3. 梁

（1）常规梁。

单击"结构"选项卡→"梁"工具命令，从类型选择器的下拉列表中选择需
要的梁类型；如没有，则从库中载入。从选项栏上选择梁的放置平面，从"结构
用途"下拉箭头中选择梁的结构用途或让其处于自动状态，结构用途参数可以包
括在结构框架明细表中，这样便可以计算大梁、托梁、檩条和水平支撑的数量。
使用"三维捕捉"选项，通过捕捉任何视图中的其他结构图元，可以创建新梁。
这表示，用户可以在当前工作平面之外绘制梁和支撑。例如，在启用了三维捕捉
之后，不论高程如何，屋顶梁都将捕捉到柱的顶部。要绘制多段连接的梁，要选

择选项栏中的"链"单击起点和终点来绘制梁。当绘制梁时,光标会捕捉其他结构构件。也可使用"轴网"命令,拾取轴网线或框选、交叉框选轴网线,点击"完成",系统自动在柱、结构墙和其他梁之间放置梁。具体如图 2-65 所示。

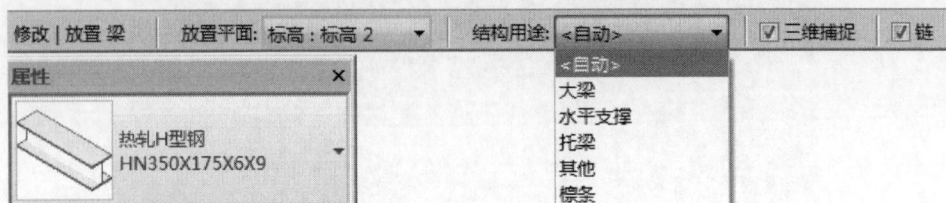

| 修改 | 放置 梁 | 放置平面: 标高: 标高 2 ▼ | 结构用途: <自动> ▼ | ☑ 三维捕捉 | ☑ 链 |

| 属性 | × |
| 热轧H型钢 HN350X175X6X9 ▼ |

<自动>
大梁
水平支撑
托梁
其他
檩条

图 2-65　创建梁

（2）梁系统。

结构梁系统可创建多个平行的等距梁,而且这些梁可以根据设计中的修改进行参数化调整。打开一个平面视图,单击"结构"选项卡,选择"梁系统"工具命令,进入定义梁系统边界草图模式。单击"绘制"中"边界线""拾取线"或"拾取支座"命令,拾取结构梁或结构墙,并锁定其位置,形成一个封闭的轮廓作为结构梁系统的边界。也可以用"线"绘制工具,绘制或拾取线条作为结构梁系统的边界。如要在梁系统中剪切一个洞口,则用"线"绘制工具在边界内绘制封闭洞口轮廓。绘制完边界后,可以用"梁方向边缘"命令选择某边界线作为新的梁方向（默认情况下,拾取的第一个支撑或绘制的第一条边界线为梁方向）。单击"梁系统属性"打开属性对话框,设置此系统梁在立面的偏移值和是否在编辑时三维视图中显示该构建,设置其布局规则,以及按设置的规则确定相应数值、梁的对齐方式及选择梁的类型。

（3）编辑梁。

操纵柄控制：选择梁,端点位置会出现操纵柄,鼠标拖拽调整其端点位置。

属性编辑：选择梁自动激活上下文选项卡"修改结构框架",在属性面板中修改其实例、类型参数,可改变梁的类型与显示。

※注：如果梁的一端位于结构墙上,则"梁起始梁洞"和"梁结束梁洞"参数将显示在属性对话框中。如果梁是由承重墙支撑的,则启用该复选框,选择后梁图形将延伸到承重墙的中心线。

4. 板

楼板是建筑设计中常用的建筑构件,用于分割建筑的各层空间。Revit 中提供了楼板工具,与墙类似,楼板也属于系统族,可以根据草图轮廓和类型属性中定义的结构在项目中创建任意形式的楼板。

（1）创建楼板。

① 拾取墙与绘制生成楼板：

单击"建筑"选项卡→"构建"面板→"楼板"命令，进入绘制轮廓草图模式。此时，自动跳转到"创建楼层边界"选项卡，单击"拾取墙"命令，在选项栏中设置指定楼板边缘的偏移量，同时选择延伸到墙中（至核心层）。

偏移: 0.0   ☑延伸到墙中(至核心层)

使用 Tab 键进行切换选择，可以一次选中所有外墙单击生成楼板边界。如果出现交叉线条，使用"修剪"命令编辑成封闭的楼板轮廓。或者选择"线"命令，用线绘制工具绘制封闭楼板轮廓。完成草图绘制后，单击完成楼板。选择楼板边缘，进入"修改楼板"界面，选择"边界线"命令可以修改楼板边界，可改成非常规的轮廓，如图 2-66 所示。

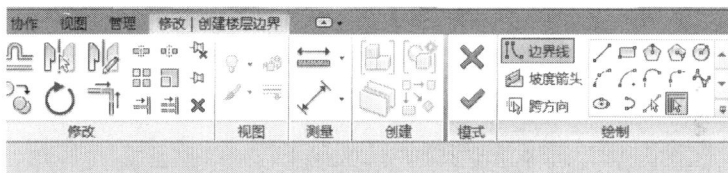

图 2-66 创建楼板

② 斜楼板的绘制：

绘制斜楼板时，使用"坡度箭头"命令。在绘制楼板草图时，用"坡度箭头"命令绘制坡度，在属性控制面板下设置"尾高度偏移"或"坡度"值，确定完成绘制，如图 2-67 所示。

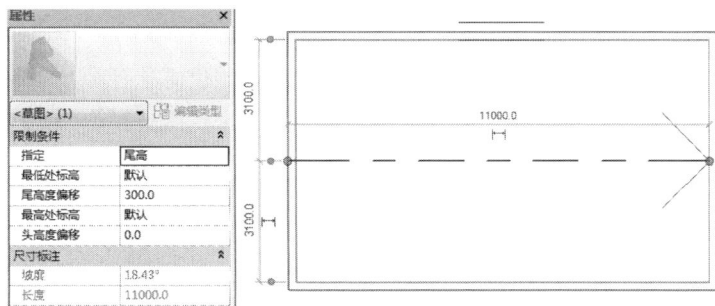

图 2-67 创建斜楼板

（2）楼板的编辑。

选择楼板，自动激活"修改楼板"界面，在"属性"对话框中可以选择不同类型的楼板，单击"编辑类型"可以对楼板类型属性进行修改。包括结构、粗略比例填充样式及颜色、材质等，如图 2-68 所示。

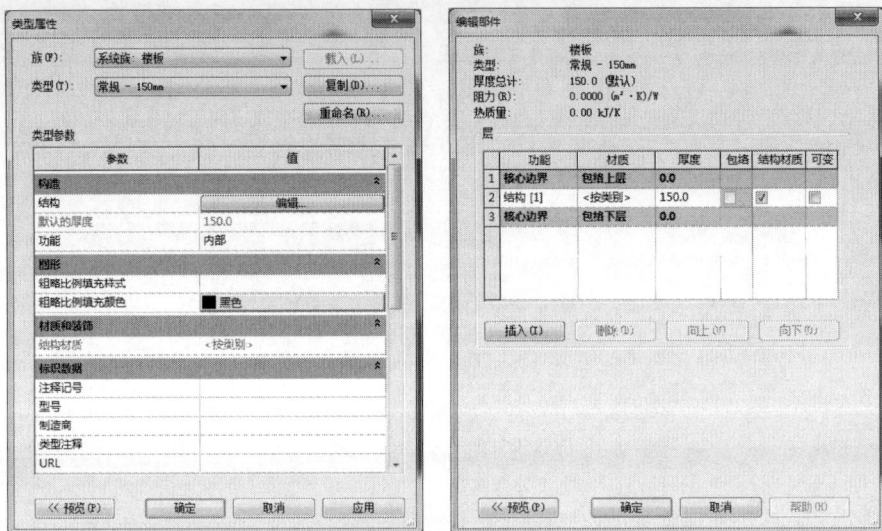

图 2-68　编辑楼板

① 楼板开洞口：
- 可以在创建楼板时，在楼板轮廓内直接绘制封闭洞口的闭合轮廓。
- 选择楼板，单击"编辑界面"进入绘制楼板轮廓草图模式，进行绘制。

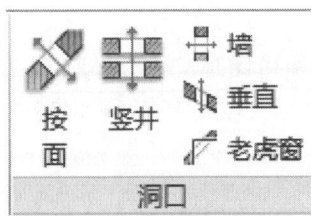

图 2-69　创建洞口

- 可以选择"建筑"选项卡中"洞口"面板下的命令进行楼板开洞口。其中，"按面""竖井""垂直"三个命令可以对楼板进行操作，其余的不可以，如图 2-69 所示。

② 复制楼板：

实际工程项目中，常需要进行楼板的复制，这样既方便又快捷，大大减少了绘制任务量。选择已经绘制完成的楼板，自动激活"修改楼板"选项卡，使用"剪贴板"下的"复制"命令，复制到剪贴板，单击"粘贴"命令，可以选择粘贴的位置，如"与选定的标高对齐"，选择目标标高名称，楼板自动复制到所有楼层，如图 2-70 所示。

③ 楼板偏移、点编辑与找坡设置：

在创建比室内其他区域的楼板偏低的类似卫生间楼板时，根据需要，要对楼板进行偏移与找坡。

图 2-70　复制楼板

● 偏移：选择楼板，在"属性"对话框中的"限制条件"下，修改"自标高的高度偏移"一栏中的偏移值，即可完成楼板的偏移，如图 2-71 所示。

● 点编辑：选择楼板，自动激活"修改楼板"选项卡，单击"修改子图元"工具，进入点编辑状态。单击"添加点"工具，然后在楼板需要添加控制点的地方单击，楼板将新加一个控制点。单击"修改子图元"工具，再单击需要修改的点，在点的上

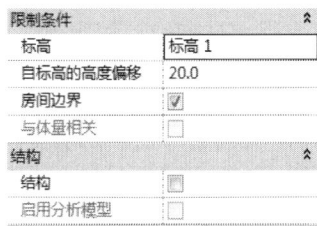

图 2-71　楼板偏移

方会出现一个数值，该数值表示偏离楼板的相对标高的距离，可以通过修改其数值，使该点高出或低于楼板的相对标高，如图 2-72 所示。

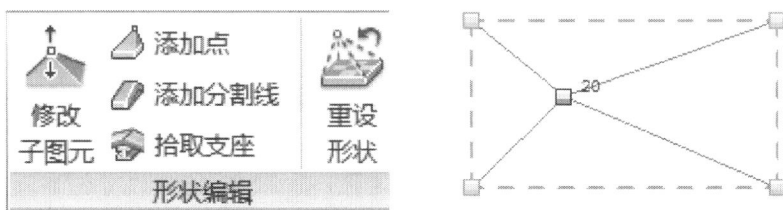

图 2-72　点编辑

● 找坡：当楼层需要做找坡层或做内排水时，需要在面层上做坡度。选择楼板，单击"属性"对话框中的"编辑类型"修改楼板"类型属性"。点击"编辑"结构，在弹出的"编辑部件"对话框中，选择面层后面的"可变"。这时，在对楼板进行点编辑时，只有楼板的面层会变化，结构层不发生变化，如图 2-73 所示。

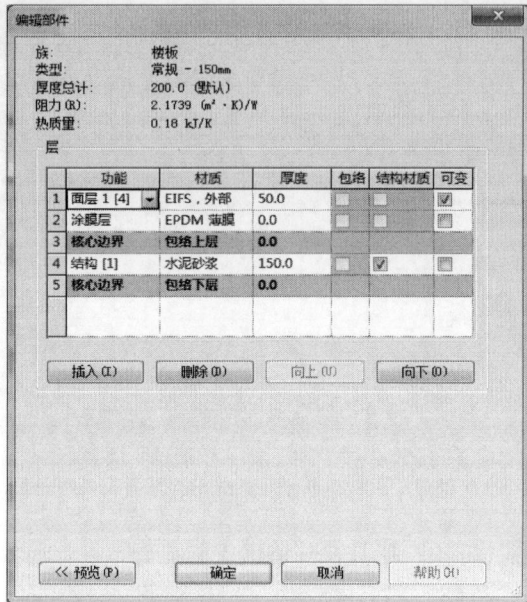

图 2-73　编辑部件

　　找坡层的设置：单击"形状编辑"面板中"添加分割线"工具，在楼板的中线处绘制分割线，单击"修改子图元"工具，修改分割线两端端点的偏移值，完成绘制。

　　内排水设置：单击"添加点"工具，在内排水的排水点添加一个控制点，单击"修改子图元"工具，修改控制点的偏移值（即排水高差）。

　　5. 柱

　　（1）结构柱。

　　添加结构柱：单击"建筑"选项卡中"构建"面板"柱"工具下拉箭头"结构柱"命令。从类型选择器中选择适合尺寸规格的柱子类型，也可以通过"编辑类型"对结构柱进行修改。如没有需要的柱子类型，则需要单击"插入"选项卡，"从库中载入"面板下"载入族"工具，打开相应族库载入族文件。在结构柱的属性对话框中，设置柱子高度尺寸（深度/高度、标高/未连接、尺寸值）。单击"结构柱"，使用轴网交点命令，从右下向左上交叉框选轴网，单击上下文选项卡"放置结构柱>在轴网交点处"中的"完成"按钮。

　　编辑结构柱：柱的实例属性可以调整柱子基准、顶标高、顶、底部偏移，是否随轴网移动，此柱是否设为房间边界，以及柱子的材质。单击"编辑类型"按钮，在类型属性中设置长度、宽度参数等。

　　（2）建筑柱。

　　添加建筑柱：从类型选择器中选择适合尺寸规格的建筑柱类型，如没有则单击"图元属性"按钮，打开组织属性对话框，编辑柱子属性，点击"编辑/新建–复制"命令创建新的尺寸规格，修改长、宽度尺寸参数。如没有需要的柱子类型，则需要单击"插入"选项卡"从库中载入"面板下"载入族"工具，打开相应族库载入族文件。单击"插入点"插入柱子。

编辑建筑柱：同结构柱，柱的实例属性可以调基准、顶标高、顶、底部偏移，是否随轴网移动，此柱是否设为房间边界，单击"编辑类型"按钮，在类型属性中设置柱子的粗略比例、填充样式、材质、长度、宽度参数以及偏移基准、偏移顶。

※注：建筑柱的属性与墙体相同，修改粗略比例填充样式只能影响没有与墙相交的建筑柱。建筑柱适用于砖混结构中的墙垛、墙上突出等结构。柱子的相关模型如图 2–74 所示。

图 2–74　柱模型

2.2.9　添加和编辑楼梯

在 Revit 中，楼梯由楼梯梯段、缓步台、楼梯平台和栏杆扶手几部分构成。绘制楼梯时，Revit 会沿楼梯自动放置指定类型的栏杆扶手。本节中，我们首先学习楼梯的创建与编辑。

创建楼梯：单击"建筑"选项卡→"楼梯坡道"面板→"楼梯"命令，包括按构件与按草图创建楼梯。

（1）按草图创建楼梯。

单击"楼梯（按草图）"命令后，自动进入"创建楼梯草图"界面，可以直接绘制楼梯。在"属性"对话框中可以选择楼梯的类型，点击"编辑类型"打开"类型属性"对话框，创建自己的楼梯样式，设置类型属性参数、踏板、踢面、梯边梁等的位置、高度、厚度尺寸、材质、文字等，确定。在"实例属性"对话框中设置楼梯宽度、基准偏移等参数，系统自动计算实际的踏步高和踏步数，确定。绘制参照平面：起跑位置线、休息平台位置、楼梯半宽度位置。单击"梯段"命令，捕捉每跑的起点、终点位置绘制梯段。注意梯段草图下方的提示：创建了10个踢面，剩余 0 个。调整休息平台边界位置，完成绘制。楼梯扶手自动生成，如图 2-75 所示。

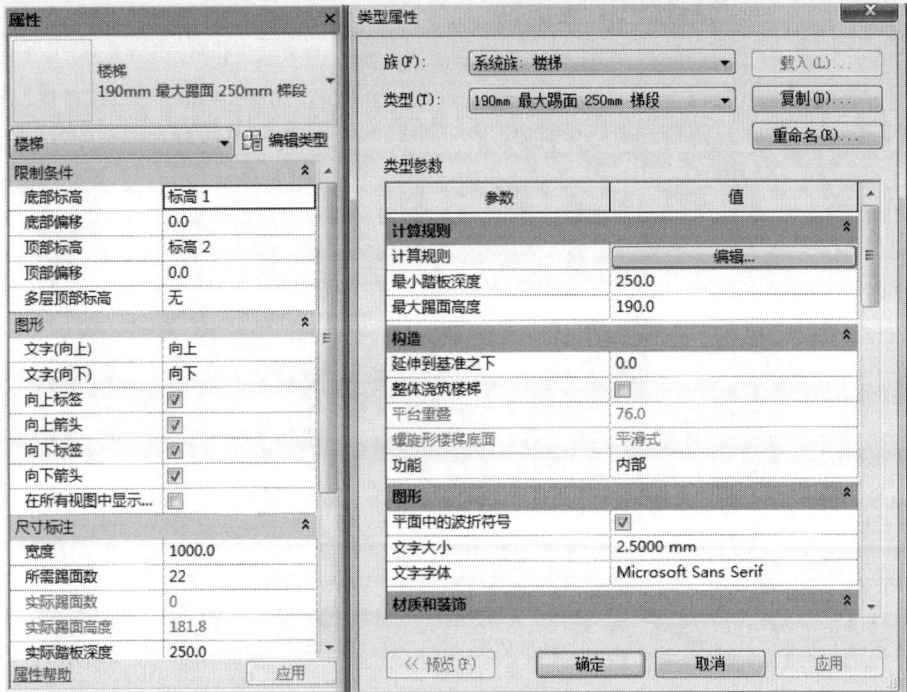

图 2-75　编辑楼梯

※注：

● 绘制梯段时，是以梯段中心为定位线开始绘制的。

● 请根据不同的楼梯形式：单跑、双跑 L 形、双跑 U 形、三跑楼梯等，绘制不同数量、位置的参照平面，以方便楼梯精确定位，并绘制相应的梯段。楼梯模型如图 2-76 所示。

（2）以边界和踢面命令创建楼梯。

单击"边界"命令，分别绘制楼梯踏步和休息平台边界。注意，踏步和平台处的边界线需分段绘制，否则软件将把平台当成长踏步来处理。单击"踢面"命令，绘制楼梯踏步线。同前，注意梯段草图下方的提示，"剩余 0 个"时即表示楼梯跑到了预定层高位置。

图 2-76　楼梯模型

（3）绘制弧形楼梯、旋转楼梯。

在绘制面板中选择合适的命令，绘制弧形、旋转楼梯可以选择"圆心-端点弧"工具。

（4）按构件绘制楼梯。

按构件绘制楼梯的方法同按草图创建楼梯类似，但是使用按构件创建楼梯时，可以直接对楼梯梯段、缓步台拖拽进行尺寸修改，较草图楼梯更方便。同时，构件楼梯可以转化为草图楼梯，但是这个过程是不可逆的。在我们应用按草图绘制楼梯时，楼梯只能有一个方向，多方向楼梯需要用构件楼梯创建。实际项目中，根据需要选择最适合的方法创建楼梯。

2.2.10　添加和编辑栏杆扶手

在 Revit 中栏杆扶手是自动生成的，除此之外，我们也可以单独选择添加栏杆扶手并编辑其属性、类型属性，创建不同的样式。

1. 添加栏杆扶手

单击"建筑"选项卡→"楼梯坡道"面板→"栏杆扶手"命令，选择"绘制路径"，进入绘制栏杆扶手模式。也可以选择"放置在主体上"，选择楼梯主体并确定栏杆扶手是放在踏板上，还是梯边梁上。

2. 编辑栏杆扶手

在楼梯栏杆扶手中，横着的称为扶栏，竖着的称为栏杆。在"属性"对话框中可以选择栏杆扶手的不同类型。单击"编辑类型"可以对栏杆扶手进行修改。首先编辑扶栏，顶部扶栏是单独设置的，其余扶栏在"扶栏结构（非连续）"

中进行编辑。可以设置它们的高度、偏移量、材质、轮廓等，如图 2-77、图 2-78
所示。

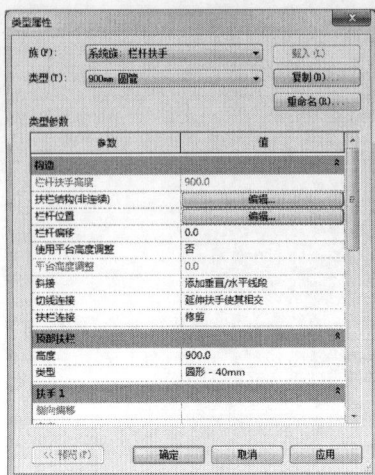

图 2-77　编辑栏杆扶手

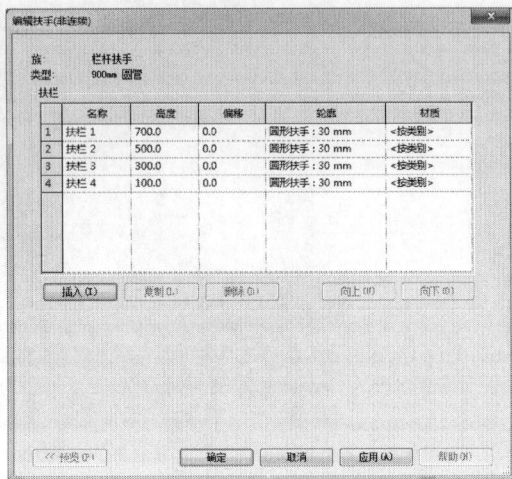

图 2-78　编辑扶手

接下来是编辑栏杆，如图 2-79 所示。

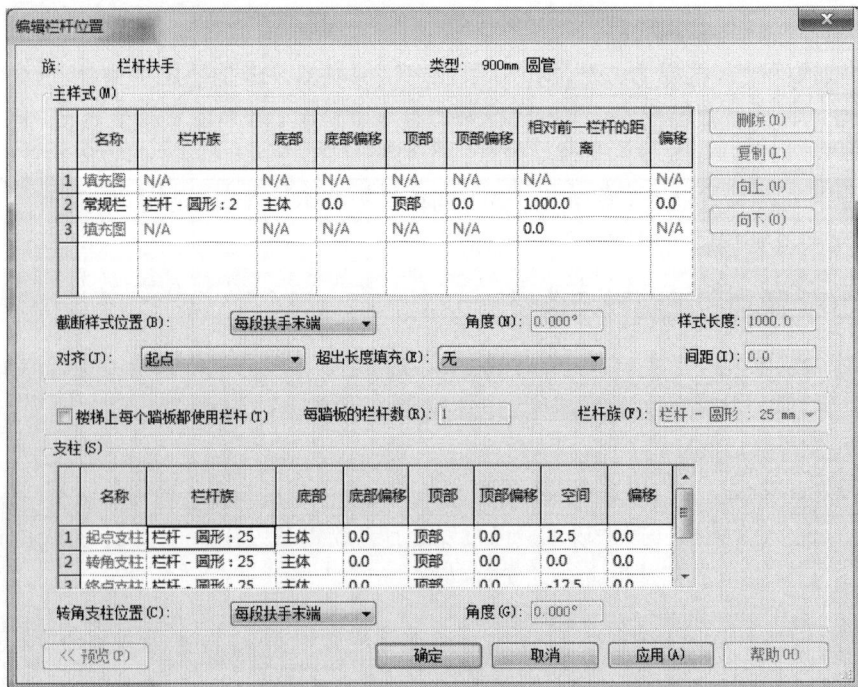

图 2-79　编辑栏杆

2.2.11　添加和编辑坡道

1. 直坡道

单击"建筑"选项卡→"楼梯坡道"面板→"坡道"命令，进入"创建坡道草图"模式。在"属性"对话框中，点击"编辑类型"，在"类型属性"对话框里单击"复制"按钮，创建自己的坡道样式，设置类型属性参数：坡道厚度、坡道材质、坡道最大坡度（1/x）、结构等，单击"完成坡道"，如图 2-80 所示。

图 2-80　编辑坡道

在图元属性对话框中设置坡道宽度、基准标高、基准偏移和顶部标高、顶部偏移等参数，系统自动计算坡道长度。绘制参照平面：起跑位置线、休息平台位置、坡道宽度及位置。单击"梯段"命令，捕捉每跑的起点、终点位置绘制梯段，注意梯段草图下方的提示：××××创建的倾斜坡道，××××剩余。单击"完成坡道"创建坡道，坡道扶手自动生成。

2. 弧形坡道

弧形坡道绘制方法与直坡道类似。选择"圆心-端点弧"命令进行创建。捕捉弧形坡道梯段的中心点、起点、终点位置绘制弧形梯段，如有休息平台，则分段绘制梯段。可以删除弧形坡道的原始边界和踢面，并用"边界"和"踢面"命令，绘制新的边界和踢面，创建特殊的弧形坡道。单击"完成坡道"创建弧形坡道。

2.2.12　房间与面积

房间和面积是建筑中的重要组成部分，使用房间、面积和颜色方案规划建筑的占用和使用情况，并执行基本的设计分析。

1. 房间

（1）创建房间。

单击"建筑"选项卡→"房间和面积"面板→"房间"命令，可以创建房间，如图 2-81 所示。

进入任意楼层平面视图，在需要的房间内添加房间名称。选择房间标记，点击"房间"，房间名称变为可输入状态，可以对房间名称进行修改，如图 2-82 所示。

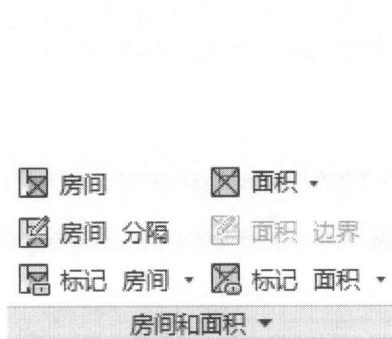

图 2-81　创建房间

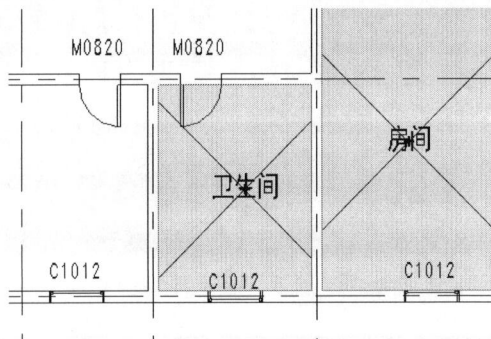

图 2-82　房间标记

① 控制房间的可见性。

默认情况下，房间在平面视图和剖面视图中不会显示，但是，可以更改"可见性/图形"设置，使房间及其边界在视图中可见，这些属性成为视图属性的组成部分。在视图面板中，单击"可见性/图形"命令，在"模型类别"中找到"房间"并对其进行相关设置。

② 房间边界。

a. 平面视图中的房间。

进入楼层平面，使用平面视图可以直接查看房间的外部边界（周长）。默认情况下，Revit 使用墙面面层作为外部边界来计算房间面积，也可以指定墙中心、墙核心层或墙核心层中心作为外部边界。如果需要修改房间的边界，可修改模型图元的"房间边界"参数，或者添加房间分隔线。

b. 房间边界图元。

房间边界图元包括以下内容：

● 墙（幕墙、标准墙、内建墙、基于面的墙）。

- 屋顶（标准屋顶、内建屋顶、基于面的屋顶）。
- 楼板（标准楼板、内建楼板、基于面的楼板）。
- 天花板（标准天花板、内建天花板、基于面的天花板）。
- 柱（建筑柱、材质为混凝土的结构柱）。
- 幕墙系统。
- 房间分隔线。
- 建筑地坪。

通过修改图元属性，可以指定很多图元是否可作为房间边界。例如，可能需要将卫生间隔断定义为非边界图元，因为它们通常不包括在房间计算中。如果将某个图元指定为非边界图元，当 Revit 计算房间或任何共享此非边界图元的相邻房间的面积或体积时，将不使用该图元。

c. 房间分隔线。

使用"房间分隔线"工具，可添加和调整房间边界，房间分隔线是房间边界。在房间内指定另一个房间时，分隔线十分有用，如起居室中的就餐区，此时房间之间不需要墙。房间分隔线在平面视图和三维视图中可见。

（2）房间标记。

在"房间和面积"面板中单击"标记 房间"对已添加的房间进行标记。

2. 面积方案

（1）创建与删除面积方案。

在"房间和面积"选项卡的下拉菜单中选择"面积和体积计算"，在弹出的对话框"面积方案"中单击"新建"进行设置，如图 2-83 所示。

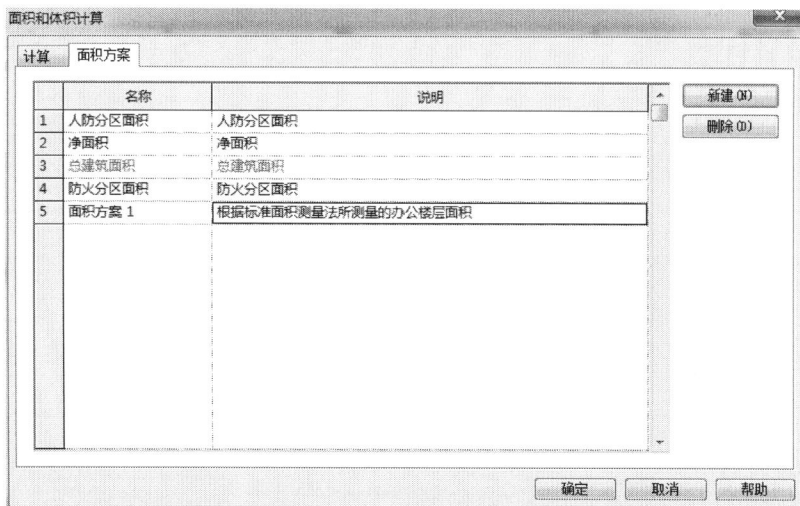

图 2-83　面积和体积计算

61

删除面积方案与创建面积方案类似，其区别是选中要删除的面积方案，单击后面的"删除"按钮，完成面积方案的删除。

※注：如果删除面积方案，则所有与其关联的面积平面也会被删除。

（2）创建面积平面。

单击"面积"命令中的"面积平面"选项，弹出"新建面积平面"对话框，进行创建，在"类型"下拉列表中可选择要创建面积平面的类型和面积平面视图，然后单击"确定"完成。

（3）添加面积标记。

单击"面积标记"命令选择"标记面积"选项，Revit 将在面积平面中高亮显示定义的面积。

※注：放置和修改面积标记的方式与创建房间标记的方法相同。

第三章　Revit Mep 给排水设计与建模

Revit 提供了强大的管道设计功能。利用这些功能，给排水工程师可以方便迅速地布置管路、调整管道尺寸、控制管道显示、进行管道标注和统计。

3.1　机械设置

单击"系统"选项卡→"机械"面板→ ⅃（机械设置），如图 3-1 所示。

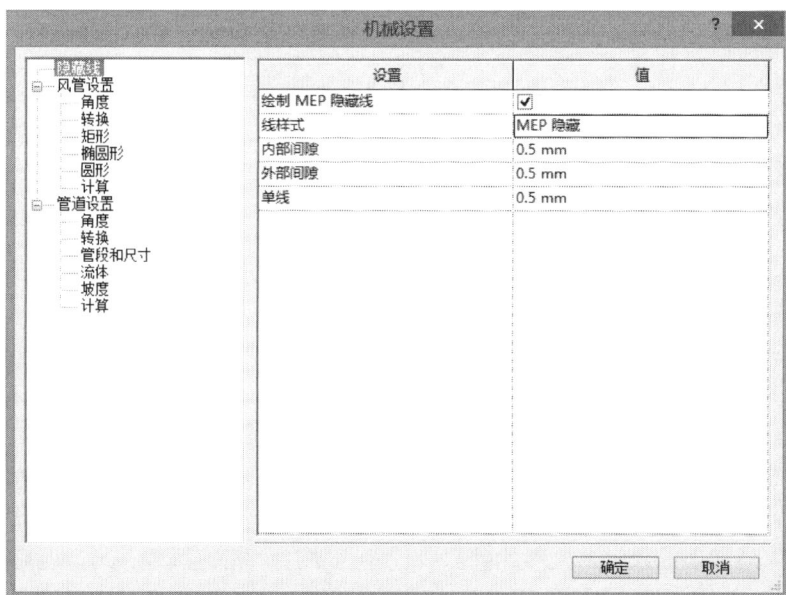

图 3-1　机械设置

3.1.1　角度

在选择"角度"后，可以指定 Revit 在添加或修改管道时将使用的管件角度。

1. 使用任意角度

可让 Revit 使用管件内容支持的任意角度。

2. 设置角度增量

指定 Revit 用于确定角度值的角度增量。

3. 使用特定的角度

启用或禁用 Revit 使用特定的角度。

3.1.2 转换

在选择"转换"后可以指定参数,在使用"生成布局"工具时这些参数用来控制为"干管"和"支管"管段所创建的高程、管道尺寸和其他特征。注意也可以在为系统管网创建布线解决方案时,通过选项栏的"设置"按钮访问"转换设置"。

1. 干管

可以指定每种系统分类中干管管道的以下默认参数:

① 管道类型:这是干管管网的默认管道类型。

② 偏移:这是当前标高之上的管道构件高度。

2. 支管

可以指定每种系统分类中支管管道的以下默认参数:

① 管道类型:这是支管管网的默认管道类型。

② 偏移:这是当前标高之上的管道构件高度。

3.1.3 管段和尺寸

通过右侧面板,可以设置不同类型管段的属性和尺寸,"粗糙度"用于管道的沿程损失的水力计算。通过"新建尺寸"或"删除尺寸"按钮可以添加或删除管道尺寸。新建管道的公称直径和现有列表中管道的公称直径不允许重复。如果在项目中已经绘制了某尺寸的管道,选中改尺寸时,"删除尺寸"按钮将灰显,表示暂不能被删除。需要先删除绘图区域该尺寸的所有管道,"删除尺寸"按钮高亮后方能删除,如图 3-2 所示。

如果选择"矩形",右侧面板将列出项目可用的矩形风管尺寸,并显示出可以从选项栏指定的尺寸。虽然此处只有一个值可用于指定风管尺寸,但可将其应用于高度、宽度或同时应用于这两者。通过"删除尺寸"按钮可从表中删除选定的尺寸。"新建尺寸"按钮可以打开"风管尺寸"对话框,用以指定要添加到项目中的新风管尺寸。

3.1.4 流体

通过右侧面板可以添加或者删除流体,还可对不同温度下的流体进行"粘度"和"密度"设置。Revit 输入的有"水""丙二醇"和"乙二醇"三种流体。和"尺

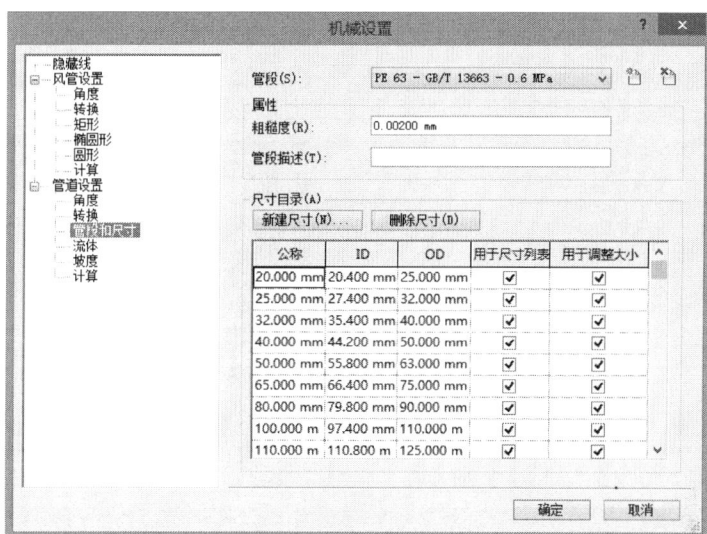

图 3-2　管段和尺寸设置

寸"选项中的"新建尺寸"和"删除尺寸"类似，可通过"新建温度"和"删除温度"对流体设计参数进行编辑，如图 3-3 所示。

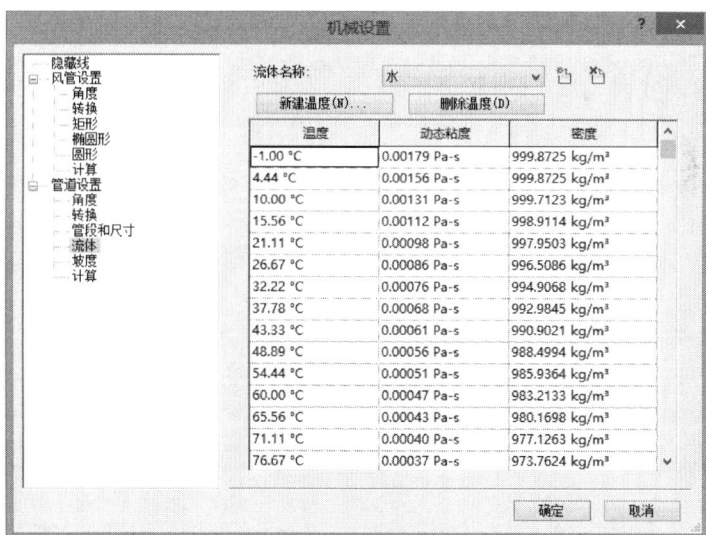

图 3-3　参数设置

3.1.5　坡度

在右侧面板中，可以预先定义在项目中使用的管道坡度值，如图 3-4 所示，预定义的坡度将出现在"坡度值"的下拉列表中，如图 3-5 所示。

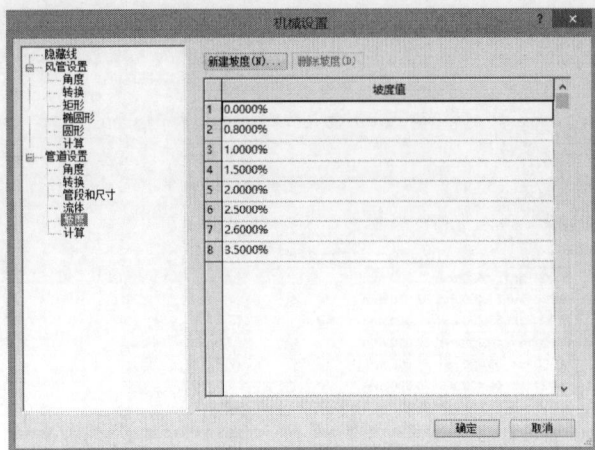

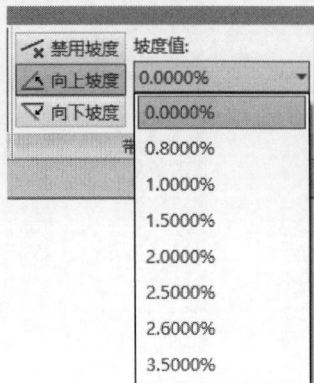

图 3-4　坡度值设置　　　　　　　　图 3-5　坡度预定义设置

3.1.6　计算

选择"计算"后，可以指定为直线管段计算挂管道压降时所使用的方法。在"压降"选项卡中，从列表中选择"计算方法"。计算方法的详细信息将显示在说明字段。

3.2　管道设置

3.2.1　管道类型设置

管道类型是指管道和软管的族类型。管道和软管都属于系统族，可以创建、修改和删除族类型。单击功能区中"系统"→"管道"，如图 3-6 所示。通过绘图区左侧的"属性"对话框选择和编辑管道类型，如图 3-7 所示。

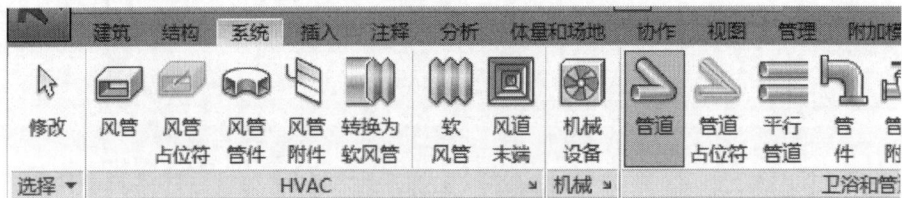

图 3-6　管道设置

单击"编辑类型"，打开"类型属性"对话框，可以对管道类型进行配置。使用"复制"命令，可以再根据已有管道类型添加新的管道类型。"管段和管件"分组下罗列了管道族的管件配置。出现在"管件"分组下的管件类型，弯头、T

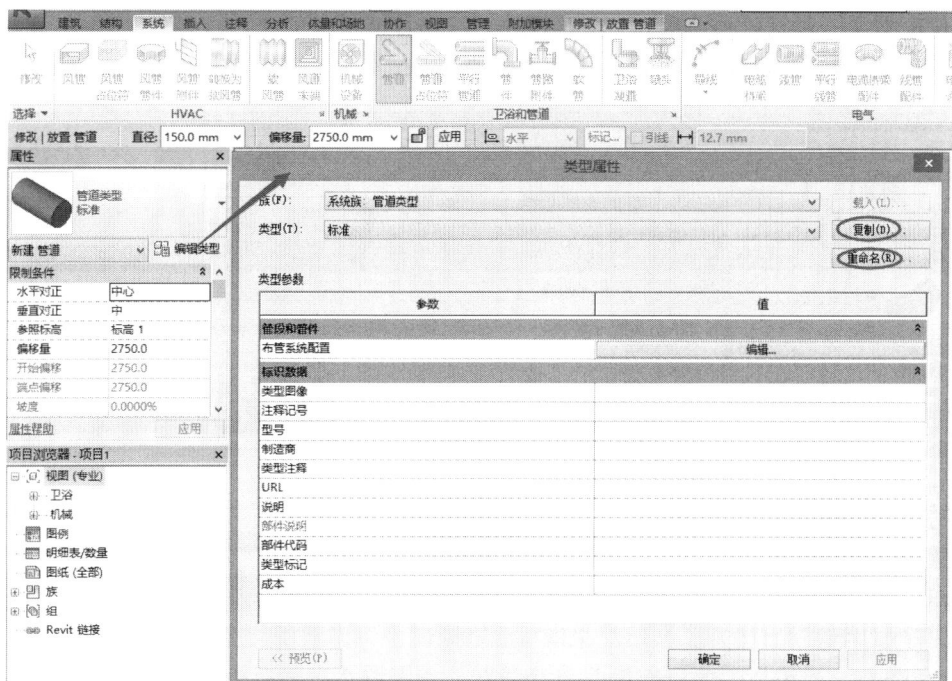

图 3–7　管道类型设置

形三通、接头、四通、过渡件、活接头和法兰，将在绘制管道时自动添加。通过单击下拉按钮选取当前项目中已载入的该类型管件的族，如图 3–8 所示。

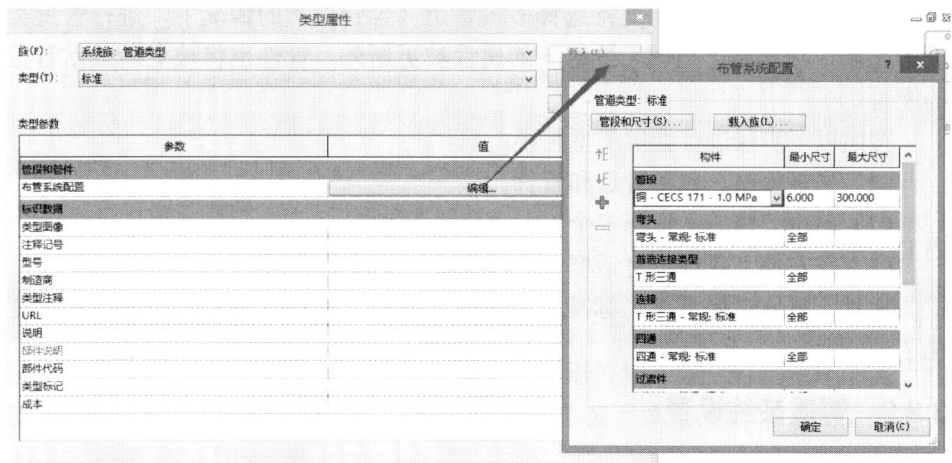

图 3–8　管道类型配置

也可以用类似方法定义软管类型。单击功能区中"系统"→"软管"，在"属性"对话框中单击"编辑类型"，打开软管"类型属性"对话框。默认情况下，

图 3-12　类型属性设置

　　对于"材质"，请单击 ▢▢▢ "浏览"。在"材质浏览器"中，选择一种材质，然后单击"确定"。

　　对于"计算"，请选择"全部""仅流量"或"无"。

　　对于"缩写"，请输入文字以用于系统缩写。系统缩写是指在系统名称中使用的前缀。

　　对于"上升/下降符号"，请单击 ▢▢▢ "浏览"。在"选择符号"对话框中选择一个符号，然后单击"确定"。

3.3　管道显示

　　在 Revit 中，可以通过很多方式来控制管道的显示，以满足不同的设计和出图需求。

3.3.1　视图详细程度

　　Revit 的视图可以设置三种详细程度：粗略、中等和精细，视图控制栏如图 3-13 所示。在粗略和中等详细程度下，管道默认为单线显示，而在精

图 3-13　视图详细程度

细视图下,管道默认为双线显示。管道在三种详细程度下的显示不能自定义修改,必须使用软件默认设置。在实际使用过程中,应注意配合管道显示特性。

3.3.2 可见性/图形替换

单击功能区"视图"选项卡→"可见性/图形"命令,或通过快捷键 VG 或 VV,打开当前视图的"可见性/图形替换"对话框,如图 3–14 所示。

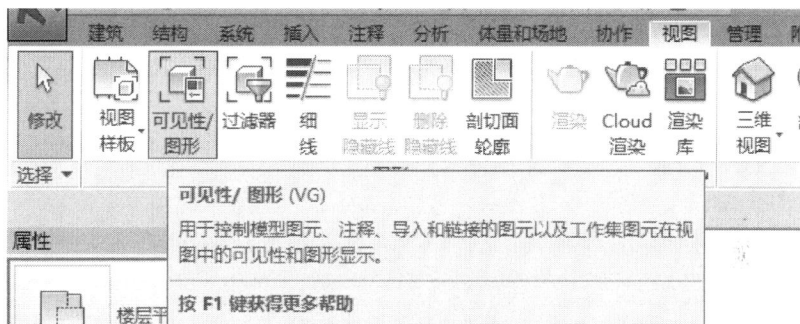

图 3–14 可见性设置

管道可见性在"模型类型"选项卡中可以设置,既可以控制整个管道族类别的显示,也可以控制管道族子类别的显示。勾选表示可见,不勾选表示不可见,如图 3–15 所示。

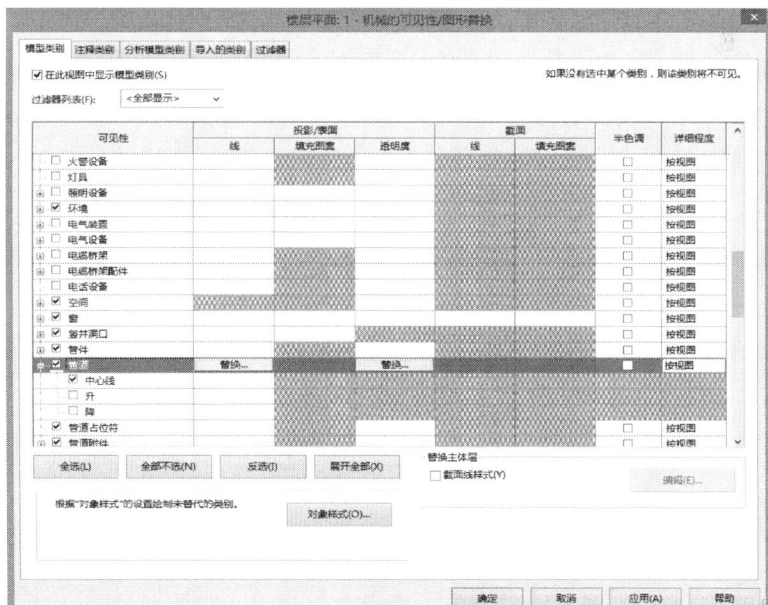

图 3–15 管道可见性设置

对于当前视图上的管道、管件和管路附件等，如果需要依据某些原则进行隐藏或区别显示，那么可以使用"过滤器"功能，如图 3-16 所示。常用这种方法实现分系统显示管路。项目样板文件会有预设的过滤器，例如图中"家用""卫生设备"和"通风孔"。预设的过滤器都是依据管道的系统分类来设置的。

图 3-16　过滤器设置

单击"编辑/新建"按钮，打开"过滤器"对话框，可以新建或编辑"过滤器"。"过滤器"可以针对一个或者多个族类别，"过滤条件"可以是系统自带的参数，也可以是创建项目参数或者共享参数，具体如图 3-17 所示。

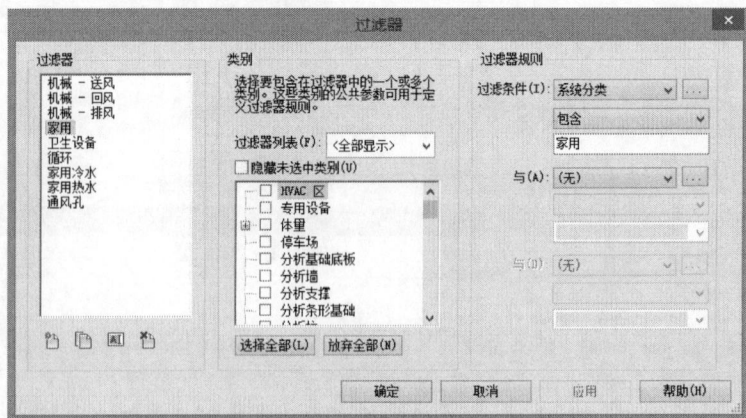

图 3-17　过滤器参数

3.4　布置压力管道和消防管道系统

3.4.1　添加喷头

喷头的布置一般较为规整，布置位置的准确性会影响后续自动布局。可以参考以下步骤。

（1）根据喷头布置间距要求，添加一些参照平面。可以用"阵列"命令快速便捷地完成参照平面的绘制。

（2）将喷头添加到参照平面的交点上。通过"对齐"命令，将喷头约束在水平和竖直两个参照平面上。这样做可以通过移动参照平面轻松地批量调整喷头位置。具体如图 3–18 所示。

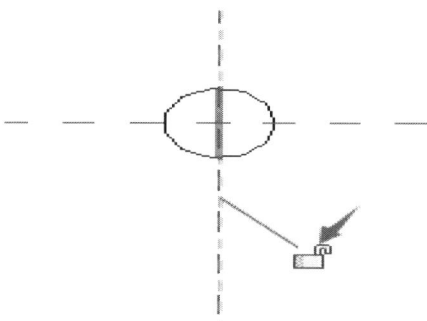

图 3–18　喷头布置

3.4.2　编辑系统

选中欲建立系统的所有喷头，单击"修改｜喷头"选项卡下"管道"命令，弹出"创建管道系统"对话框，创建湿式消防系统，如图 3–19 所示。

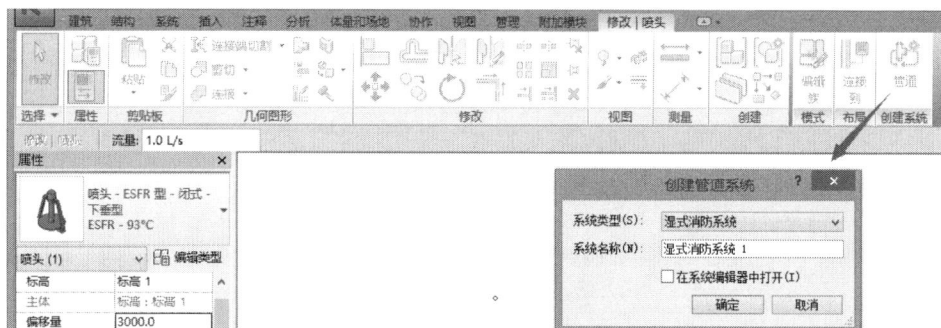

图 3–19　创建管道系统

3.4.3　生成布局

选中其中任一喷头，单击功能区中"修改｜喷头"→"生成布局"，进入布局模式后，可以选择"解决方案类型"，对于喷头的布置，通常可以选择"管网"，"管网"提供干管水平布置和竖直布置，选择合适的即可，具体如图 3–20所示。

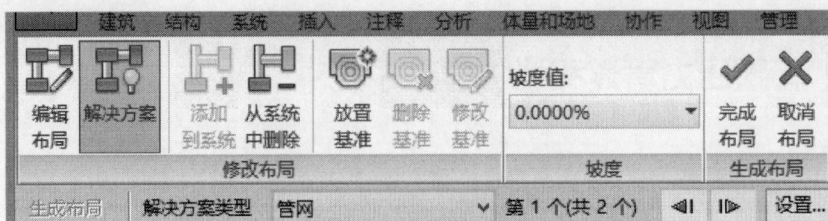

图 3-20　生成布局设置

单击图中"设置"，可以对干管和支管的管道类型和偏移量（为相对于喷头所在楼层平面的偏移高度）进行设置。注意：在设置干管和支管的偏移量时，需注意喷头方向，如喷头方向向下，管道高度低于喷头，将无法完成布局。

单击"完成布局"，即可完成喷淋管道的初步布置。如果此时出现警告，可能是以下原因：第一，干管、支管标高设置不合理，导致空间不够；第二，管件尺寸偏大，导致空间不够；第三，喷头没有对齐，无法形成合理的布局。应根据实际情况进行排除并解决。布置完成后可以根据需求进一步手工调整管道位置。手动设置调整管道尺寸。完成后如图 3-21 所示。

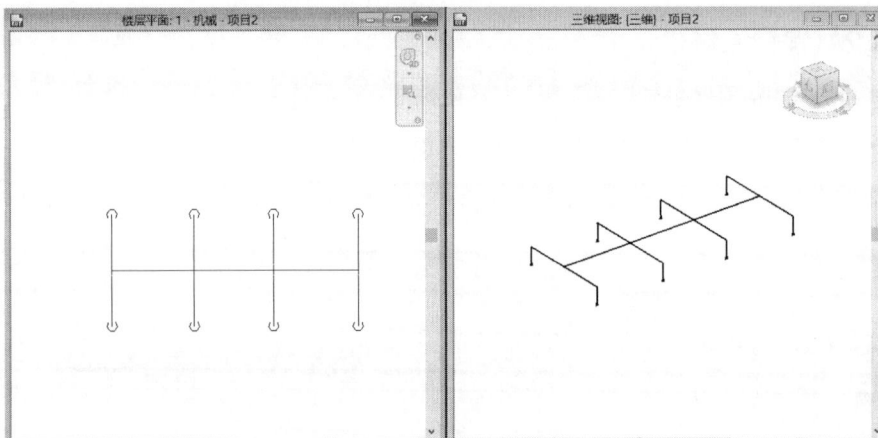

图 3-21　喷淋管道设置

3.4.4　添加机械设备

先载入需要的设备族，选择"机械设备"命令，在"类型属性"上下文选项卡中选择设备，并进行偏移量、重命名等设置，如图 3-22 所示。

将设备添加到项目中，选择设备，在"修改|机械设备"选项卡中使用"连接到"命令，然后选择设备合适接口与管线连接，将完成自动布管，如图 3-23所示。若自动布管不能满足设计要求，也可以手动绘制。

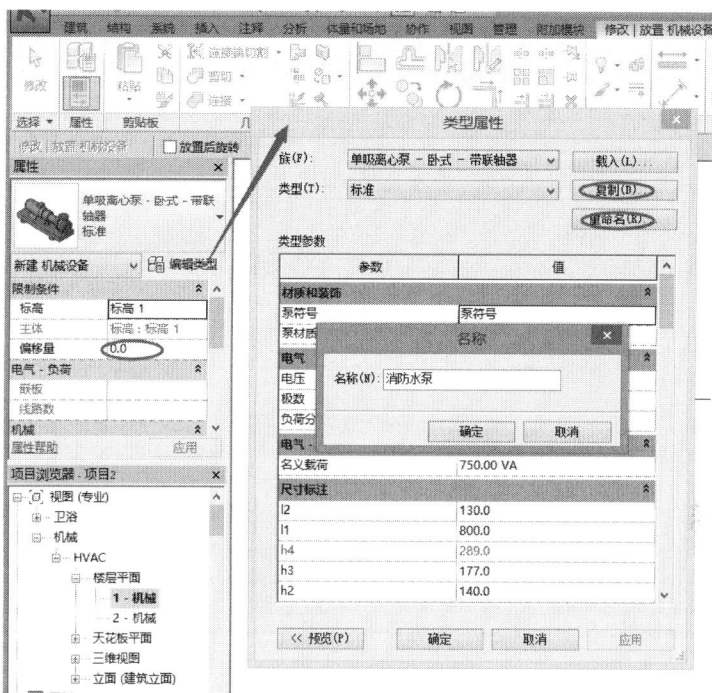

图 3-22　添加机械设备

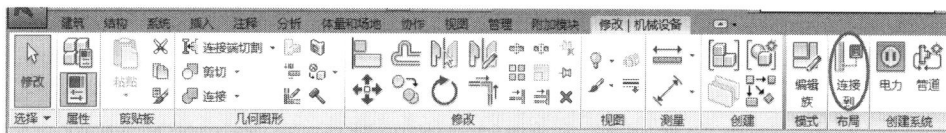

图 3-23　自动布管设置

建立剖面，进入剖面进行绘制，如图 3-24 所示。

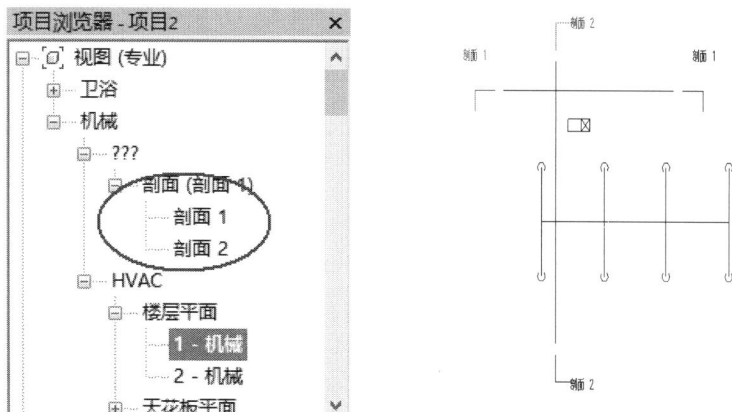

图 3-24　剖面图绘制

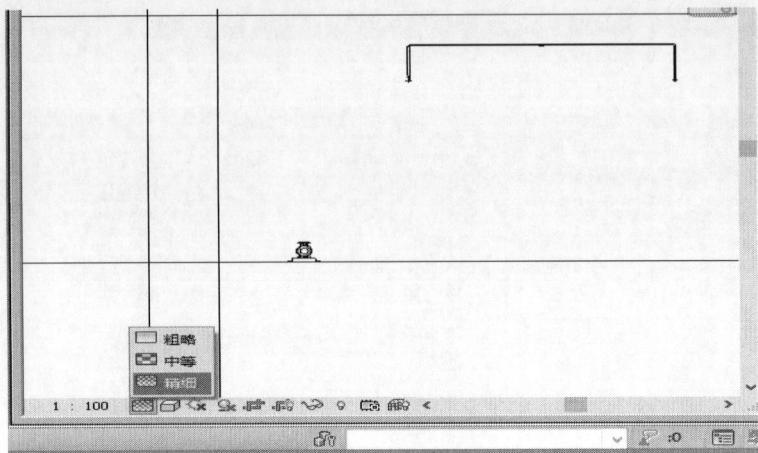

图 3-25　视图精细设置

将视图详细程度调为精细，精细模式绘制更为准确，如图 3-25 所示。选择"管道"命令，设置合适的管道类型，在剖面中将光标移动到设备上，会自动捕捉到连接口，如图 3-26 所示。单击此点，开始绘制（此时按空格键，管道尺寸会自动与端口尺寸匹配），再次单击绘制完成，管线将自动完成连接，如图 3-27 所示。如果需要调整，可通过建立其他剖面配合，如图 3-28 所示。

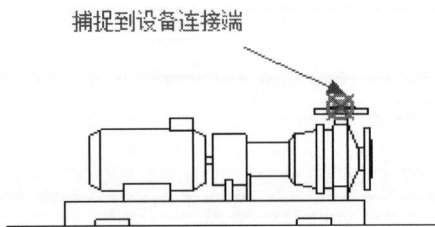

图 3-26　设备捕捉连接

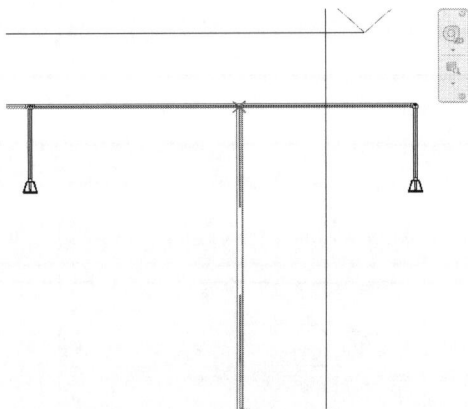

图 3-27　管道设备绘制

由于管网较复杂，在管网绘制时需要运用技巧，可参考下面技巧。

1. 建立剖面

单击"视图"→　"剖面"，在"属性浏览器"中，从"类型属性"上下文选项卡中选择"剖面"，如图 3-29 所示。在平面视图中，将光标放置在剖面起点处，拖拽光标直至终点时单击。剖面线和裁剪区域出现。通过翻转符号 ⇕，可以改变剖面方向；拖动四周箭头，调整虚线框大小。

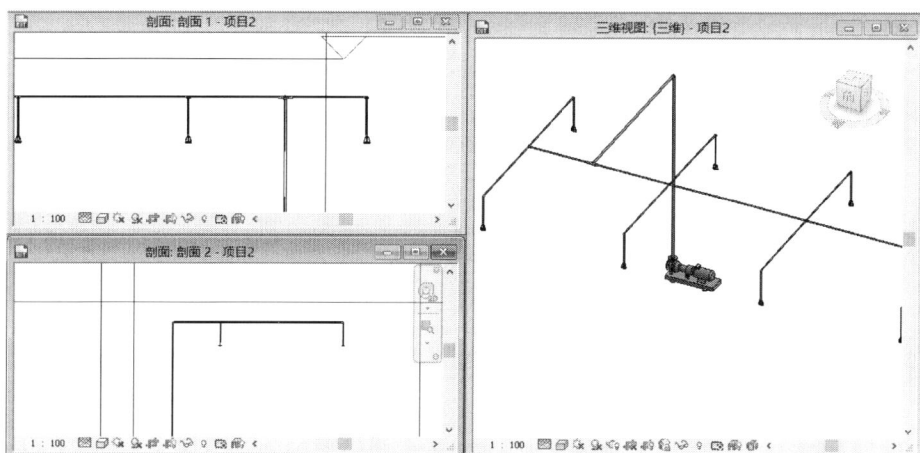

图 3-28　剖面图

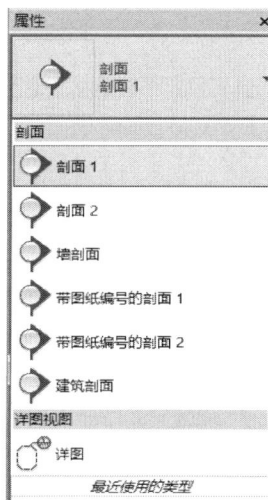

图 3-29　建立剖面图

图 3-30　平铺设置

2. 运用多视图

在绘图区域同时打开平面视图、剖面视图和三维视图，可以增强空间感，从多角度观察连管是否合理。单击功能区中"视图"→"平铺"，如图 3-30 所示。或者键入 WT，效果如图 3-31 所示。

3. 利用管件工具

在绘制管道时，利用一些关键命令，可以使绘图更快更简单。选择管件时，通常可以利用的命令有"连接到""旋转"和"升级/降级（加号/减号符号）"等。用户可根据实际情况灵活应用。

注意：在单击"连接到"后，只能拾取管道，不能拾取管件。

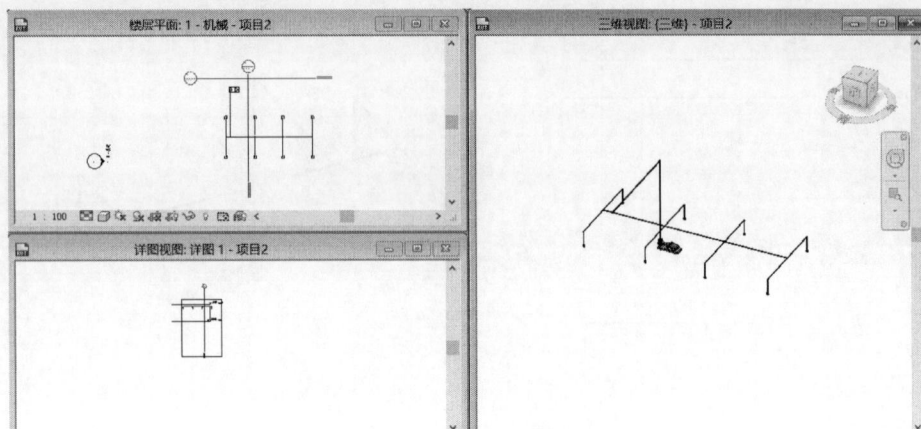

图 3-31　多视图效果

3.4.5　调整对齐方式

在平面视图和三维视图中绘制管道时，可以通过"对正"功能来设置管道对齐的方式。此功能在立面和剖面视图中不可用。单击"对正"，打开"对正设置"对话框，如图 3-32 所示。

图 3-32　管道对正设置

（1）水平对正：以管道的"中心""左"或"右"侧作为参照，将管道部分的边缘水平对齐。其中，"左"和"右"是根据管道绘制的方向来界定的。

（2）水平偏移：允许指定在绘图区域中单击的位置与绘制管道的位置之间的偏移。在视图中的管道和另一构件之间以固定距离放置管道时，该选项非常有用。

（3）垂直对正：以管道的"中""底"或"顶"作为参照，将管道部分的边缘垂直对齐。

　　管道绘制完成后，在任意视图中，都可以使用"对正"命令修改管道的对齐方式。选中需要修改的管段，单击功能区"对正"，进入"对正编辑器"，如图 3-33 所示，选择需要的对齐方式和控制点，单击"完成"即可。

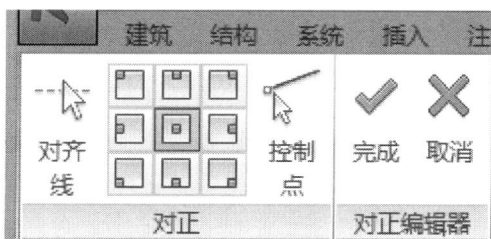

图 3-33　对正编辑器

3.4.6　调整管道大小（计算功能）

　　可以使用"调整管道大小"对话框，借助摩擦和/或速度大小调整方法指定管道各部分的大小。

　　注意"调整管道大小"对话框不能用于调整"卫生设备"系统管道的大小。

　　1. 选择要调整大小的管道部分

　　单击"选择多个"选项卡 →"分析"面板→ 📷"调整风管/管道大小"。在"调整管道大小"对话框中，从下拉列表中选择调整大小的方法："速度"或"摩擦"。指定下列与选定方法相关的选项之一：

　　① 仅：根据专用于选定方法（"速度"或"摩擦"）的参数调整管道大小。

　　② 和：强制调整管道的大小，以满足为"速度"和"摩擦"指定的参数。

　　③ 或：允许根据"摩擦""速度"或这两个参数调整管道的大小。

　　2. 指定支管调整大小限制

　　可以从"限制条件"列表中选择一个选项来约束管段的尺寸，还可以使用"限制大小"选项指定管道尺寸的绝对限制。从列表中选择下列"限制条件"之一：

　　① 仅计算大小：选定管段的大小由选定的调整大小方法决定，而且不受其他条件的约束。

　　② 匹配连接件大小：支管中选定管段的大小由支管和干管、支到管网中的第一个连接之间的连接件大小决定。

　　③ 连接件和计算值之间的较大者：选定管段的大小由两个决定值之间的较大者决定。如果连接件的大小小于按照调整大小方法计算的大小，将使用计算大小。如果连接件的大小大于按照调整大小方法计算的大小，将使用连接件的大小。例如，选择此选项可以避免为卫浴装置提供的管段小于装置上的连接件大小。如有必要，单击"限制大小"，然后输入一个值，以便对选定管段的大小指定绝对限制。

3.4.7 添加保温层

1. 添加隔热层

选中欲添加隔热层的管路，可包含管件，单击"修改 | 选择多个"选项卡下的"添加隔热层"命令，如图 3-34 所示。

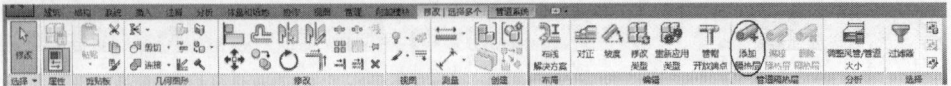

图 3-34 添加隔热层

选择管道隔热层的类型并设定隔热层的厚度，如图 3-35 所示。

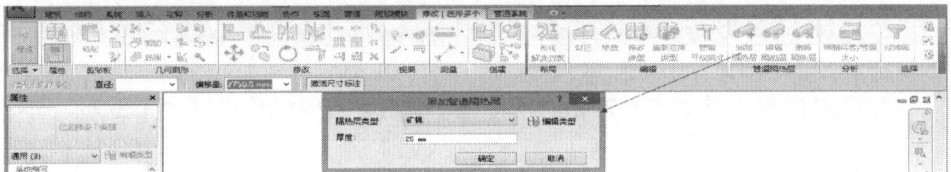

图 3-35 隔热层类型

单击"确定"，管道和管件的隔热层都添加完毕，如图 3-36 所示。

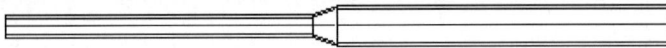

图 3-36 隔热层

2. 编辑和删除隔热层

选中带有隔热层的管道后，进入"修改 | 管道"选项卡，可以编辑或删除隔热层，具体如图 3-37 所示。

3. 隔热层的设置

在项目浏览器中可以查看和编辑当前项目中管道隔热层类型，如图 3-38 所示。

图 3-37 隔热层编辑

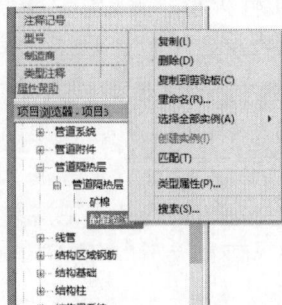

图 3-38 隔热层设置

单击管道隔热层的任一类型，可以对当前类型进行编辑。

① 复制：可以添加一种隔热层类型。

② 删除：删除当前隔热层类型。如果当前隔热层类型是隔热层下的唯一类型，则该隔热层类型不能删除，软件将会自动弹出一个错误报告。

③ 重命名：可以重新定义当前隔热层类型名称。

④ 选择全部实例：可以选择项目中属于该隔热层类型的所有实例。

⑤ 类型属性：单击类型属性，打开管道隔热层类型属性对话框，进行个性化设置。

⑥ 材质：设置当前管道隔热层的材质。

⑦ 标识数据：用于添加当前管道隔热层的标识，便于过滤和制作明细表。

下面以一个实例来介绍压力管道的绘制。

选择一个用水卫生器具，功能区会出现"修改｜卫浴装置"选项卡，单击"创建系统"面板上"管道"工具。打开"创建管道系统"对话框。单击"系统类型"下拉菜单，选择项目中已经创建的系统类型，在"系统名称"可以自定义所创建系统的名称。勾选"在系统编辑器中打开"，可以创建系统后直接进入系统编辑器，如图 3–39 所示。

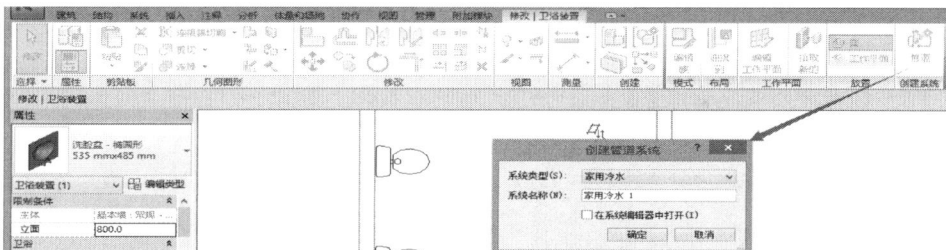

图 3–39　创建管道系统

在"系统类型"中选择"家用冷水"，单击"确定"，进入"修改｜管道系统"选项卡，在"系统工具"面板看到三个工具，"选择设备"命令用来向系统中添加设备，如在热水系统中，选择的设备是热水器、锅炉等加热设备。"断开与设备的连接"命令可将选择的设备从系统中断开，如图 3–40 所示。

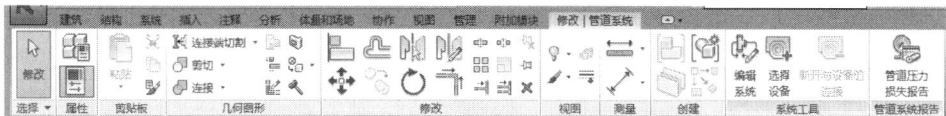

图 3–40　管道系统设置

4. 编辑系统

单击"编辑系统"工具，进入"编辑管道系统"选项卡，其各个命令功能如下：

① 添加到系统：将其他器具或设备添加到当前系统中，单击选择器具完成添加。

② 从系统中删除：从当前系统中删除非"设备"图元，单击选择器具完成去除。

③ 系统设备：为系统添加"设备"，系统只能指定一个"设备"。

④ 完成编辑系统：完成系统编辑后，单击该命令可完成系统编辑。

⑤ 取消编辑系统：单击该命令取消当前编辑操作并退出"编辑管道系统"选项卡。

此外，在管道系统"属性"对话框中，还可以自定义当前系统的"系统名称"，单击"编辑类型"，打开"类型属性"对话框，可对系统更多属性进行定义，如图 3-41 所示。

图 3-41 类型属性设置

完成系统编辑，可在系统浏览器进行查看，在"视图"选项卡下"用户界面"面板中勾选"系统浏览器"。在"系统浏览器"中，可以了解项目中所有系统的主要信息，包括系统名称和设备等，如图 3-42 所示。

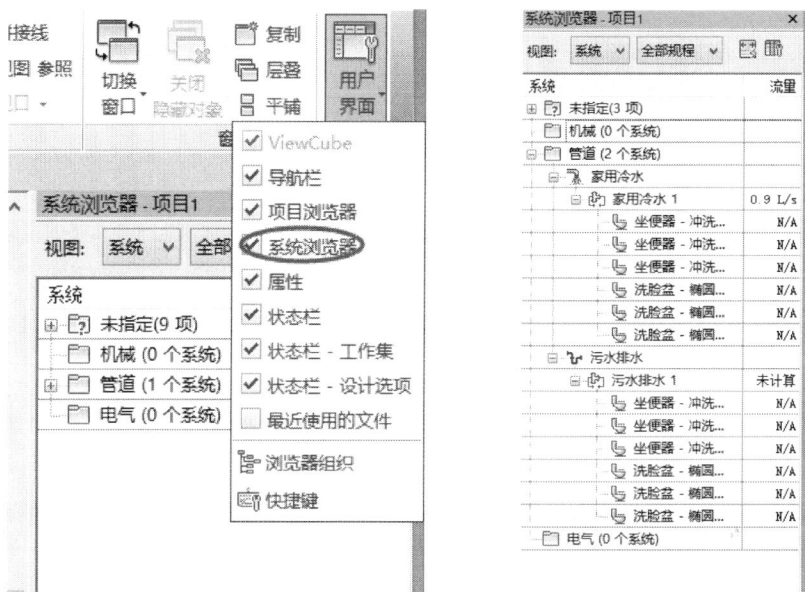

图 3-42　项目信息

5. 系统布管

完成系统逻辑创建后，开始绘制管线。一个有效的系统包括系统逻辑连接和管线物理连接，这样才能使用软件提供的分析计算和统计功能来校核系统流量和压力等设计参数。完成物理连接有两种方法：一种是通过"生成布局"功能自动完成管道布局连接，另一种是通过手动绘制。

6. "生成布局"功能

适用于简单的管道布局，通过软件粗略计算管道的长度、尺寸和管路损失，提供简单的管道布局路径，示意管道大致走向。当项目比较复杂，使用"生成布局"可能无法满足设计要求，通常需要手动绘制管道。

以冷水给水系统管道布置为例，"生成布局"的步骤如下：

① 单击已创建好系统中的任一器具，激活"修改｜卫浴装置"选项卡，如图 3-43 所示。

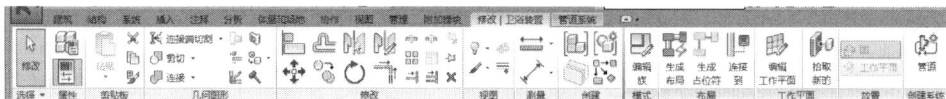

图 3-43　生成布局

② 单击"生成布局"命令，选择"冷水给水"系统，如图 3-44 所示。

③ 选择系统后，激活"生成布局"选项卡，同时，在绘图区域中，布局路径以单线显示，其中绿色布局线代表支管，蓝色布局线代表干管，如图 3-45 所

示，三维效果图如图 3-46 和图 3-47 所示。此时，通过单击功能区中的"从系统中删除"和"添加到系统"，可以修改管道布局的图元连接控制点。

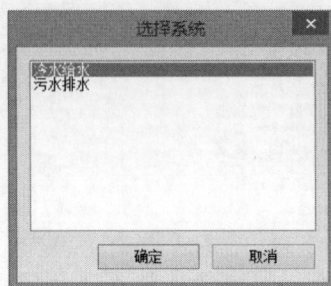

图 3-44　选择系统

a. 从系统中删除：删除系统中的图元连接控制点，单击"从系统中删除"，然后单击选择要去除的图元。该选项的删除路径控制点，并不是将该图元从逻辑系统中删除。

b. 添加到系统：当系统中某图元连接点被删除后，"添加到系统"命令被激活，单击"添加到系统"，然后选择要添加的图元。

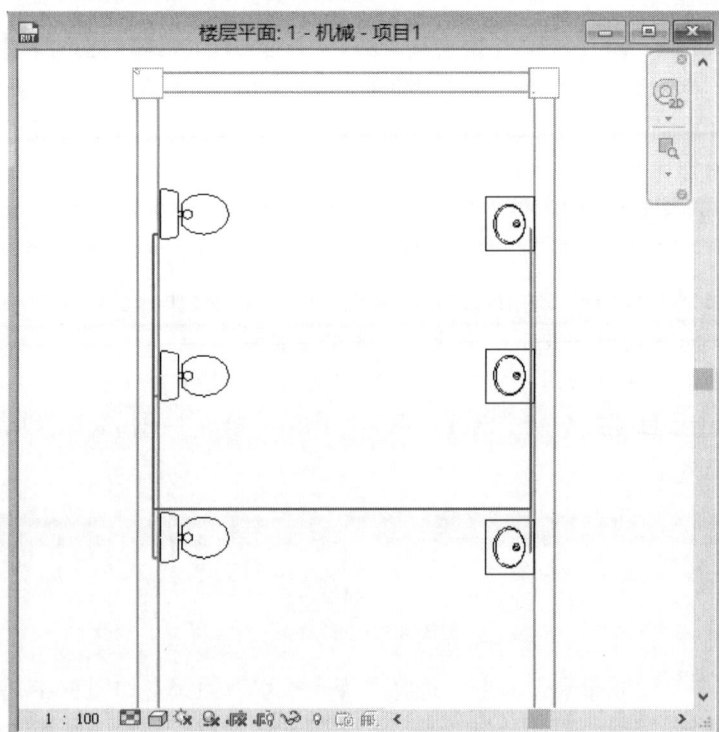

图 3-45　管道布局

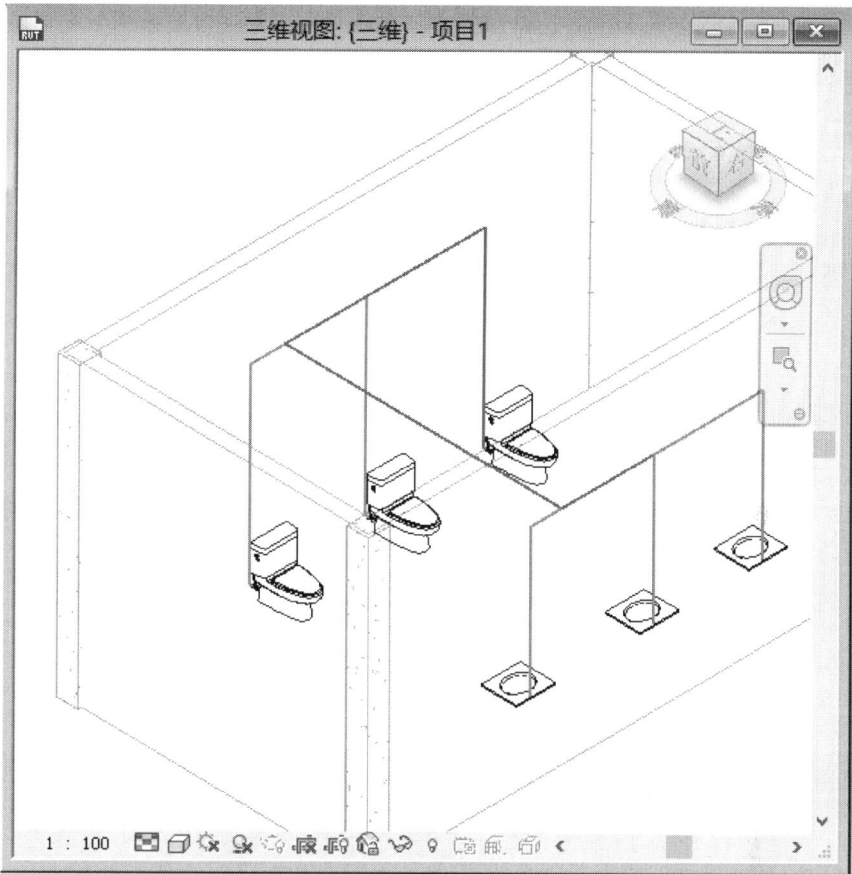

图 3-46 三维效果图（1）

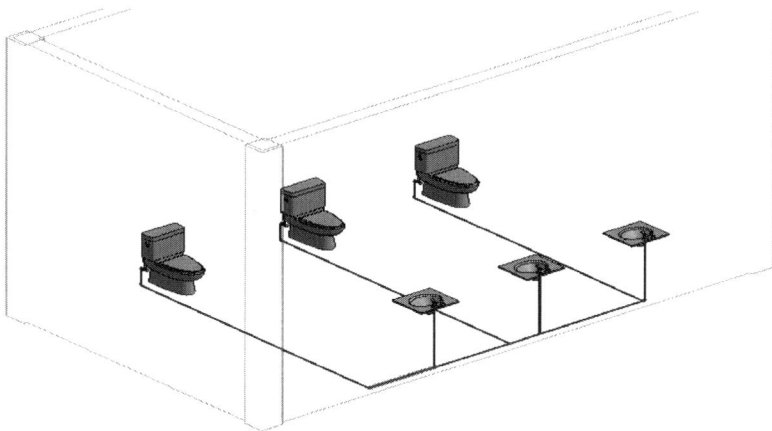

图 3-47 三维效果图（2）

④ 如需要设定整个布局的管道坡度，则在"坡度"面板中选择一个坡度值。如果没有合适的值，则在"生成布局"之前，打开"机械设置"对话框，先添加坡度值。

⑤ 如果系统未指定设备，单击"放置基准"，为该系统制定一个假设的源头，如图 3-48 所示。对于给水系统，即为给水进口。放置基准后，布局和解决方案即随之更改。当基准放置在绘图区域后，单击"修改基准"，在选项栏可修改干管的偏移量和直径，在绘图区域点击基准旁边的 ↻ 符号，可使基准围绕连接方向的轴或垂直与连接方向的轴旋转。单击选项卡中的"删除基准"，基准即被删除。

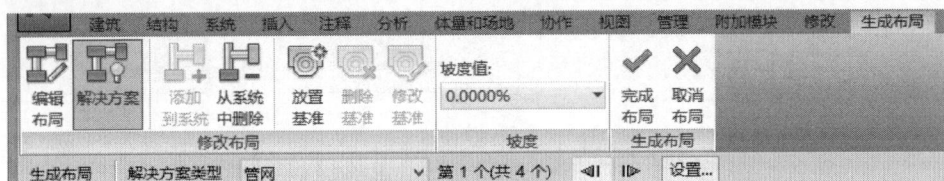

图 3-48 放置基准

⑥ 单击"解决方案"，激活"生成布局"选项栏，在"解决方案类型"中选取相应的布局方案，并编辑相应"设置"。

a. 解决方案类型：为管道布局提供管网、周长和交点三种方案类型。每种方案类型还提供了不同路径，可以通过单击旁边的 ◁ ▷ 选择方案。如果用户修改了系统提供的布局，在解决方案类型中会添加一种"自定义"类型，以示区分。

b. 设置：单击"设置"进入"管道转换设置"对话框，制定管道系统干管和支管的管道类型和偏移量。如图 3-49 所示。该命令与"机械设置"中的管道设置功能相同，如果这里的数据被修改，"机械设置"中相应系统分类的管道设置将自动更新。

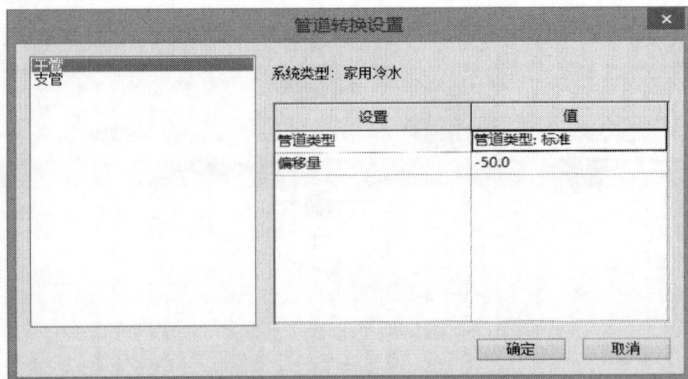

图 3-49 管道转换设置

⑦ 编辑布局。单击"编辑布局"后进入到自定义布局方案，可重新定位各布局或合并各布局线来修改布局。在绘图区有可能出现下列控制符号：

a. 平移控制✛：可以将布局线沿着与该布局线垂直的轴平移。

b. 弯头/端点控制┷：拖动两条布局线之间的交点或布局线的端点，可以改变布局线的方向。

c. 连接控制：┴表示 T 形三通，┼表示四通。通过这些连接控制，可以将干管和支管分段之间的 T 形三通或四通连接向左右或上下移动。移动操作仅限于与连接控制符号关联的端点。

d. 偏移值：通过修改偏移值，将布局线偏移到所需位置。

7. 生成布局疑难解答

有时候为系统创建布局时可能会失败，常见布局失败原因和解决方案如表 3–1 所示：

表 3–1　　　　　　　　　　布局失败原因及解决方案

布局失败的原因	解 决 方 案
一个或多个布局分段极短，因此无法放置管件	修改有问题的布局段，增加其长度
偏移高程有轻度变化，因此无法放置管件	修改布局的干管或支管偏移高程，然后确认坡度设置
接连放置弯头管件，从而形成平放的 Z 形，弯头之间的布局端太短而导致无法放置管件，或者出现弯头重叠	修改布局段以增加弯头之间的长度，或者在转换设置对话框中修改干管或支管偏移高程
T 形三通管件接连放置，且方向相反	在使用接头代替 T 形三通的转换设置对话框中选择风管类型
系统构件（族）已添加到布局中，但未指定构件偏移高程。系统构件的位置不符合设计	取消或撤销"生成布局"工具，然后在"转换设置"对话框中制定正确的系统构件偏移高程。在布局解决方案中，系统构件通常不在相同的偏移高程位置
未为解决方案类型制定布局偏移高程	在"转换设置"对话框中为解决方案类型指定正确的干管或支管偏移高程。也可以使用默认偏移高程
垂直布局段连接到弯头，或者连接到 T 形三通或四通管件，从而导致出现三通连接	选择不同的解决方案来删除三通连接，或者在转换布局后修改风管管段

3.5　布置重力管道和通气管

3.5.1　添加卫浴装置、通气管帽

重力管，是指管内的流体是在重力的作用下流动，只能沿重力向下的方向敷设，多指排水管。

1. 放置卫浴装置

首先需要载入卫浴器具族，需要注意，必须载入机电类卫浴器具族，建筑大类同样有卫浴器具，但是没有设置连接口等，无法连接组成系统。单击"系统"→"卫浴装置"，在属性浏览器中类型属性上下文选项卡中选择一种卫浴器具，然后放置到绘图区域中，如图 3-50 所示。

有些卫浴装置族是基于面创建的，在放置到项目中时，须放置在实体表面上，例如墙面、楼板表面等，这时应先在"放置"面板中选择放置方式，如图 3-51 所示。

图 3-50　卫浴装置

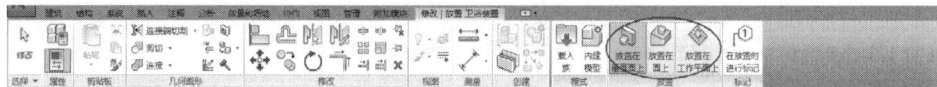

图 3-51　卫浴装置放置

在放置卫浴装置时，按空格键可以对它进行 90°旋转。对已经放置的器具，按空格键也会旋转。

2. 添加通气帽

单击 管路附件 "管路附件"命令，在属性浏览器中选择管帽，设置偏移量，在绘图区左击放置，如图 3-52 所示。

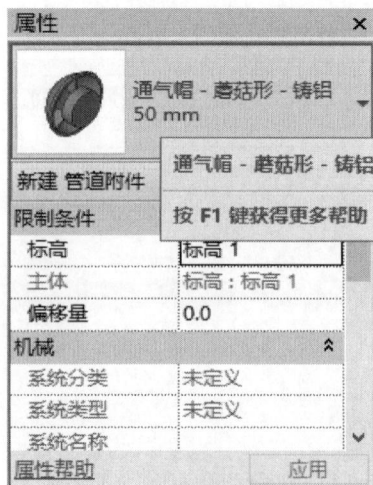

图 3-52　通气帽

在项目浏览器中，打开要在其中放置卫浴装置的视图。单击"系统"选项卡→"卫浴和管道"面板→，然后从类型选择器中选择一个特定的装置类型。在功能区上，确认选择"在放置时进行标记"，以自动标记卫浴装置。要包括标记引线，应在选项栏上选择"引线"并指定长度。单击"放置卫浴装置"选项卡→"放置"面板→、 或 ，以指定一个主体构件。

提示：在工作平面上放置卫浴装置时，可能需要在"工作平面"对话框中"拾取一个平面"，或者在放置装置时在选项栏上选择"放置平面"。

将光标移到要放置卫浴装置的位置，然后单击。

提示：将卫浴装置放入视图之前，可以按空格键旋转卫浴装置。每次按空格键时，卫浴装置都会旋转 90°。

3.5.2 绘制管路

从入该层的排水立管处画出干管，以向上坡度绘制，如图 3-53 所示。注意管路最低点的偏移值需要预估，其值须保证管路最高点能有足够空间连接到卫生设备排水口，如图 3-54 所示。

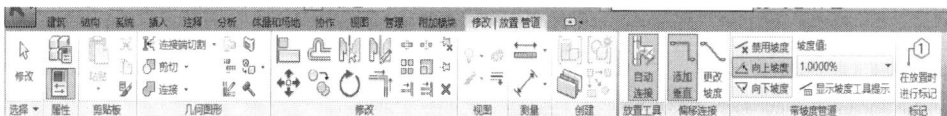

图 3-53　向上坡度绘制

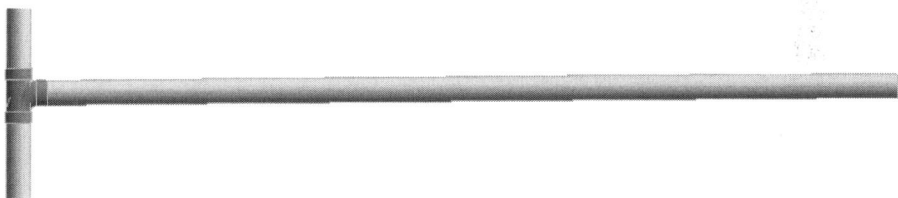

图 3-54　干管绘制

1. 添加存水弯

排水系统中需要体现存水弯，需要手动添加。

① 在剖面中，从卫生器具排水连接件连出一段立管。按空格键可以使管道与连接口尺寸匹配，如图 3-55 所示。

图 3-55　立管连接

② 在剖面或者三维视图放置存水弯。选择"系统"→"管件"，在类型属性选项卡中选择存水弯，将存水弯插入点放置到管道末端中心位置，将会自动捕捉连接件，左击完成放置，点击旋转按钮，调整存水弯方向，如图 3-56 所示。

③ 调整完方向后，使用"管道"命令，管道类型选择排水管，在剖面或者三维视图中，从存水弯端口开始绘制，到对应干管位置中心线止，Revit 会自动形成管件，完成连接，如图 3-57 所示。

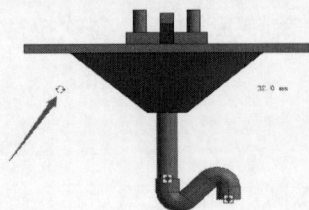

图 3-56　存水弯放置

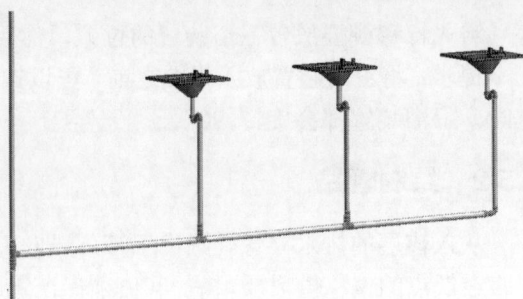

图 3-57　管件形成

④ 将通气帽连接到管路中，可以运用多视图技巧，手动连接。也可以首先选择通气帽，在"修改 | 管道附件"选项卡中选择"连接到"命令，之后选择要连接的管件，完成连接，如图 3-58 所示。

图 3-58　管件连接

2. 运用布线解决方案

对于排水管道连接，当管路有 90°转弯时，宜采用两个 45°弯头或大转弯半径的 90°弯头，这种情况可以通过将弯头替换为大转弯半径的 90°弯头，也可以通过"布线解决方案"修改为两个 45°弯头。首先选择要修改的管段，包括弯头和两侧的管道。然后单击"修改 | 选择多个"选项卡中的"布局解决方案"，如图 3-59 所示。

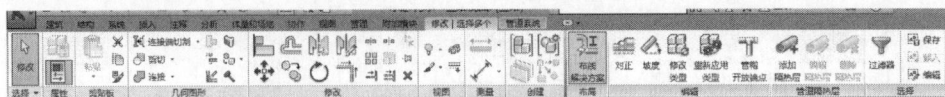

图 3-59　布局解决方案

进入"布线解决方案"编辑状态，在功能区可切换方案，如图 3–60 所示。选择合适方案后，单击"完成"，如图 3–61 所示。

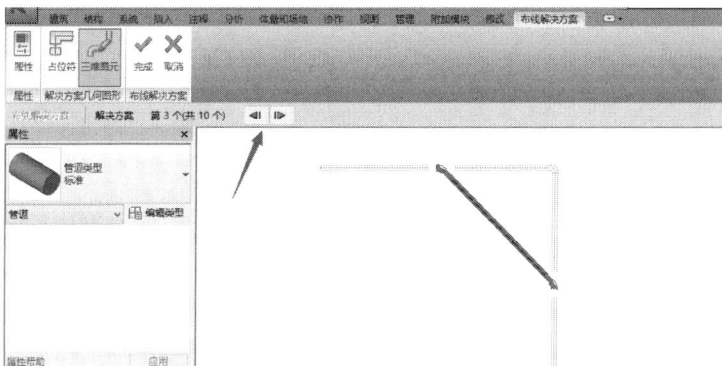

图 3–60　布局解决方案编辑

3.5.3　调整坡度

管道坡度可以在绘制时指定，也可以在绘制结束后再进行管道坡度设置。

1. 设置标准坡度

在"机械设置"的对话框中，可以预先定义在项目中使用的管道坡度值，也可以通过新建坡度自定义坡度值，如图 3–62 所示。预定义的坡度将出现在"坡度值"的下拉列表中，如图 3–63 所示。

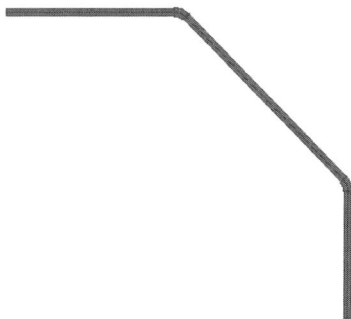

图 3–61　布局解决完成

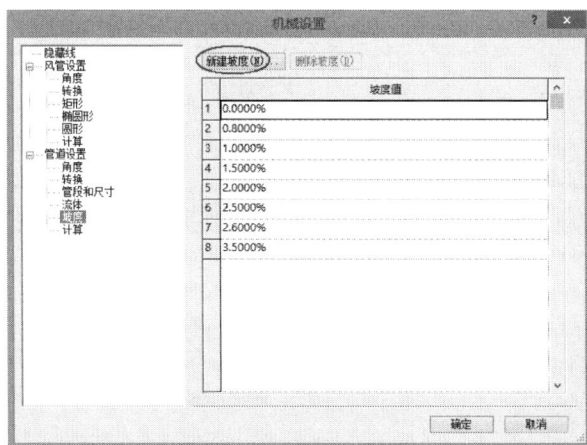

图 3–62　坡度值自定义

图 3-63　坡度值预定义

2. 直接绘制坡度

进入绘制管道模式后，使用"修改｜放置管道"选项栏上的"带坡度管道"中的命令，可以方便地绘制带坡度的管道，如图 3-64 所示。

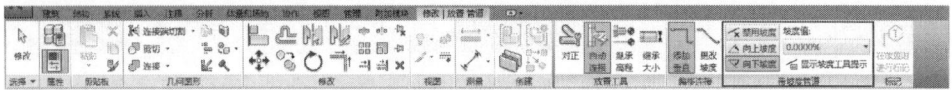

图 3-64　管道坡度绘制

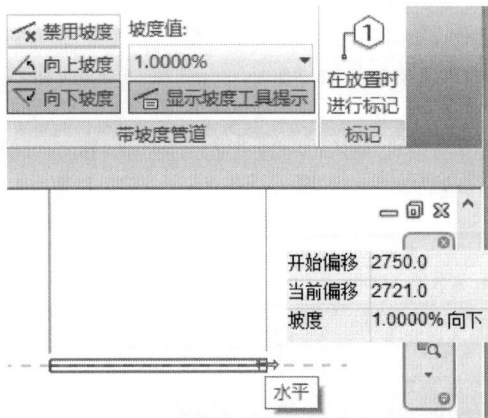

图 3-65　坡度显示

3. "显示坡度工具提示"

如果选择此选项，在绘制坡度管道的同时，绘图区域会显示相关信息，帮助准确定义管道坡度，如图 3-65 所示。

4. 编辑管道坡度有三种方法

① 选中某管段，如图 3-66 所示，单击并修改其起点和终点标高来获得管道坡度，如图 3-67 所示。

② 当管段上的坡度符号出现时，可以单击该符号直接修改坡度值，如图 3-68 所示。

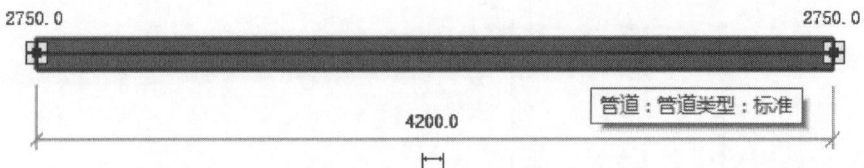

图 3-66　管道坡度编辑

图 3-67　管道坡度编辑方法 1

图 3-68　管道坡度编辑方法 2

③ 选中某管段，单击功能区中"修改｜管道"选项卡中的"坡度"，激活"坡度编辑器"选项卡和"坡度控制点"来调整坡度方向。对于坡度管，进入"坡度编辑器"后，只能修改坡度的大小，不能修改坡度方向，此时"坡度控制点"为灰显，如图 3-69 所示。

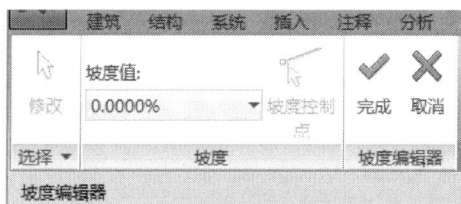

图 3-69　管道坡度编辑方法 3

3.5.4　忽略坡度连接

忽略坡度连接方法如图 3-70 所示。

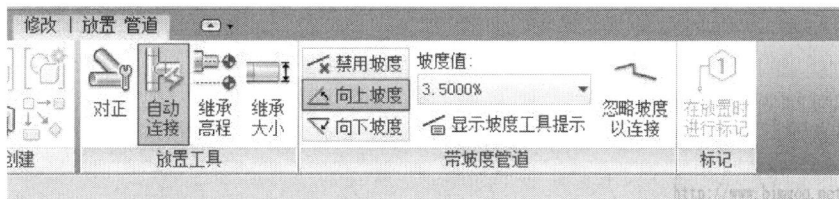

图 3-70　忽略坡度连接

3.6　检查管道系统

该工具可检查您在项目中创建的管道系统，以确认各个系统都已被指定给用

户定义的系统，并已准确连接。单击"分析"选项卡→"检查系统"面板→ ✍
（检查管道系统）。Revit 为当前视图中的无效管道系统显示警告标记和腹杆线。
如果发现以下状况，则会显示警告信息：

（1）系统未连接好。

当系统中的图元未连接到任何一个物理管网时，则认为系统未连接好。例如，
如果系统的一个或多个设备未连接到任何一个管网，则视为没有连接好。

（2）存在流/需求配置不匹配。

（3）存在流动方向不匹配。

3.7　绘制平行管道

可以向包含管道和弯头的现有管道管路中添加平行管道。"平行管道"命令
不能用于包含 T 形三通、四通和阀门的管道管路。单击"系统"选项卡→"卫
浴和管道"面板→ ☰ "平行管道"。

在功能区中，指定以下选项：

（1）在"水平数"或"垂直数"右侧的文本框中输入一个值，更改水平或垂
直管道管路的默认数量；

（2）在"水平偏移"或"垂直偏移"右侧的文本框中输入一个值，更改水平
或垂直管道管路的默认偏移；

（3）在绘图区域中，将光标移动到现有管道以高亮显示一段管段。将光标移
动到现有管道的任一侧时，将显示平行管道的轮廓（按 Tab 键以选择整个管道管
路），单击以放置平行管道。

3.8　管件的使用

管路中包含大量连接管道的管件，下面将介绍绘制管道时管件的使用方法和
注意事项。

3.8.1　放置管件

在平面视图、立面视图、剖面视图和三维视图都可以放置管件。放置管件有
两种方法。

（1）自动添加。在绘制管道过程中自动加载的管件需要在管道"类型属性"
对话框中指定。部件类型是弯头、T 形三通、接管垂直、接管可调、四通、过渡
件、活头或法兰的管件，才能被自动加载。可参考前述的"管道类型设置"部分。

（2）手动添加。单击功能区中"系统"选项卡中"管件"命令，进入"修改 |

放置管件"模式，如图 3-71 所示。

图 3-71　放置管件

3.8.2　编辑管件

在绘图区域中单击某一管件后,管件周围会显示一组管件控制并可用于修改管件尺寸、调整管件方向和进行升级或降级,如图 3-72 所示。

（1）选中管件,可单击尺寸标注改变直径。

（2）单击符号 ⇆ 可以实现管件水平或垂直翻转 180°,如图 3-73 所示。

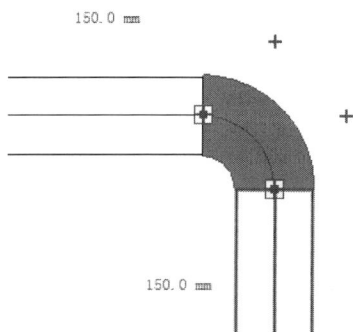

图 3-72　编辑管件

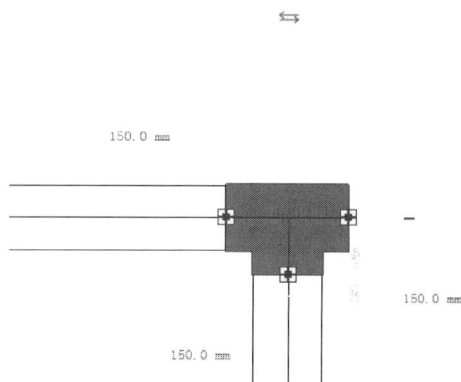

图 3-73　管件方向编辑

（3）单击符号 ↺ 可以旋转管件。（注意：当管件连接了管道后,该符号不再出现。）

（4）如果管件的旁边出现加号,表示可以升级该管件。例如弯头可以升级为T 形三通；T 形三通可以升级为四通。

（5）通过使用连接件旁边的减号可以将该管件降级。例如,带有未使用连接件的四通可以降级为 T 形三通；带有未使用连接件的 T 形三通可以降级为弯头。如果管件上有多个未使用的连接件,则不会显示加减号。

3.8.3　添加管道附件

在平面视图、立面视图、剖面视图和三维视图中均可放置管路附件。管路附

95

件需要手动放置，单击功能区"系统"→"管路附件"（快捷键 PA），如图 3-74
所示。

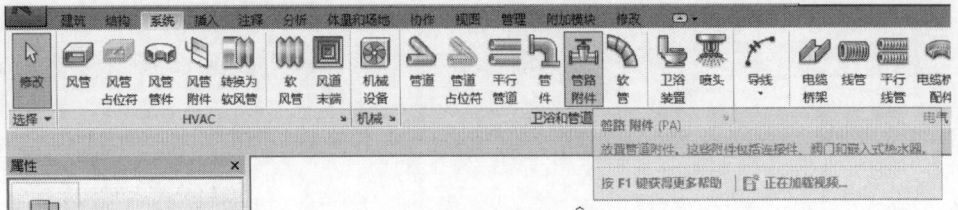

图 3-74　管件附件添加

管路附件的部件类型不同，在绘图区域中添加管路附件到管道中的效果也不
同。"插入"和"嵌入"类型部件：将管路附件放置在管道上方，等到出现中心
捕捉时，单击鼠标放置管路附件，管路附件将打断管道并插入管道中。"标准"
"附着到""阀门法线""传感器"或"收头"：将管路附件放置在管道连接件上，
等到出现中心捕捉时，单击鼠标放置管路附件，管路附件将连接到管道一端。

3.8.4　添加标记

管道标注在设计过程中是必不可少的，本节主要介绍在 Revit 中进行风管标
注，包括尺寸标注、编号标注、标高标注和坡度标注。管道尺寸和管道编号是通
过注释符号族来标注，在平面、立面和剖面可用。而管道标高和坡度则是通过尺
寸标注系统族来标注，在平面、立面、剖面和三维视图均可用。

1. 尺寸标注

Revit 中自带的管道注释符号族"管道尺寸标记"可以用来进行风管尺寸标
注，有以下两种方式。

① 管道绘制的同时进行管径标注。进入绘制管道模式后，单击功能区中"修
改|放置管道"→ "在放置时进行标记"，绘制出的管道将会自动完成管径标注。

② 管道绘制后再进行管径标注，单击"注释"选项卡中的"标记"下拉菜
单中的"载入的标记"，就能查看当前项目文件中加载的所有的标记族。当单击
"按类别标记"后，Revit 将默认使用"管道尺寸标记"对管道族进行管径标记，
如图 3-75 所示。

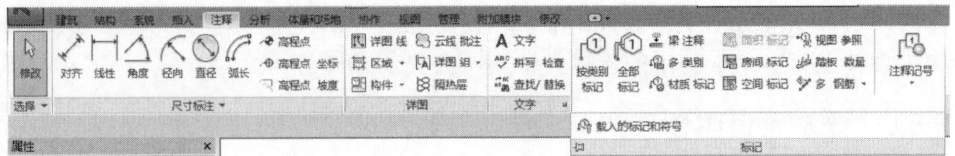

图 3-75　尺寸标记

単击功能区中"注释"→"按类别标记"，鼠标移至待标注的风管上。小范围移动鼠标可以选择标注出现在风管的上方还是下方，确定注释位置后，单击即完成标注。具体如图 3–76 所示。

2. 编号标注

在管道设计中，往往要对立管和引出管（排出管）进行编号。在

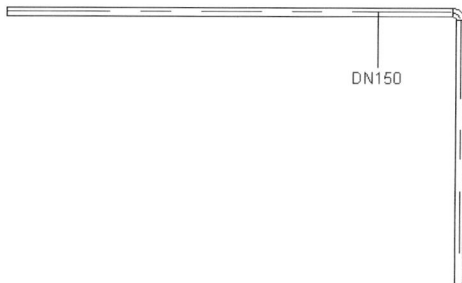

图 3–76　管道标注

Revit 中对管道进行编号的基本思路就是利用注释符号族来引用管道的"注释"。在标注之前，先对相关的管道进行手动注释，然后进行标注。

① 立管编号。

先创建新的注释符号族，通过选择图元属性中"注释"作为新注释符号族中的标签来实现，步骤如下：

a. 新建"族"，选择"注释"文件夹下的"公制常规标记.rft"为族的样板文件。

b. 设定"族类别和族参数"。创建的标记是用来标记管道的，因此选择"管道标记"。如果是用来标记管件的，则应该选择"管件标记"，保持和被标记族的族类别一致。具体如图 3–77 所示。

图 3–77　管道标记

单击功能区"创建"→"标签",单击绘图区,在"编辑标签"对话框中将"注释"参数添加到标签,如图 3-78 所示。

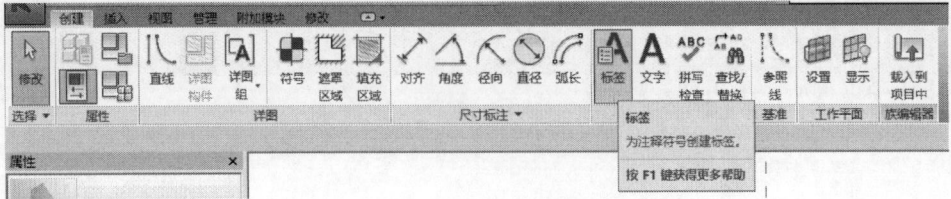

图 3-78　标签选项

将标签"这是样本注释"中心移至参照平面的交点,如图 3-79 所示,并删除样板文件中自带的"注意事项"等文字。

将创建完成的新的注释符号族载入到项目环境中,创建管道相应的明细表,并在明细表中为需要标注的立管输入管道注释。

单击功能区中"注释"→"全部标记",在打开的"标记所有未标记的对象"对话框中单击选择刚载入的管道标记,然后单击"确定"。这样

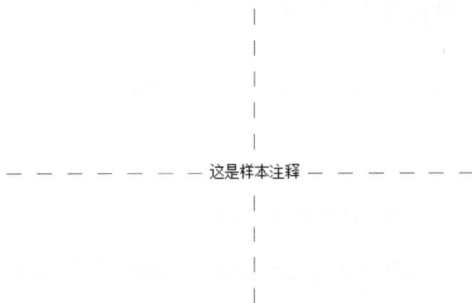

图 3-79　标签编辑

就能方便迅速地对当前视图中的立管进行标注,如图 3-80 所示。

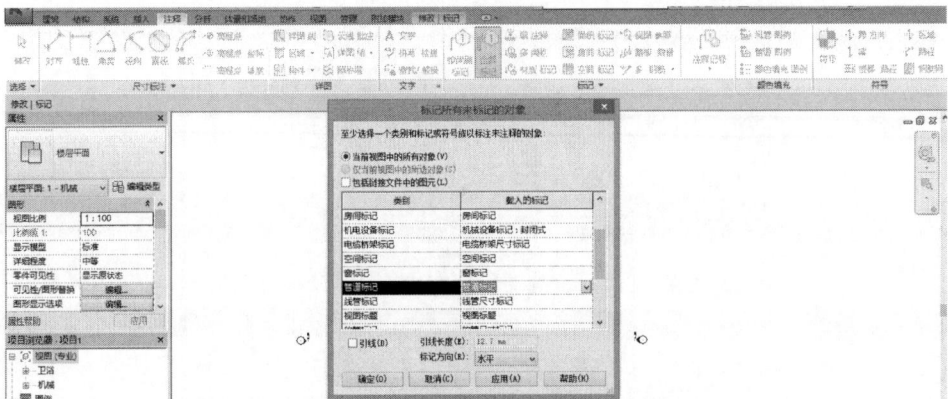

图 3-80　立管标注

② 引入(排除)管编号。

引入(排除)管编号,也需要创建新的注释符号来实现。创建方法参考立管

编号注释族，在族编辑器中，绘制如图 3-81 所示。选择两个标签，上方为"注释"，下方为"标记"。

载入到项目环境中，修改欲标注管道"注释"和"标记"参数，见图 3-82 所示。单击"引入管注释"，拖至绘图区域管道上方，进行标注即可，如图 3-83 所示。

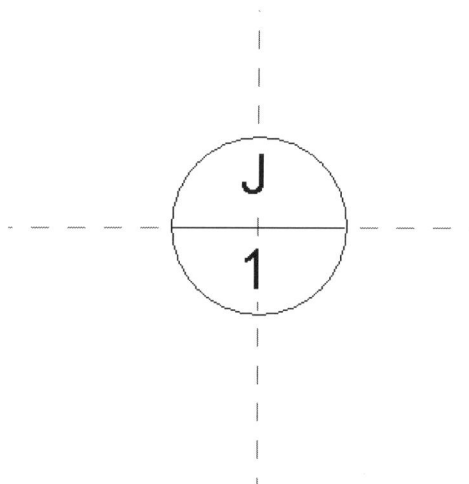

图 3-81　引入（排除）管编号

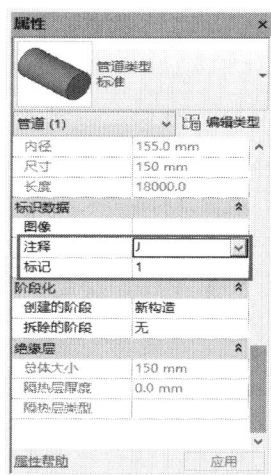

图 3-82　管道标注修改

3. 标高标注

在 Revit 中，使用"注释"→"高程点"来标记管道标高。

① 高程点符号族。

管道上方的标高标注，其"文字位置"为"引线之上"。管道下方的标高标注，其"文字位置"为"引线之下"，是两种不同族类型的标注。通过高程点族的"类型属性"对话框可

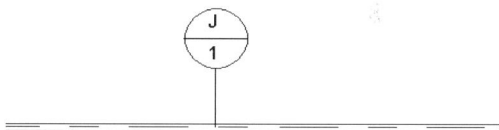

图 3-83　引入管注释

以设置多种高程点符号族类型。其中一些参数的意义如下。

a. 引线箭头：可选择各种引线端点样式。

b. 符号：这里将出现所有的高程点符号族，选择刚载入族即可。

c. 文字与符号的偏移量：为默认情况下文字和符号左端点之间的距离，数值为正，表明文字在符号左端点的左侧；数值为负则表明文字在"符号"左端点的右侧。

d. 文字位置：控制文字和引线的相对位置，即"引线之上""引线之下"和"嵌入到引线中"。

e. 高程指示器/顶部指示器/底部指示器：允许添加一些文字、字母等，以指示出现的标高是顶部标高或者是底部标高。

f. 作为前缀/后缀的高程指示器：可以选择添加的文字、字母并以前缀还是后缀的形式出现在标高中。

② 平面视图中管道标高。

在平面视图中对管道进行标高标注，需要在双线模式即精细视图下进行。（在单线模式下不能进行标高标注。）"显示高程"可以进行调整，Revit 提供了"实际高程""顶部高程""底部高程"和"顶部高程和底部高程"。

③ 立面视图中的管道标高。

和平面视图不同，立面视图中在风管单线即粗略、中等的视图情况下也可以进行标高标注，但此时仅能标注管中心标高。而对于倾斜风管的风管标高，斜管上的标高值将随着鼠标在管道中心线上的移动而实时更新变化。如果在立面视图上标注管顶或者管底标高，则需要将鼠标移动到管道端部，捕捉端点，才能表示管顶或管底标高。立面视图上也可以对管道截面进行管道中心、管顶和管底进行标注。（当对管道截面进行标注时，为了方便捕捉，建议关闭"可见性/图形替换"中的管道的两个子类别"升"和"降"。）

④ 剖面视图中的管道标高和立面视图中管道标高原则一致。

⑤ 三维制图中的管道标高。

三维视图中，管道细线显示下，标注的为管中心标高；细线关闭时，标注的则为所捕捉的管道位置的实际标高。

4. 坡度标注

使用"注释"→"尺寸标注"→"高程点坡度"来标注管道坡度。单击进入"系统族：高程点坡度"可以看到控制坡度标注的一系列参数，与之前介绍的高程标注非常类似，就不一一赘述。通过调整"单位格式"，设置标注时习惯的格式（常用百分比格式）。选中任一坡度标注，会出现"修改 | 高程点坡度"的选项栏。

"相对参照的偏移"表示坡度标注线和管道外侧的偏移距离。

"坡度表示"选项仅在立面视图中可选，有"箭头"和"三角形"两种坡度表示方式。

3.9 管道工程设计

本节以一个简单工程为例，介绍管道工程的设计。

在进行建筑给水排水系统布置时，要用到相关的构件族，应首先将所需要的族载入到项目中。系统创建前，先进行管道配置非常重要，可减少后续修改的工作量。可参考本章第一节。

（1）创建冷水给水系统，如图 3-84 所示。

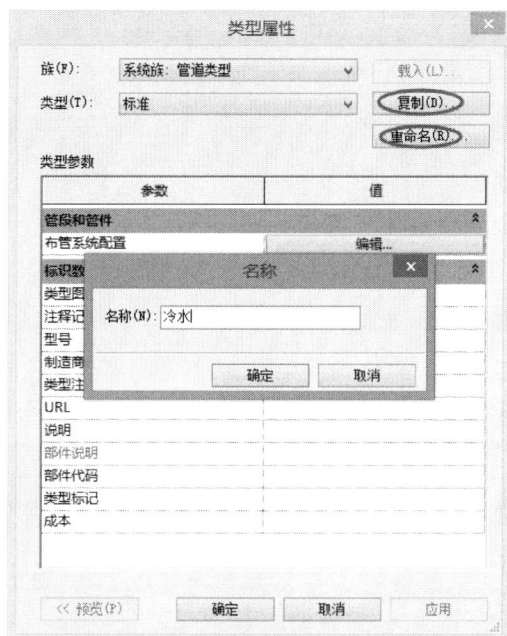

图 3-84　创建冷水给水系统

（2）在"布管系统配置"，给管道设置管件类型，如图 3-85 所示。

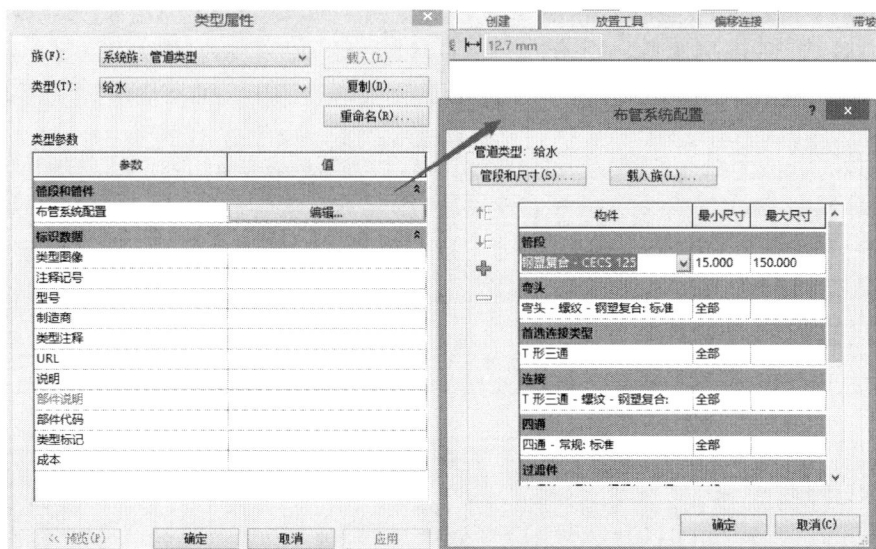

图 3-85　管件类型设置

（3）在"管道设置"中分别为冷水系统设定管道类型和偏移值，如图 3-86 所示。

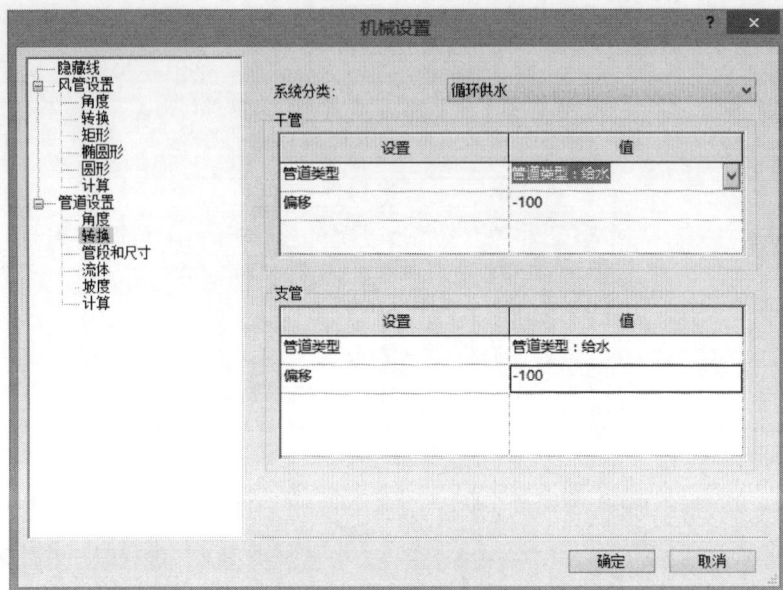

图 3-86　偏移值设置

1. 设备布置

单击"系统"选项卡→ 卫浴 "卫浴装置"命令，在浏览器上下文选项卡中选择卫浴装置放置到绘图区域，在放置时，按"空格键"可以对它进行 90°旋转。对应放置好的卫生器具，按"空格"也可以进行 90°旋转。某些卫生器具需要放置到实体表面上，如"洗脸盆"器具需要贴墙放置，如图 3-87 所示。

2. 创建系统

在项目中，选择一个或所有用水卫生器具，激活"修改｜卫浴装置"选项卡，单击"管道"，打开"创建管道系统"对话框。选择系统类型，定义所创建系统的名称。创建冷水给水系统，如图 3-88 所示。

注意：如果器具在多个系统中存在，需要先把需要创建的所有系统创建完，再进行"生成布局"，否则已经生成布局的器具，再被创建其他的系统将无法生成布局。

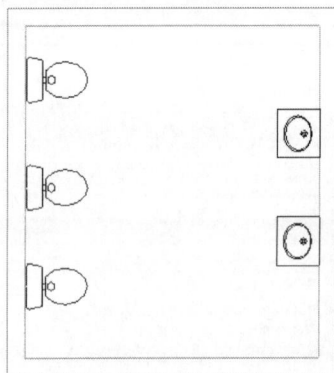

图 3-87　设备布置

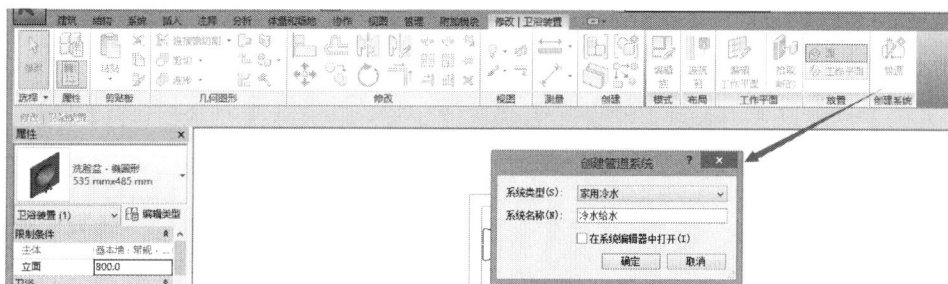

图 3-88 创建系统

3. 生成布局

选择系统中的任一或所有卫生器具，单击"生成布局"命令，激活"选择系统"对话框，首先选择"卫生给水系统"，如图 3-89 所示。

在"生成布局"选项栏中选择合适方案，单击"设置"，进入"管道转换设置"对话框，指定管道类型和偏移量。管道类型选择"管道类型：排水"。具体如图 3-90 所示。

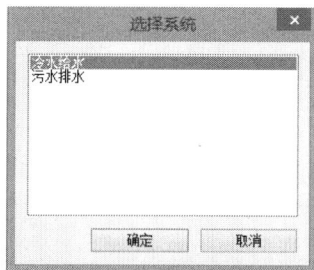

图 3-89 生成布局

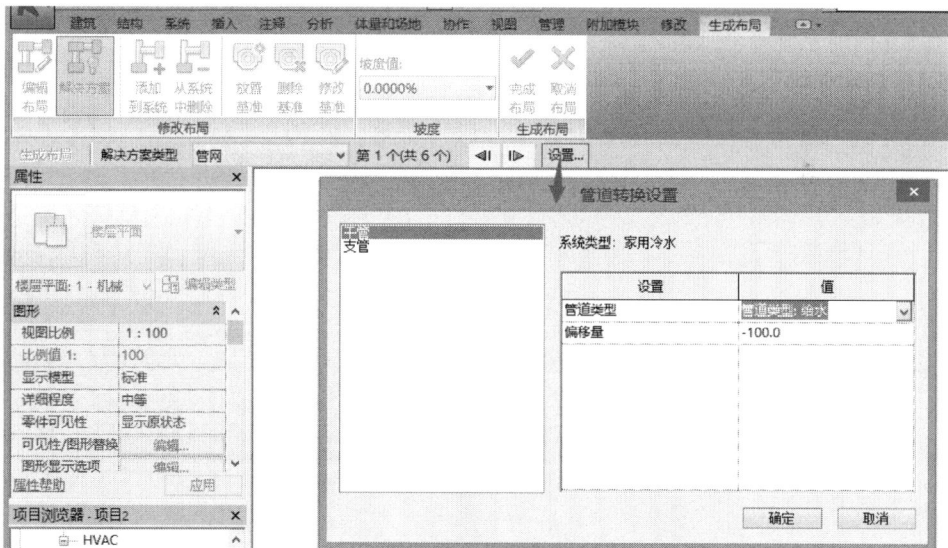

图 3-90 管道转换设置

如果系统未指定设备，单击"放置基准"，为该系统制定一个源头。对于给水系统，即为给水进口，完成布局。如图 3-91 所示，完成系统创建。

单击"放置基准"，用同样方法，创建卫生排水系统，如果系统未指定设备，单击"放置基准",为该系统制定一个源头。对于排水系统,即为排水出口,完成布局,如图 3-92 所示。

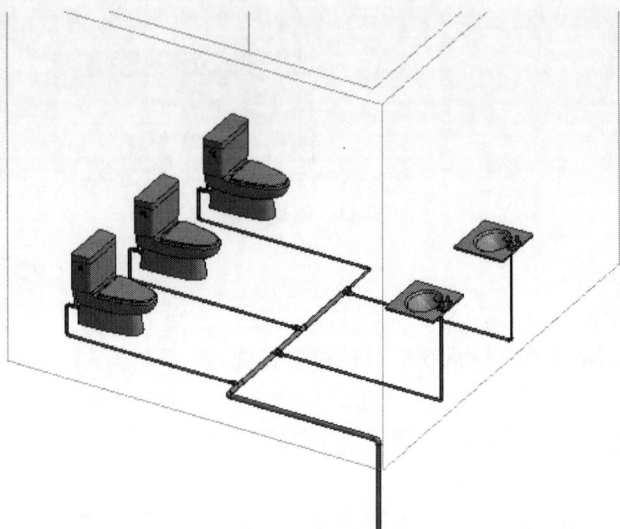

图 3-91 给水系统创建

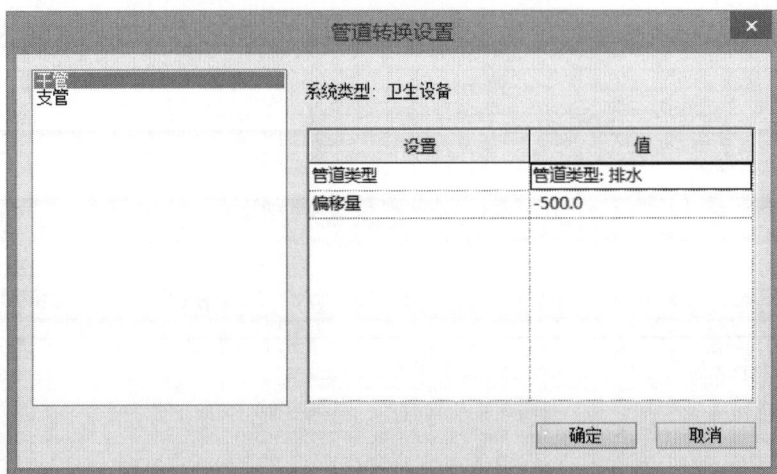

图 3-92 排水系统创建

3.10 给排水系统模型与施工现场实例

本节主要介绍在工程实例中的施工现场图与给排水系统模型的对比。下面我们进行施工现场的工程实例与相应的信息模型的对比展示,如图 3-93 和图 3-94、

图 3-95 所示，让人们对 Revit 软件及 BIM 的概念有更直观的了解。同时 Revit 软件本身能提供"碰撞检查"功能，不仅可以帮助给排水工程师检查管道碰撞，也可以帮助协调水暖电的管路设计，如图 3-96 和图 3-97 所示。

1. 施工现场图与模型对比

图 3-93　施工现场图

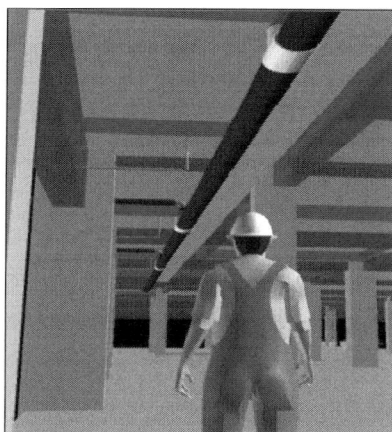

图 3-94　相应信息模型图

图 3-95　施工现场图与信息模型图对比

2. 碰撞检查

给排水系统管线较多，在系统内、系统间都会产生冲突，Revit 提供了碰撞检测工具（本书第六章进行详细讲解），可以在设计阶段将冲突检测出来并及时修改，使布局更加合理。

专业内
硬碰撞

专业间
硬碰撞

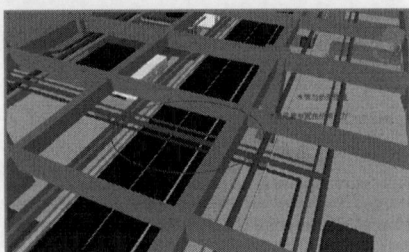

图 3-96　给排水专业碰撞检查　　　　　图 3-97　专业碰撞检查图

　　经过碰撞检测并优化的模型，可承担现场施工的有效指导工作。对于复杂管线的排布，预制构件的设计都有准确的表达。以 Revit 为核心的 BIM 技术对于大型建筑来说是非常积极和有效的。

第四章 Revit Mep 暖通空调设计与建模

在暖通空调设计阶段有效使用 BIM 技术能够对设计产生很大影响，Revit 软件支持工程师更加轻松地创建精确的机电管道系统。在传统的暖通空调设计当中，都把电气、暖通空调和给排水分开，进行独立的设计，但这种运行方式严重影响着工程的质量。运用 BIM 技术，可以把不同专业的信息完整、清晰地表达出来，做好各专业间的协调工作。在暖通空调设计中，Revit 提供风管、管道尺寸和压力损失计算工具，并可以进行冷热负荷的分析计算，直观的布局设计工具可轻松修改模型。Revit 自动更新模型视图和明细表，确保文档和项目保持一致。工程师可创建具有机械功能的 HVAC 系统，并为通风管网和管道布设提供三维建模，还可通过拖动屏幕上任何视图中的设计元素来修改模型。还可在剖面图和正视图中完成建模过程。在任何位置做出修改时，所有的模型视图及图纸都能自动协调变更，因此能够提供更为准确一致的设计。

4.1 机械设置

单击"系统"选项卡→"机械"面板→ ▨（机械设置）进行机械设置。

4.1.1 隐藏线

（1）选中"隐藏线"后，可以指定项目中彼此交叉的风管和管道（单个平面中）的显示方式。选中"隐藏线"作为视觉样式时，可以应用"隐藏线"参数。

（2）绘制 MEP 隐藏线：选中该选项时，会使用为隐藏线指定的线样式和间隙绘制管道。

（3）线样式：单击"值"列，然后从下拉列表中选择一种线样式，以确定隐藏分段的线在分段交叉处显示的方式。

（4）内部间隙：指定交叉分段中显示的线的间隙。如果选择了"精细"模式，将不会显示间隙。

（5）外部间隙：指定在交叉分段外部显示的线的间隙。如果选择了"精细"

模式，将不会显示间隙。

（6）单线：指定在分段交叉位置处单隐藏线的间隙。

4.1.2　常用风管设置

下列参数指定了默认的风管类型、尺寸和设置。

1. 角度

在选择"角度"后，可以指定 Revit 在添加或修改风管时将使用的管件角度。

● 使用任意角度：

可让 Revit 使用管件内容支持的任意角度。

● 设置角度增量：

指定 Revit 用于确定角度值的角度增量。

● 使用特定的角度：

启用或禁用 Revit 使用特定的角度。

2. 转换

在选择"转换"后可以指定参数，在使用"生成布局"工具时这些参数用来控制为"干管"和"支管"管段所创建的高程、风管尺寸和其他特征。注意也可以在为系统管网创建布线解决方案时，通过选项栏的"设置"按钮访问"转换设置"。

3. 干管

可以指定每种系统分类（排风、送风和回风）中干管风管的以下默认参数：

● 风管类型：这是干管管网的默认风管类型。

● 偏移：这是当前标高之上的风管构件高度。

4. 支管

可以指定每种系统分类（排风、送风和回风）中支管风管的以下默认参数：

● 风管类型：这是支管管网的默认风管类型。

● 偏移：这是当前标高之上的风管构件高度。

● 软风管类型：这是支管管网的默认软风管类型（"圆形软风管：软管–圆形"或"无"）。

● 软风管最大长度：这是在支管管网的布线解决方案中可用的软风管管段的最大长度。

5. 矩形

如果选择"矩形"，右侧面板将列出项目可用的矩形风管尺寸，并显示出可以从选项栏指定的尺寸。虽然此处只有一个值可用于指定风管尺寸，但可将其应用于高度、宽度或同时应用于这两者。通过"删除尺寸"按钮可从表中删除选定的尺寸。"新建尺寸"按钮可以打开"风管尺寸"对话框，用以指定要添加到项目中的新风管尺寸。

6. 椭圆形

如果选择"椭圆形"，右侧面板将列出项目可用的椭圆形风管尺寸，并显示出可以从选项栏指定的尺寸。虽然此处只有一个值可用于指定风管尺寸，但可将其应用于高度、宽度或同时应用于这两者。通过"删除尺寸"按钮可从表中删除选定的尺寸。"新建尺寸"按钮可以打开"风管尺寸"对话框，用以指定要添加到项目中的新风管尺寸。

7. 圆形

如果选择"圆形"，右侧面板将列出项目可用的圆形风管尺寸，并显示出可以从选项栏指定的尺寸。通过"删除尺寸"按钮可从表中删除选定的尺寸。"新建尺寸"按钮可以打开"风管尺寸"对话框，指定要添加到项目中的新风管尺寸。

使用尺寸值有用于尺寸列表和用于调整大小两种情况。

● 用于尺寸列表：

如果选定作为特定的风管尺寸，该尺寸会在 Revit 中的所有列表中出现，包括风管布局编辑器、风管修改编辑器、软风管和软风管修改编辑器。如果被清除，该尺寸将不在这些列表中出现。

● 用于调整大小：

如果选定作为特定的风管尺寸，Revit 将根据计算的系统气流决定风管尺寸。如果被清除，该尺寸不能用于调整大小的算法。

8. 计算

在选择"计算"后，可以指定为直线管段计算风管压降时所使用的方法。在"压降"选项卡中，从列表中选择"计算方法"。计算方法的详细信息将显示在说明字段。

如果有第三方计算方法可用，将显示在下拉列表中"风管尺寸"对话框。使用该对话框可将矩形、椭圆形和圆形风管尺寸添加到项目中，然后输入新风管的尺寸。输入矩形或椭圆形风管的尺寸时，该值既可用作宽度，也可用作高度。最后单击"确定"。

4.2　风管设置

4.2.1　风管类型设置

单击功能区"系统"→"风管"，通过绘图区域左侧属性浏览器选择和编辑风管的类型，如图 4-1 所示。

图 4-1 风管设置

单击"编辑类型",打开"类型属性"对话框,对风管类型进行设置,如图 4-2 和图 4-3 所示。

图 4-2 风管类型属性

图 4-3 风管类型设置

(1)使用"复制"命令,可以再根据已有风管类型添加新的风管类型;

(2)根据风管材料设置"粗糙度",用于计算风管的沿程阻力;

(3)通过在"管件"列表中配置各类型风管管件族,可以指定绘制风管时自动添加到风管管路中的管件。以下管件类型可以在绘制风管时自动添加到风管中:弯头、T 形三通、接头、交叉线(四通)、过渡件(变径)。多形状过渡件矩形到圆形、多形状过渡件矩形到椭圆形、多形状过渡件椭圆形到圆形和活接头。不能在"管件"列表中选管件类型,需要手动添加到风管系统中,如 Y 形三通、斜四通等。

(4)通过编辑"标识数据"中的参数为风管添加标识。

4.2.2 风管系统设置

Revit 中将风管系统作为系统族添加到项目文件中,方便用户创建定制化的风管系统。Revit 中预定义了三种风管系统分类:"送风""回风""排风"。打开项目浏览器,单击风管系统,可以查看项目中的预置风管系统,如图 4-4 所示。

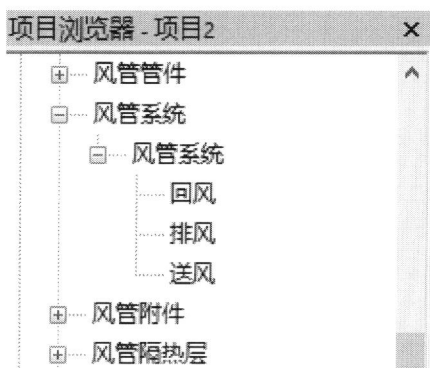

图 4-4　风管系统

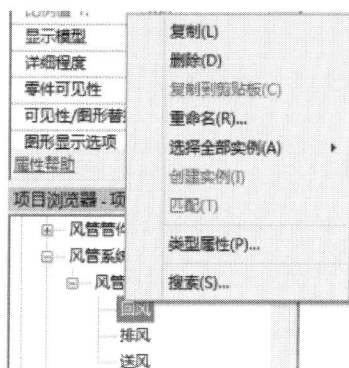

图 4-5　风管系统编辑

右击任一风管系统，可以对当前风管系统进行编辑，如图 4-5 所示。

1. 复制

可以添加与当前系统分类相同的系统。

2. 删除

删除当前系统。如果当前系统是该系统分类下唯一一个系统，则该系统不能删除，软件会自动弹出一个错误报告。如果当前系统类型已经被项目中某个风管系统使用，该系统也不能删除，软件会自动弹出一个错误报告，如图 4-6 所示。

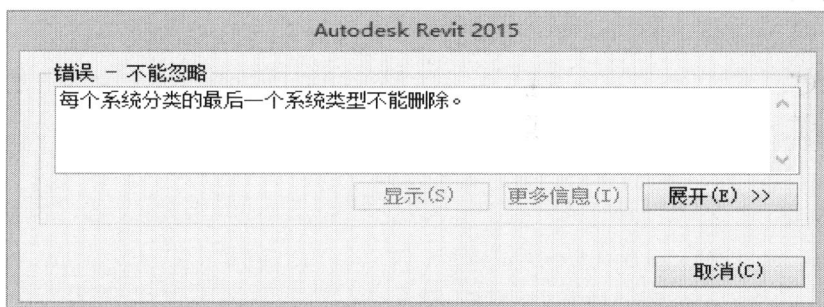

图 4-6　错误报告

3. 重命名

可以重新定义当前系统名称。

4. 选择全部实例

可以选择项目中所有属于该系统的设备实例。

4.2.3　类型属性

单击"类型属性"，打开风管系统类型属性对话框，可以对该风管系统进行个性化设置，如图 4-7 所示。

图 4-7　类型属性

（1）"图形"分组下的"图形替换"：用于控制风管系统的显示。单击"编辑"后，在弹出的"线图形"对话框中，定义风管系统的"宽度""颜色"和"填充图案"；该设置将应用于属于当前风管系统的图元，除风管外，可能还包括管件、阀门和设备等。

（2）"材质与装饰"分组下的"材质"：可以选择该系统所采用风管的材料；单击▥按钮，弹出材质对话框，可定义风管材质并应用于渲染。

（3）"机械"分组下的参数具体如下。

● 计算：控制是否对该系统进行计算，"全部"表示计算流量和压降，"仅流量"表示仅计算流量，"无"表示流量和压降都不计算。

● 系统分类：该选项始终灰显，用来获知该系统类型的系统分类。

● 标识数据：可以为系统添加自定义标识，方便过滤或选择该风管系统。

●"上升/下降"分组下的"上升/下降符号"：不同的系统类型可定义不同的升降符号，单击▥按钮，打开选择符号对话框，可以选择所需符号。

4.3　绘制风管管路

在平面视图、立面视图、剖面视图和三维视图中均可绘制风管。

4.3.1　风管占位符

在初始设计阶段绘制风管占位符时，可以只画风管管路的大概位置，或显示尚未完全定好尺寸的布局。占位符风管显示为不带管件的单线几何图形。使用占位符风管可以在设计仍然处于未知状态时获得连接良好的系统，然后在以后的设计阶段进行优化，可以将占位符风管转换为带有管件的风管。

选择"风管占位符"命令，属性浏览器显示占位符图元的类型属性。占位符图元的类型属性决定了要添加的管件。例如，如果使用带有接头的矩形风管类型创建风管占位符，则占位符图元将被转换为带有接头而不是带有 T 形三通的矩形风管。

选择要转换的一个占位符图元、占位符段或整个占位符布局。单击"修改 | 选择多个"选项卡 →"编辑"面板 → 🔄（转换占位符）。占位符风管将被转换为带有管件的风管。

注意：如果功能区上显示了 🔲（显示相关警告），可以单击它以查看与占位符风管布局转换相关的警告消息。

4.3.2　基本风管绘制

进入风管绘制模式有以下方式：

（1）单击功能区中"系统"→"风管"，如图 4-8 所示。

图 4-8　风管系统

（2）在风管末端、风管管件、风道末端、机械设备和风管附件上的连接件上单击鼠标右键，然后使用上下文菜单中的"风管"选项。

（3）直接键入 DT（DT 为绘制风管的快捷键）。

进入风管绘制模式后，"修改/放置风管"选项卡和"修改/放置风管"选项栏同时被激活，如图 4-9 所示。

以绘制矩形风管为例，按照以下步骤绘制风管：

（1）选择风管类型。

在风管"属性"对话框中选择所需要绘制的风管类型。

（2）选择风管尺寸。

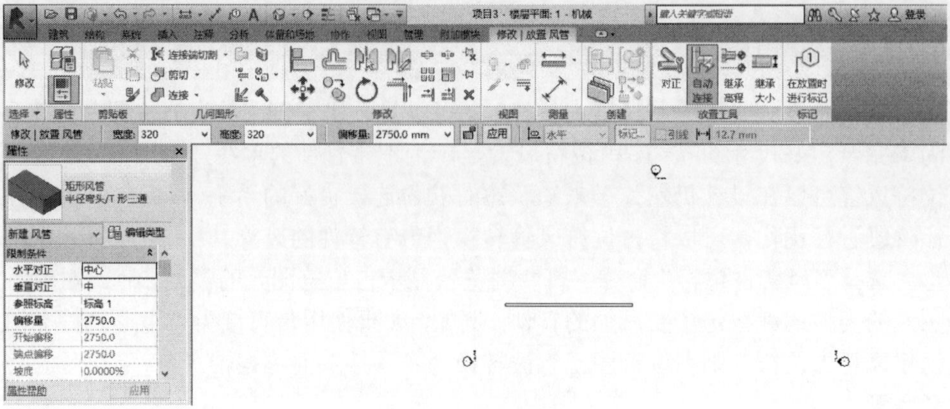

图 4-9　风管绘制

　　单击"修改｜放置风管"选项栏上"宽度"或"高度"的下拉按钮，选择在"机械设置"中设定的风管尺寸，也可以直接在"宽度"和"高度"输入需要绘制的尺寸。

　　（3）指定风管偏移。

　　默认"偏移量"是指风管中心线相对于当前平面标高的距离。重新调整"对正"方式后，"偏移量"指定距离的含义将发生变化。在"偏移量"选项中单击下拉按钮，可以选择项目中已经用到的风管偏移量，也可以直接输入自定义的偏移量数值，默认单位 mm。

　　（4）风管选项栏设置。

● 标高：（仅限三维视图、立面视图和剖面视图）指定风管的参照标高。

● 宽度：指定矩形或椭圆形风管的宽度。

● 高度：指定矩形或椭圆形风管的高度。

● 直径：指定圆形风管段的直径。

● 偏移：指定风管相对于当前标高的垂直高程。可以输入偏移值或从建议偏移值列表中选择值。

● ⬜/🔒：锁定/解锁管段的高程。锁定后，管段会始终保持原高程，不能连接处于不同高程的管段。

　　（5）风管放置工具。

　　选择"风管"或"风管占位符"工具后，"修改｜放置风管"选项卡会提供下列用于放置风管的选项：

● 🔧（对正）：打开对正设置对话框，用以指定风管的"水平对正""水平偏移"和"垂直对正"。

　　注意如果"风管占位符"工具处于选中状态，则此选项不可用。

- $\begin{array}{l}\end{array}$（自动连接）：在开始或结束风管管段时，可以自动连接构件上的捕捉。该选项对于连接不同高程的管段非常有用。但是，当沿着与另一条风管相同的路径以不同偏移量绘制风管时，请清除"自动连接"，以避免生成意外连接。

- （继承高程）：继承捕捉到的图元的高程。

- （继承大小）：继承捕捉到的图元的大小（一般绘制时自动打开）。

- （忽略倾斜以连接）：是使用当前的坡度值进行倾斜圆形风管连接，还是忽略坡度值直接连接。注意此选项仅在放置圆形风管时可用。

- （在放置时进行标记）：在视图中放置风管管段时，将默认注释标记应用到风管管段。

4.4　调整对齐方式

风管绘制完成后，在任意视图中，可以使用"对正"命令修改风管的对齐方式。选中需要修改的管段，单击功能区中"修改 | 风管"选项卡下"编辑"选项板中"对正"命令，如图 4-10 所示。进入"对正编辑器"，选择对齐线、对齐方向和控制点，单击"完成"，如图 4-11 所示。

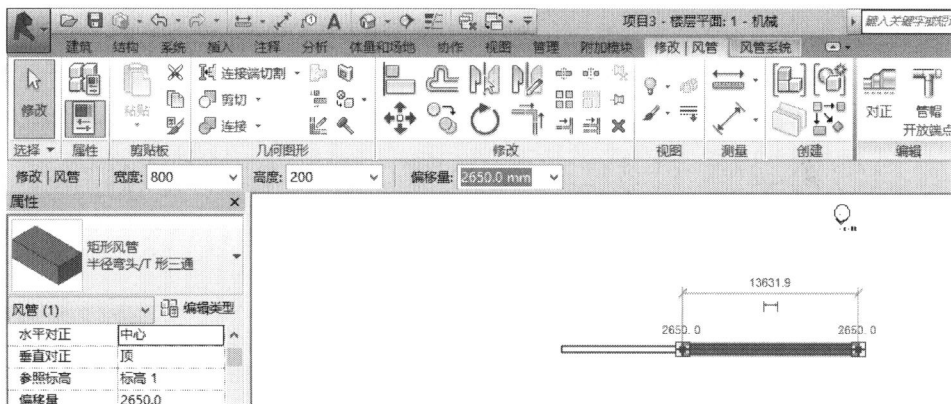

图 4-10　风管编辑

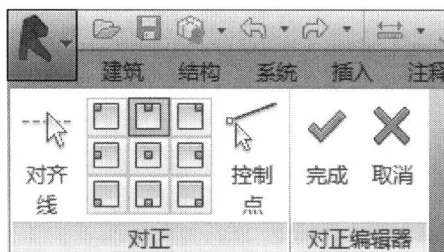

图 4-11　对正编辑器

115

- 单击对齐线,可以通过鼠标拾取对齐线。

- 从控制点方向拾取对齐线,共九种对齐线可供选择。

- 单击控制点可以切换对齐方向,如图 4–12 和图 4–13 所示。

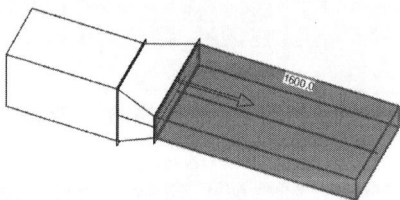

图 4–12　控制点切换方向 1	图 4–13　控制点切换方向 2

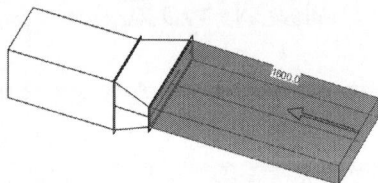

4.5　调整风管大小(计算功能)

通过"调整风管/管道大小"命令,借助摩擦和/或速度大小调整方法指定风管/管道各部分的大小,调整风管/管道管径。

(1)框选需要调整大小的风管。

(2)选择"调整风管/管道大小"命令,如图 4–14 所示。

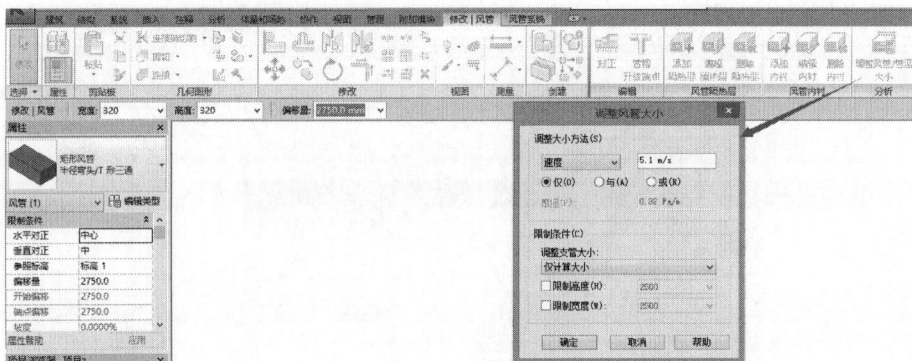

图 4–14　调整风管大小

116

　　根据工程设计要求，输入速度、摩擦等要求的数值，可以调整它们之间"仅""与""或"的关系，并可以设置限制条件。设置完成后软件将根据设置条件自动进行调整。

　　注意"调整管道大小"对话框不能用于调整"卫生设备"系统管道的大小。

　　选择要调整大小的管道部分。单击"选择多个"选项卡 → "分析"面板→ 🖼 "调整风管/管道大小"。在"调整管道大小"对话框中，从下拉列表中选择调整大小的方法："速度"或"摩擦"。

　　指定下列与选定方法相关的选项之一：

　　（1）仅：根据专用于选定方法（"速度"或"摩擦"）的参数调整管道大小。

　　（2）和：强制调整管道的大小，以满足为"速度"和"摩擦"指定的参数。

　　（3）或：允许根据"摩擦""速度"或这两个参数调整管道的大小。

　　指定支管调整大小限制，可以从"限制条件"列表中选择一个选项来约束管段的尺寸，还可以使用"限制大小"选项指定管道尺寸的绝对限制。

　　从列表中选择下列"限制条件"之一：

　　（1）仅计算大小：选定管段的大小，由选定的调整大小方法决定，而且不受其他条件的约束。

　　（2）匹配连接件大小：支管中选定管段的大小，由支管和干管、直到管网中的第一个连接之间的连接件大小决定。

　　（3）连接件和计算值之间的较大者：选定管段的大小，由两个决定值之间的较大者决定。如果连接件的大小小于按照调整大小方法计算的大小，将使用计算大小。如果连接件的大小大于按照调整大小方法计算的大小，将使用连接件的大小。例如，选择此选项可以避免为卫浴装置提供的管段小于装置上的连接件大小。如有必要，单击"限制大小"，然后输入一个值，以便对选定管段的大小指定绝对限制。

4.6　添加管道附件

　　打开要添加风管附件的风管系统所属的视图。单击"系统"选项卡→"HVAC"面板→ 📄（风管附件），然后在类型选择器中选择一种附件类型。在选项栏上单击"放置后旋转"，这样构件放置在视图中后会进行旋转。单击以放置附件，指定构件高程在"属性"选项板中，输入"偏移量"值，以指定风管附件的高程。

4.6.1　添加管帽

　　（1）将管帽添加到风管或管道的步骤：

　　① 选择风管或管道的管段、管件或附件；

② 单击"修改 | 风管"选项卡→"编辑"面板→ ⏁ "管帽开放端点";

③ 管帽被添加到所需图元的所有开放端点。

（2）将管帽添加到所选风管连接件的步骤：

在连接件上单击鼠标右键，然后单击"管帽开放端点"。

（3）将管帽添加到风管管网的步骤：

① 选择风管管网；

② 单击"修改 | 风管"选项卡→"编辑"面板→ ⏁ "管帽开放端点";

③ 管帽被添加到所需内筒的所有开放端点。

新的管帽会高亮显示，且警告对话框会显示已添加的管帽数量。使用该对话框可删除管帽或显示管帽添加位置详情。注意：当选择一个系统时，管帽不会添加到插口。必须手动添加管帽到任意插口。

4.6.2 添加隔热层/内衬

1. 添加隔热层/内衬

选中所需要添加隔热层的管段，激活功能区"风管隔热层"选项卡，添加隔热层：单击"添加隔热层"，打开"添加风管隔热层"对话框，选择需要添加的"隔热层类型"，输入需要添加的隔热层"厚度"，单击"确定"。选中带有隔热层或内衬的风管后，进入"修改 | 风管"选项卡可以"编辑隔热层"/"删除隔热层"或"编辑内衬"/"删除内衬"。

2. 设置隔热层/内衬

Revit 将隔热层和内衬作为系统族添加到项目中。打开项目浏览器，可以查看和编辑当前项目中风管内衬和隔热层类型，如图 4–15 所示。右击风管内衬或隔热层的任意类型，可以对当前类型进行编辑。

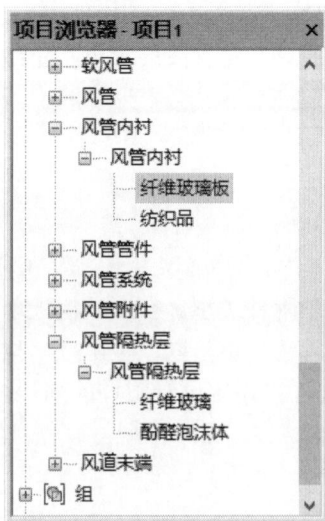

图 4–15　风管项目浏览器

• 复制：可以添加一种内衬/隔热层类型。

• 删除：删除当前内衬/隔热层类型。如果当前内衬/隔热层类型是内衬/隔热层下的唯一类型，则该内衬/隔热层类型不能删除，软件会自动弹出一个错误报告。

• 重命名：可以重新定义当前内衬/隔热层类型名称。

• 选择全部实例：可以选择项目中属于该内衬/隔热层类型的所有实例。

• 类型属性：单击"类型属性"，打开风管内衬/隔热层类型属性对话框，可以对该内衬/隔热层类型进行个性化设置，如图 4–16 和 4–17 所示。

图 4–16　风管内衬类型属性

图 4–17　风管隔热层类型属性

● 粗糙度：定义风管内衬的粗糙度，用于计算风管的沿程阻力。

● 材质：设置当前风管内衬/隔热层的材质。

● 标识数据：用于添加当前风管内衬/隔热层的标识，便于过滤和制作明细表。

在 3D 视图中，当风管添加隔热层/内衬后，可以通过勾选"可见性/视图替换"中风管、风管内衬和风管隔热层的"截面"选项，更直观地显示风管隔热层和内衬。

4.6.3　添加软风管

在平面视图和三维视图中可绘制软风管。有两种方式激活绘制"软风管"命令。

（1）单击"系统"→"软风管"，右击风管、风管管件、风管附件和机械设备等的风管连接件，如图 4–18 所示。

（2）单击快捷菜单中的"绘制软风管"选项直接绘制软风管。

图 4–18　绘制软风管

① 软风管选项栏设置。

● 标高：（仅限三维视图、立面视图和剖面视图）指定风管的参照标高。

● 直径：指定圆形风管段的直径。将自动添加过渡件，以便在系统中建立连接。如果无法保持连接，将出现警告消息。

● 偏移：指定风管相对于当前标高的垂直高程。可以输入偏移值或从建议偏移值列表中选择值。

② 软风管放置工具。

选择"软风管"工具后，"放置软风管"选项卡会提供下列用于放置管道的选项：

● 　（在放置时进行标记）：在视图中放置风管管段时，将默认注释标记应用到风管管段。

● 　（自动连接）：在开始或结束软风管管段时，可以自动连接构件上的捕捉。这对于连接不同高程上的管段非常有用。但是，当沿着与另一条风管相同的路径以不同偏移量绘制软风管时，请清除"自动连接"，以避免生成意外连接。

③ 按照以下步骤手动绘制软风管：

● 选择软风管类型。在软风管"属性"对话框中选择所需要绘制的风管类型，Revit 提供一种矩形软管和一种圆形软管。

● 选择软风管尺寸。单击"修改 | 放置软风管"选项栏上"宽度"或"高度"下拉按钮,选择在"机械设置"中设定的风管尺寸。也可以在"宽度"和"高度"输入需要绘制的尺寸。

● 指定软风管偏移。"偏移量"是指软风管中心线相对于当前平面标高的距离,在"偏移量"选项中单击下拉按钮,可以选择项目中已经用到的软风管/风管偏移量,也可以直接输入自定义的偏移量数值,默认单位为 mm。

● 指定风管起点和终点。在绘图区域中,单击指定软风管的起点,沿着软风管的路径在每个拐点单击鼠标,最后在软管终点单击"Esc"键或右击鼠标选择"取消"。如果软风管的终点是连接到某一风管或某一设备的风管连接件,可以直接单击所要连接的连接件,结束软管绘制。

(3)修改软管。

在软管上拖拽两端连接件、顶点和切点,可以调整软风管路径,如图 4–19 所示。

图 4–19　修改软管

● 连接件 ⊞:出现在软风管的两端,允许重新定位软管的端点。通过连接件,可以将软管与另一构件的风管连接件连接起来,或断开与风管连接件的连接。

● 顶点 ✱:沿软风管的走向分布,允许修改软风管的拐点。在软风管上单击鼠标右键,在快捷菜单中可以"插入顶点"或"删除顶点"。使用顶点可以修改软风管弯曲位置。

● 切点 ○:出现在软管的起点和终点,允许调整软风管的首个和末个拐点处的连接方向。

(4)软风管样式。

软风管"属性"对话框中"软管样式"共提供 8 种软风管样式,通过选取不同的样式可以改变软风管在平面视图的显示。

4.7　添加标记

标注在设计过程中是必不可少的,本节主要介绍在 Revit 中进行风管标注,包括尺寸标注、编号标注、标高标注和坡度标注。

风管尺寸和风管编号是通过注释符号族来标注，在平面、立面和剖面可用。而风管标高和坡度则是通过尺寸标注系统族来标注，在平面、立面、剖面和三维视图均可用。

1. 尺寸标注

Revit 中自带的风管注释符号族"风管尺寸标记"可以用来进行风管尺寸标注，有以下两种方式。

● 风管绘制的同时进行尺寸标注。进入绘制风管模式后，单击功能区中"修改 | 放置风管"→ ⌁⌁ "在放置时进行标记"，绘制出的风管将会自动完成风管尺寸标注。

● 风管绘制后再进行尺寸标注，单击"注释"选项卡中的"标记"下拉菜单中的"载入的标记"，就能查看当前项目文件中加载的所有的标记族。当单击"按类别标记"后，Revit 将默认使用"风管尺寸标记"对风管族进行管径标记。单击功能区中"注释"→"按类别标记"，鼠标移至待标注的风管上。小范围移动鼠标可以选择标注出现在风管的上方还是下方，确定注释位置后，单击即完成标注。

2. 标高标注

在 Revit 中，使用"注释"→"高程点"来标记风管标高。

① 高程点符号族。

管道上方的标高标注，其"文字位置"为"引线之上"。管道下方的标高标注，其"文字位置"为"引线之下"，是两种不同族类型的标注。通过高程点族的"类型属性"对话框可以设置多种高程点符号族类型，其中一些参数的意义如下。

● 引线箭头：可选择各种引线端点样式。

● 符号：这里将出现所有加进来的高程点符号族，选择刚载入族即可。

● 文字与符号的偏移量：为默认情况下文字和符号左端点之间的距离，数值为正，表明文字在符号左端点的左侧，数值为负则表明文字在"符号"左端点的右侧。

● 文字位置：控制文字和引线的相对位置，即"引线之上""引线之下"和"嵌入到引线中"。

● 高程指示器/顶部指示器/底部指示器：允许添加一些文字、字母等，以指示出现的标高是顶部标高或者是底部标高。

● 作为前缀/后缀的高程指示器：可以选择添加的文字、字母是以前缀还是后缀的形式出现在标高中。

② 平面视图中管道标高。

　　在平面视图中对风管进行标高标注，需要在双线模式即精细视图下进行（在单线模式下不能进行标高标注）。"显示高程"可以进行调整，Revit 提供了"实际高程""顶部高程""底部高程"和"顶部高程和底部高程"几种。

　　③ 立面视图中的风管标高。

　　和平面视图不同，立面视图中在风管单线即粗略、中等的视图情况下也可以进行标高标注，但此时仅能标注管中心标高。而对于倾斜风管的风管标高，斜管上的标高值将随着鼠标在管道中心线上的移动而实时更新变化。如果在立面视图上标注管顶或者管底标高，则需要将鼠标移动到风管端部，捕捉端点，才能表示管顶或管底标高。立面视图上也可以对风管截面、管顶和管底进行标注（当对风管截面进行标注时，为了方便捕捉，建议关闭"可见性/图形替换"中的管道的两个子类别"升"和"降"）。

　　④ 剖面视图中的风管标高和立面视图中风管标高原则一致。

　　⑤ 三维制图中的风管标高。

　　三维视图中，风管细线显示下，标注的为管中心标高；细线关闭时，标注的则为所捕捉的风管位置的实际标高。

　　3. 坡度标注

　　使用"注释"→"尺寸标注"→"高程点坡度"来标注管道坡度。单击进入"系统族：高程点坡度"可以看到控制坡度标注的一系列参数，与之前介绍的高程标注非常类似，就不一一赘述。通过调整"单位格式"，设置标注时习惯的格式（常用百分比格式）。选中任一坡度标注，会出现"修改 | 高程点坡度"的选项栏。

　　"相对参照的偏移"表示坡度标注线和风管外侧的偏移距离。

　　"坡度表示"选项仅在立面视图中可选，有"箭头"和"三角形"两种坡度表示方式。

4.8　风管工程设计

　　本节将通过简单实例，来讲解绘制风管、添加管件和创建风系统的方法（本实例为送风系统）。

　　1. 机组送风系统

　　① 新建风管系统。

　　首先创建风管系统，便于后期系统分类管理统计，在项目浏览器的族选项中选择"风管系统"，复制"送风"系统并重命名为"机组送风系统"（根据项目实际情况命名），完成新建风管系统，如图 4-20 所示。

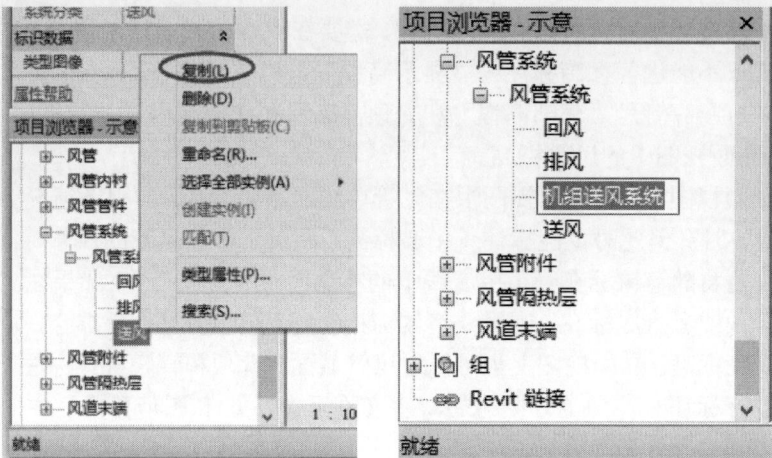

图 4-20　新建风管系统

② 绘制风管。

点击"风管"工具或快捷键 DT 绘制风管，进入命令后：在属性浏览器中选择"矩形风管（半径弯头/T 形三通）"风管类型；打开系统类型下拉按钮，选择"机组送风系统"；单击"编辑类型"，对此类型风管进行复制，重命名为"风管-机组送风系统"如图 4-21 和图 4-22 所示。

图 4-21　风管属性编辑

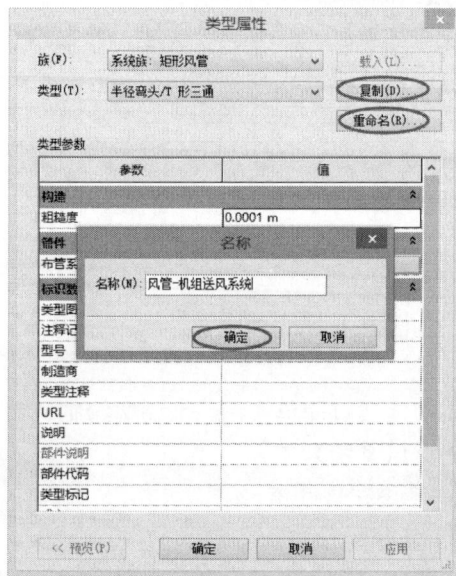

图 4-22　风管类型属性

在选项栏中设置所需风管的尺寸、高度和偏移量，如图 4-23 所示。

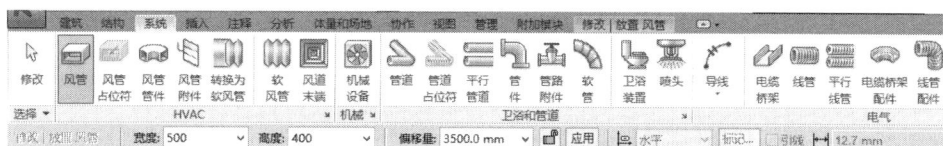

图 4-23　风管属性编辑

在绘图区单击进行绘制，第二次单击确定终点，如须改变路径，可在选项栏重新设置风管尺寸，继续绘制下一段风管，如图 4-24 所示。

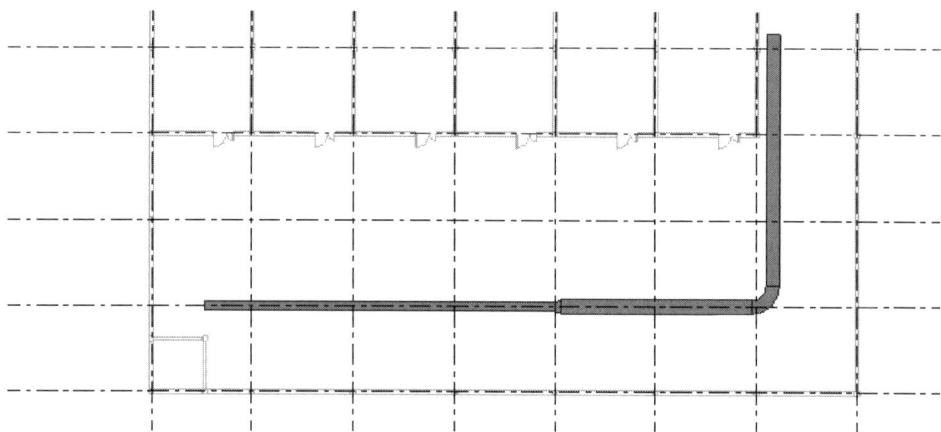

图 4-24　绘制风管

③ 添加机组。

单击"系统面板"，选择"机械设备"工具，选择所需机组，也可以通过添加族，添加所需设备（按空格键调整方向），如图 4-25 和图 4-26 所示。

图 4-25　风管系统设置

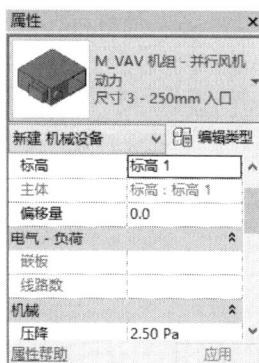

图 4-26　添加机组

将风机组与风管连接，如图 4-27 所示。

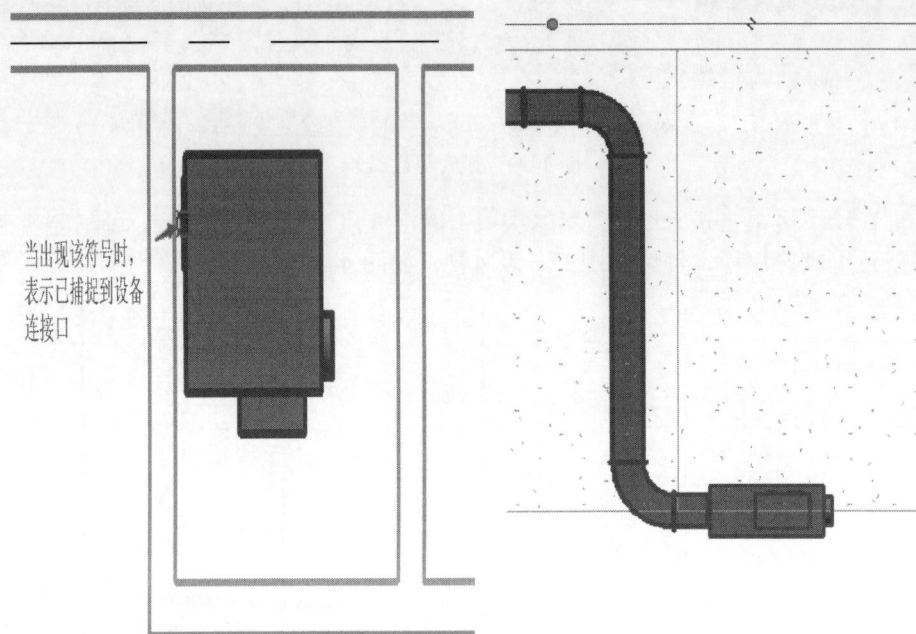

图 4-27 风机组与风管连接

绘制风管时，若高程变化，由于已经载入管件族，将自动生成立管或者坡度。通过管件类型的设置，可以改变连接方式，如图 4-28 和图 4-29 所示。

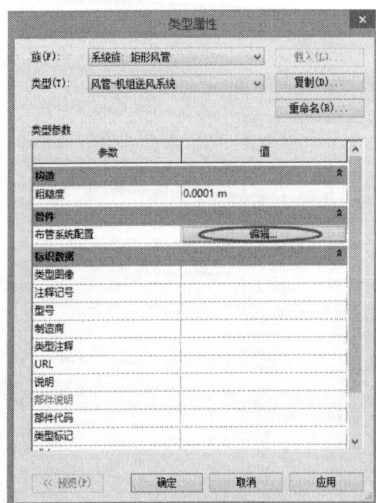

图 4-28 管件类型设置 1

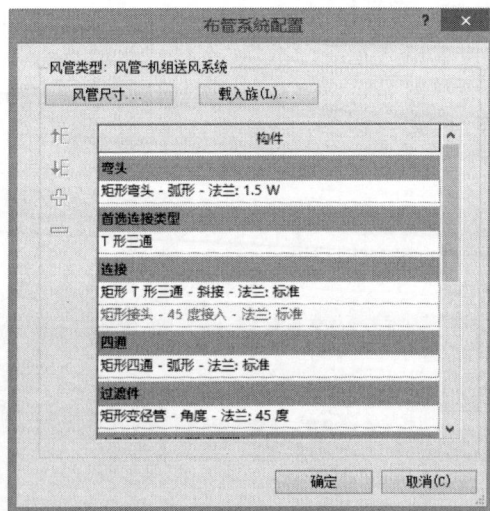

图 4-29 管件类型设置 2

之后通过 管 "对齐" 工具将风管连接在一起，如图 4-30 所示。

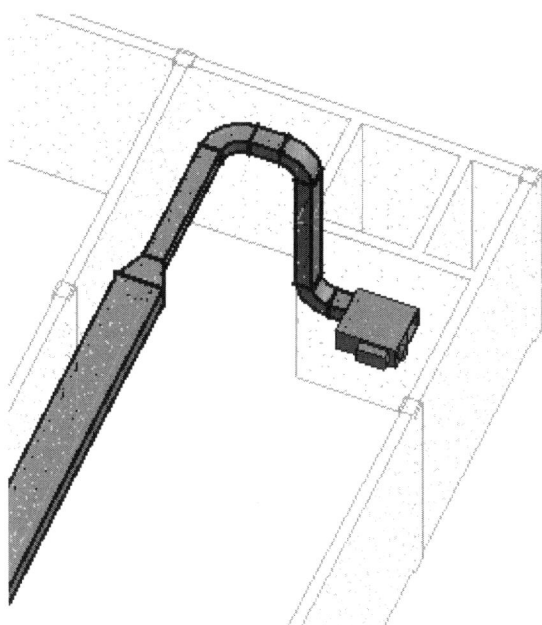

图 4-30　风管连接

2. 布置散流器

散流器与风管距离较近，此处应用垂直管件。设置方法如下：选择需要添加散流器的风管，单击"布管系统配置"进行编辑，弯头改为"矩形弯头-法兰：标准"，如图 4-31 所示。

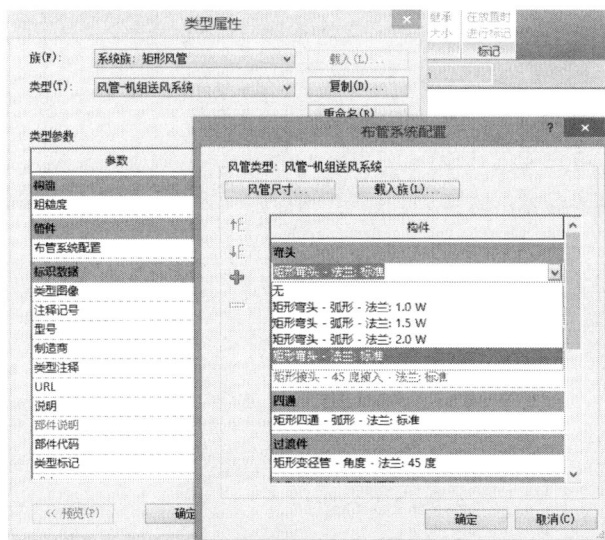

图 4-31　布管系统配置

　　单击"风管末端"工具，在属性浏览器中选择散流器，如图 4–32 所示。在相应位置左击放置（按空格键调整散流器方向）。散流器会与风管自动连接，如图 4–33 和图 4–34 所示。

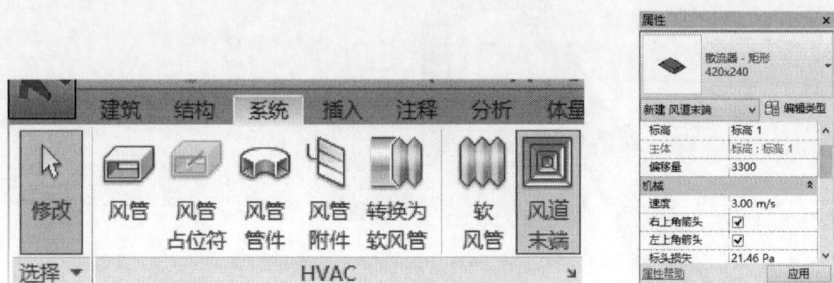

图 4–32　风道末端设置

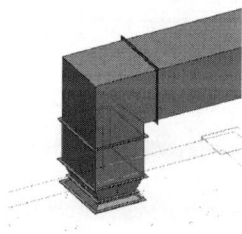

图 4–33　自动连接 1

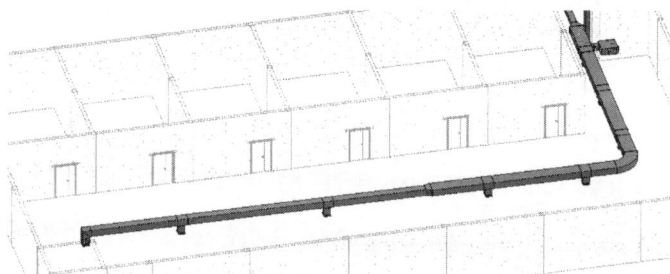

图 4–34　自动连接 2

　　3. 添加风管附件

　　风管附件包括风阀、防火阀、软连接等。单击"系统"选项卡下"HVAC"面板上的"风管附件"命令，弹出"放置风管附件"上下文选项卡。在类型选择器中选择需要添加的附件，在绘图区中需要添加附件的风管合适位置的中心线上单击鼠标左键，即可完成附件添加，如图 4–35 所示。如果类型选择器上没有需要的附件类型，可以通过载入族添加到项目中使用。完成送风系统，如图 4–36 所示。

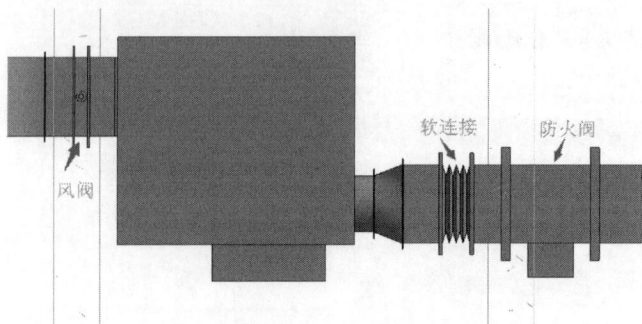

图 4–35　附件添加

4. 风管颜色的设置

一个完整的空调风系统包括送风系统、回风系统、排风系统等。为了方便区分，在 Revit 中可以对不同系统的风管设置颜色。以上文所建系统为例，进入楼层 1 平面，在绘图区域空白处点击左键，在属性浏览器中选择"可见性/图形替换"，进入"可见性/图形替换"对话框，如图 4–37 所示。或直接输入快捷键 VV 或 VG。选择"过滤器"选项卡，如图 4–38 所示。

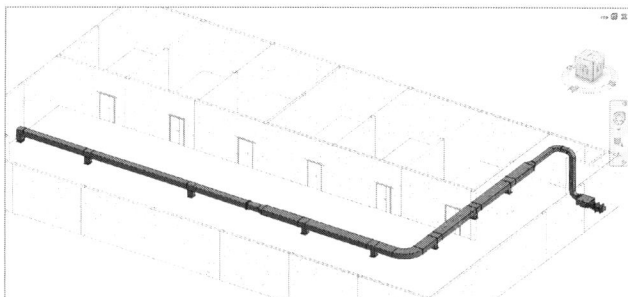

图 4–36　送风系统完成

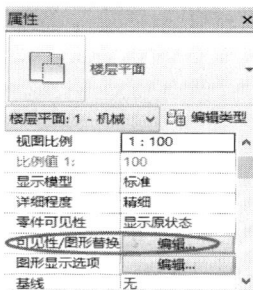

图 4–37　可见性编辑

图 4–38　添加过滤器

单击左下角"添加",将"机械–送风"过滤器添加到过滤器对话框,如图 4-39 所示。如需要自定义过滤器,可通过"编辑/新建"命令,新建过滤器。单击"编辑/新建"命令,按下图进行设置,设置完毕确定。回到"可见性/图形替换"对话框,单击"投影/表面"下"填充图案",按图 4-39 设置,设置完毕后两次确定,完成颜色填充,效果如图 4-40 所示。

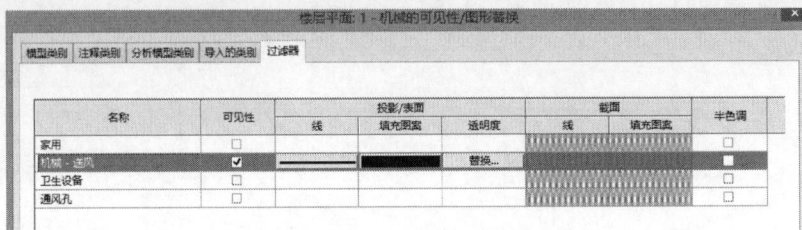

图 4-39　添加"机械–送风"过滤器

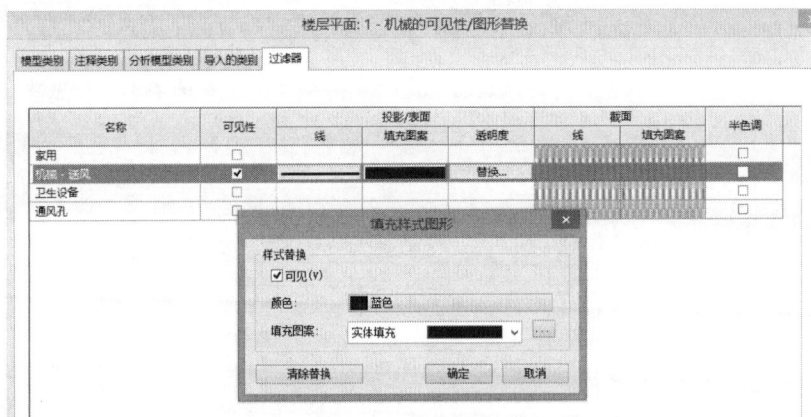

图 4-40　填充样式设置

三维视图如有着色需要,需要重新设置(设置方法同平面),在平面视图中设置的过滤器不会在三维视图起作用。具体如图 4-41 和图 4-42 所示。

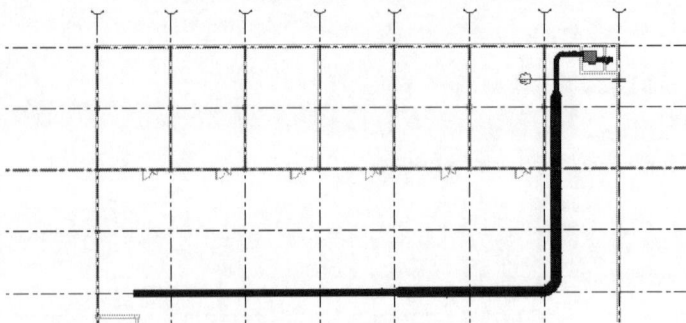

图 4-41　平面视图

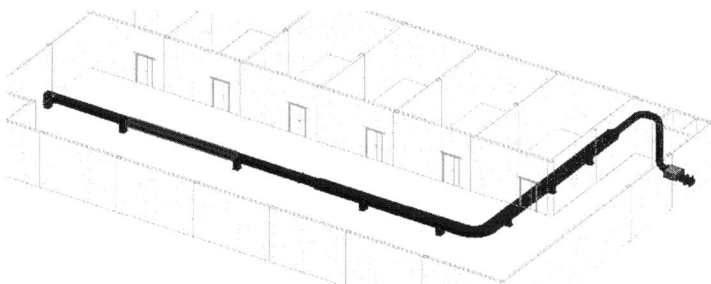

图 4-42 三维视图

5. 风管系统的整合

如果绘制过程中，未进行归类系统，可以通过此方法建立系统。整合的目的是为了统计项目中各个风管系统管材数量和规格，以及各个系统包含的构件。在创建完风管末端和空调机组后，选择其中一个散流器，在工具栏会出现风管创建系统功能，如图 4-43 所示。

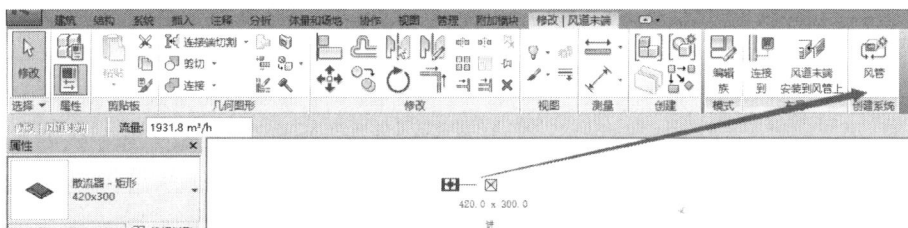

图 4-43 风管系统

选择相应的系统类型，如果没有想要的风管系统也可以在项目浏览器的风管系统中添加。创建好风管系统后，编辑系统将未选定的风道末端全部添加到系统中，然后再选择设备添加空调机组，完成系统的编辑，如图 4-44 所示。

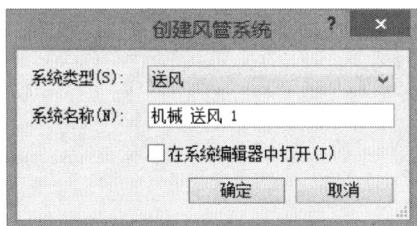

图 4-44 创建风管系统

4.9 暖通空调系统模型与施工现场实例

本节主要介绍在工程实例中的施工现场图与暖通空调系统模型的对比。下面通过施工现场的工程实例与相应的信息模型对比展示，如图 4–45 和图 4–46 所示，让人们对 Revit 软件及 BIM 的概念有更直观的了解。同时 Revit 软件本身能提供"碰撞检查"功能，不仅可以帮助暖通工程师检查管道碰撞，也可以帮助协调水暖电的管路设计，如图 4–47 所示。

1. 施工现场图与模型对比

图 4–45 风管施工图实例

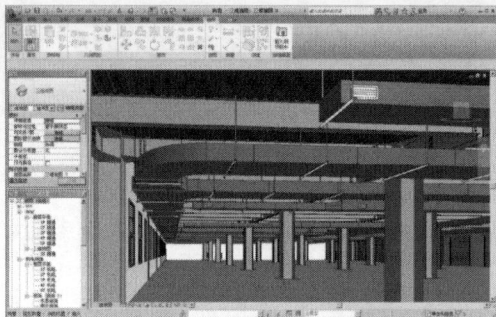

图 4–46 相应风管信息模型图

2. 碰撞检查

风管系统占用空间较大，在设计时需要考虑布置高度、风管宽度等，在建模完成后，对风管系统进行碰撞检测可以解决风管与其他专业的空间分配问题，使棚顶空间利用更加合理。

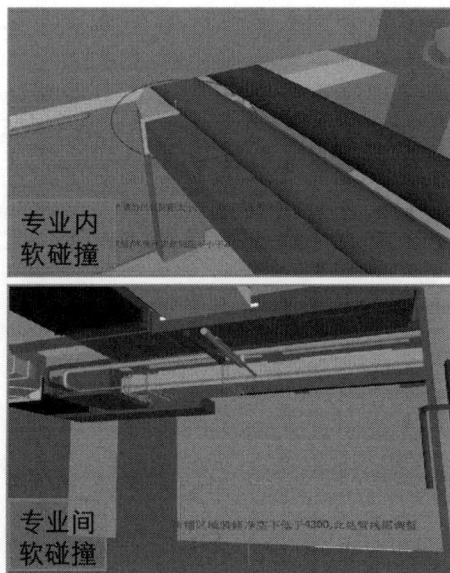

图 4–47 模型碰撞图

第五章　Revit Mep 电气设计与建模

　　建筑电气设计中的 BIM 主要包括以下三个方面的内容：一是要对项目开展全方位的分析。在电气设计时，要详细分析电气设计主要内容，还要充分考虑建筑整体的可行性、安全性、实用性，做到统筹兼顾。二是多专业的协同配合。这里主要指在电气设计过程中，设计人员可以使用 BIM 共享信息功能，对传统的的设计流程进行科学有效的创新，从而实现不同专业的人能在同一模型中一起设计，有效地解决设计重复的问题。三是能设计一些超高难度的电气设计图。BIM技术能大幅提高设计人员对建筑电气设计的三维制图速度，另外使用参数化进行设计可以实现设计人员新添加内容的自动更新，这样可以保证设计人员的电气元件的明细表能够自动生成相应图纸，从而方便电气施工人员的理解，促使建筑安全有效的施工。

5.1　电气设置

　　● 在功能区中选择"管理"→"MEP 设置"→"电气设置"，打开"电气设置"的对话框，如图 5-1 所示。

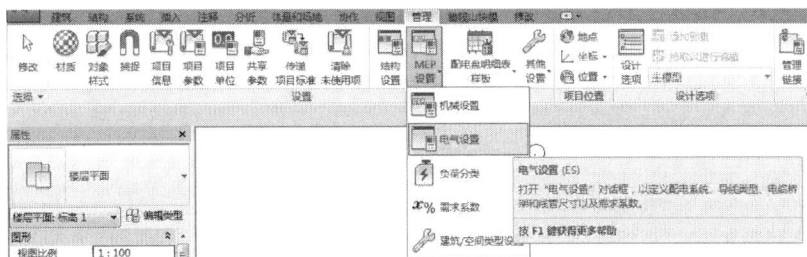

图 5-1　电气设置

　　● 单击"系统"中"电气"的 图标，打开电气设置对话框。

　　● 直接键入 ES。

1. 常规

在"电气设置"对话框中编辑线路的常规参数，如图 5-2 所示。

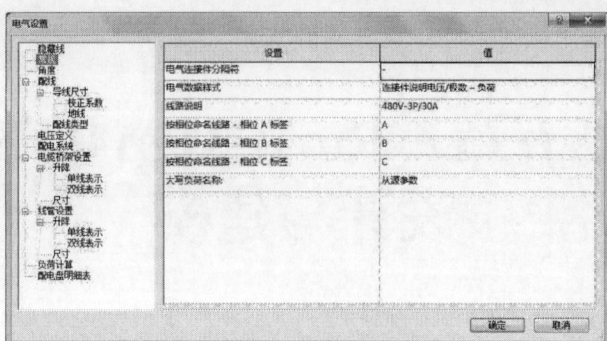

图 5-2 电气设置（常规）

① 电气连接件分隔符：指定用于分隔装置的"电气数据"参数额定值的符号。软件默认符号"-"，用户可自行设置。

② 电气数据样式：为电气构件"属性"选项板中的"电气数据"参数指定样式，如图 5-3 所示。单击该值之后，可以从下拉列表中选择"连接件说明电压/级数-负荷""连接件说明电压/相位-负荷""电压/级数-负荷"或者"电压/相位-负荷"。

③ 线路说明：指定导线实例属性中的"线路说明"参数的格式。单击该值之后，从下拉列表中选择参数格式，软件提供的格式有：480V-3P/30A、480-3/30、3P30A、3/30 和 3P30。

④ 按相位命名线路：相位标签只有在使用"属性"选项板为配电盘指定按相位命名线路时才使用。A、B 和 C 是默认值，如图 5-4 所示。

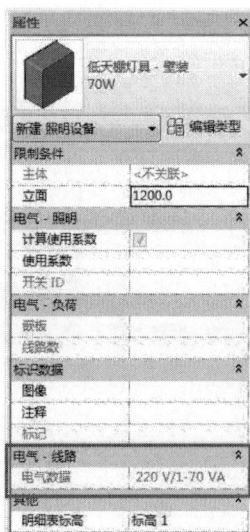

图 5-3 电气数据

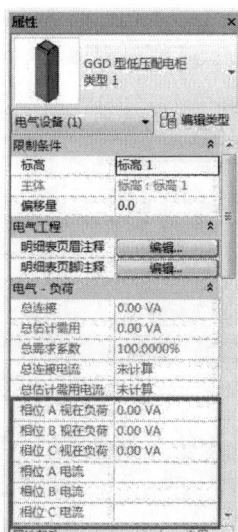

图 5-4 相位标签

⑤ 大写负荷名称：指定线路实例属性中的"负荷名称"参数的格式。单击该值之后，可以从下拉列表中选择"从源参数""首字母""句子"或者"大写"。

2. 配线

"电气设置"中"配线"是针对导线的表达、尺寸，计算等的一系列设置，项目准备时可根据具体项目情况进行预设。

单击左侧面板中的"配线"，如图5-5所示，在右侧面板中对导线进行以下设置：

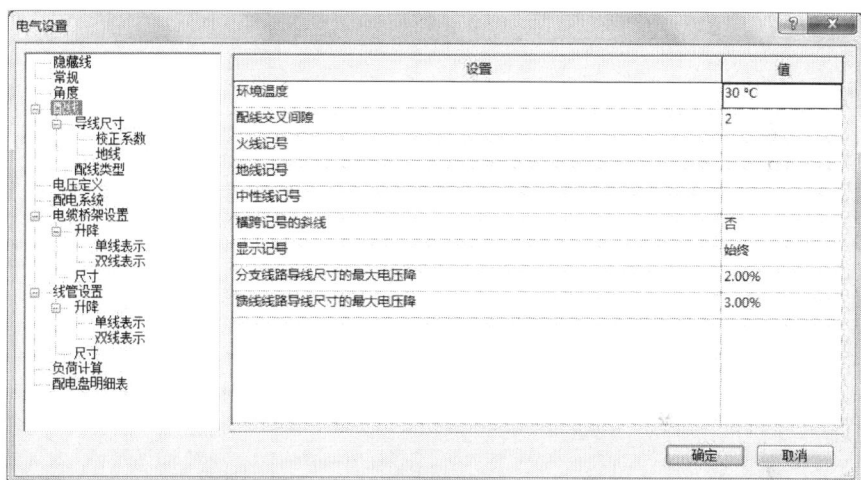

图 5-5　配线

● 环境温度：指定配线所在环境的温度，为导线计算提供条件。

● 配线交叉间隙：指定用于显示相互交叉的未连接导线的间隙的宽度。

● 火线记号/地线记号/中性线记号：分别为火线、地线和中性线选择显示的记号样式。需要将导线记号族载入到项目文件中，否则这三个设置的下拉选项为空。

● 横跨记号的斜线：可以将地线的记号显示为横跨其他导线的记号的对角线。单击"值"列，在下拉列表中选择"是"将此功能应用于记号。如果选择否，则显示为地线指定的记号。

● 显示记号：可以指定始终隐藏记号，始终显示记号还是只为回路显示记号。

为了把火线、零线、地线区分开来，可以把"火线记号"的值设为"挂钩导线记号"，地线设置为"长导线记号"，中性线设置为"短导线记号"。

在"电气设置"对话框的左侧面板展开"配线"，设置"导线尺寸"和

135

"配线类型",如图 5-6 所示。其中,用户可在"配线类型"中自行增加常用导线。

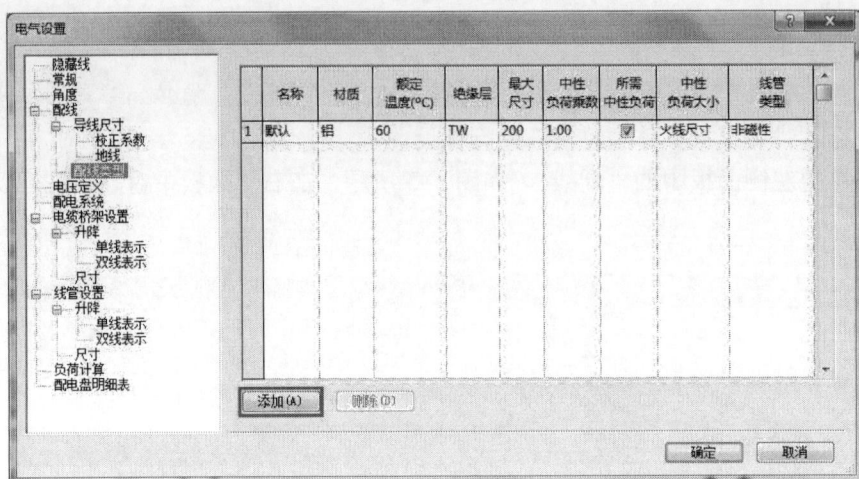

图 5-6　配线类型

3. 电压定义和配电系统

在"电气设置"对话框中设置"电压定义"和"配电系统"。

①"电压设置"定义项目中配电系统所要用到的电压。每级电压可指定±20%的电压范围,便于适应不同标准的额定电压。

② 单击"添加",可添加并设置新的电压定义,如图 5-7 所示,单击"删除"可删除所选电压定义,以下列出了"电压定义"表中各列的定义。

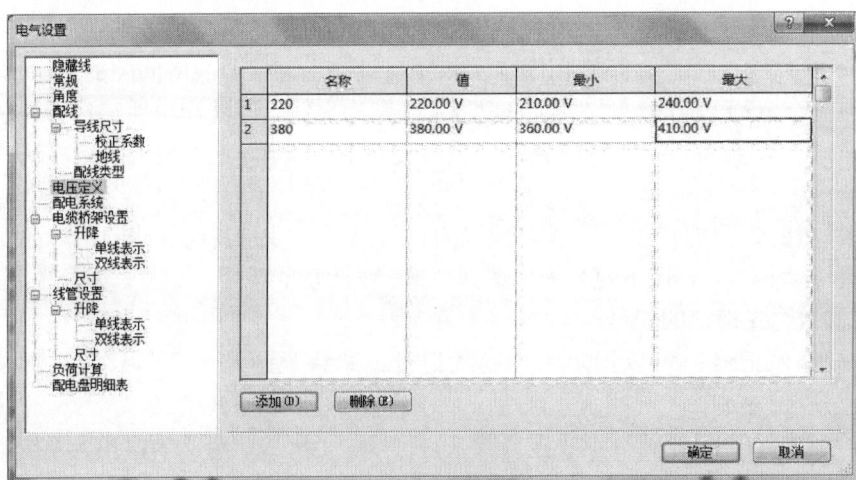

图 5-7　电压定义

- 名称：用于标识电压定义。
- 值：电压定义的额定电压。
- 最小：用于电压定义的最小额定电压。
- 最大：用于电压定义的最大额定电压。

③ "配电系统"定义项目中可用的配电系统，如图 5-8 所示。

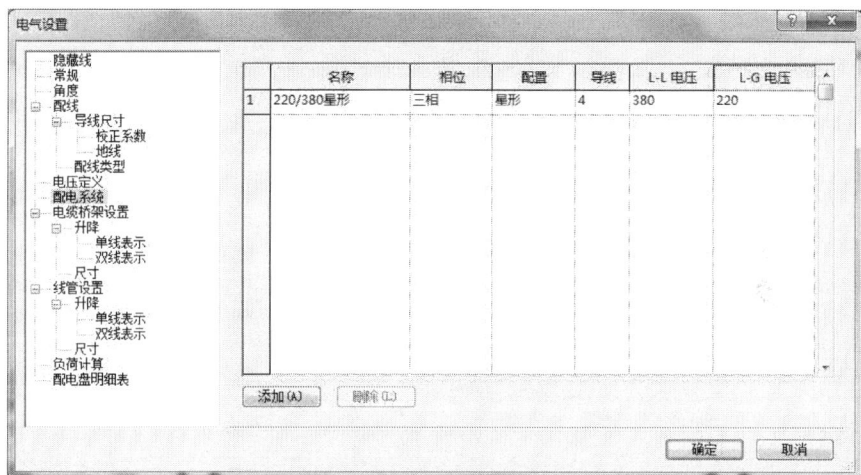

图 5-8　配电系统

其中，

名称：用于标识配电系统。

相位：从下拉列表中选择"三相"或"单相"。

配置：单击该值之后，可以从下拉列表中选择"星形"或"三角形"（仅限于三相系统）。

导线：用于指定导线的数量（对于三相，为 2/3；对于单相，为 1/3）。

L-L 电压：单击该值之后，从下拉列表选择一个电压定义，以表示在"相"和"地"之间的电压。

4. 负荷计算

用户可以自定义电气负荷类型，并为不同的负荷类型指定需求系数。针对需求系数，可以通过创建不同的需求系数类型，指定相应的需求系数"计算方法"来计算需求系数。

在左侧面板中单击"负荷计算"，如图 5-9 所示，在右侧面板单击"负荷分类"和"需求系数"可以打开"负荷分类"和"需求系数"对话框。或者通过单击功能区中"管理"→"MEP 设置"中的"负荷分类"和"需求系数"，直接打开"负荷分类"和"需求系数"对话框，如图 5-10 所示。

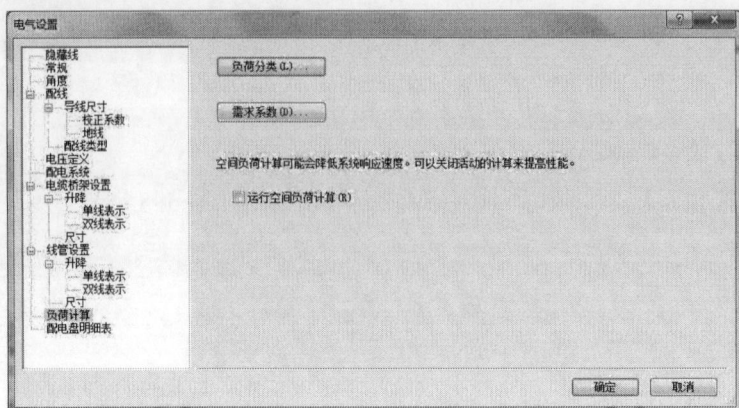

图 5-9　负荷计算 1

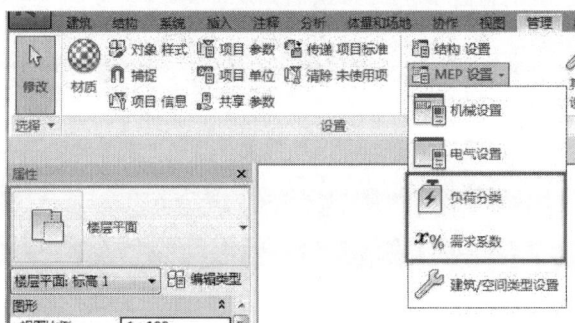

图 5-10　负荷计算 2

5.1.1　编辑导线类型

Revit® 2015 提供三种不同的导线形式："弧形导线""样条曲线导线"和"带倒角导线"。弧形导线通常用于表示在墙、天花板或楼板内隐藏的配线。带倒角导线通常用于表示外露的配线。

可以用以下两种方法查看并编辑导线类型：

● 单击功能区中"系统"→"导线"，在属性对话框单击"编辑类型"，如图 5-11 所示。

● 单击功能区中"系统"→"导线"，在上下文选项卡"修改 | 放置导线"的"属性"面板中单击"类型属性"，如图 5-12 所示。

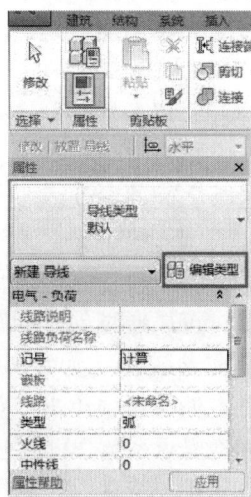

图 5-11　导线类型 1

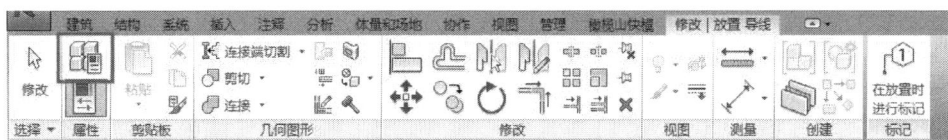

图 5-12　导线类型 2

5.1.2　编辑桥架类型

Revit® 2015 提供两种不同的电缆桥架形式："带配件的电缆桥架"和"无配件的电缆桥架"。"无配件的电缆桥架"适用于设计中不明显区分配件的情况。"带配件的电缆桥架"和"无配件的电缆桥架"是作为两种不同的系统族来实现的，并在这两个系统族下面添加不同的类型。

可以用以下三种方法查看并编辑电缆桥架类型：

● 单击功能区中"系统"→"电缆桥架"，在属性对话框单击"编辑类型"。

● 单击功能区中"系统"→"电缆桥架"，在上下文选项卡"修改 | 放置电缆桥架"的"属性"面板中单击"类型属性"。

● 在项目浏览器中展开"族"→"电缆桥架"，展开"电缆桥架"并展开族的类型，双击要编辑的类型就可以打开"类型属性"对话框，如图 5-13 所示。

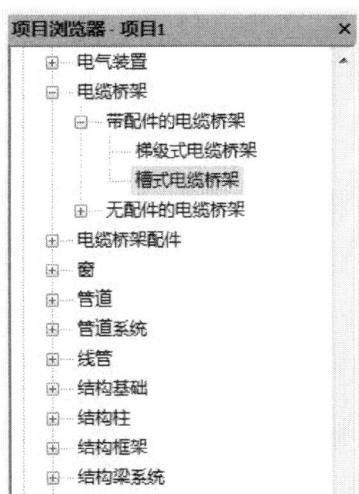

图 5-13　桥架类型

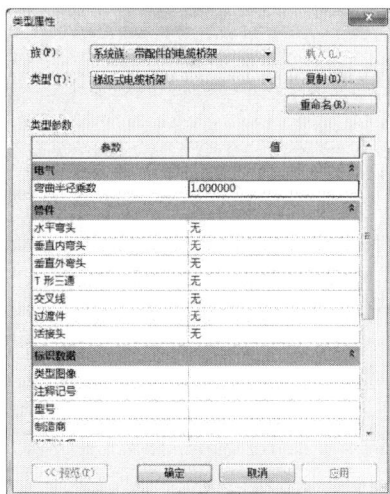

图 5-14　桥架类型属性

在电缆桥架的"类型属性"对话框中，如图 5-14 所示，"管件"组别下需要定义管件配置参数：水平弯头/垂直内弯头/垂直外弯头/交叉线/过渡件/活接头。通过为这些参数指定电缆桥架配件族，可以配置在管路绘制过程中自动生成的管件（或称配件）。

5.1.3 编辑线管类型

和电缆桥架一样，Revit® 2015 的线管也提供了两种线管管路形式：无配线的线管和带配件的线管。用户可以自行添加定义线管类型。

与编辑桥架类型类似，查看或编辑线管的类型，可以用以下三种方法查看并编辑：

- 单击功能区中"系统"→"线管"，在属性对话框单击"编辑类型"。
- 单击功能区中"系统"→"线管"，在上下文选项卡"修改｜放置线管"的"属性"面板中单击"类型属性"。
- 在项目浏览器中展开"族"→"线管"，展开"线管"，并展开族的类型，双击要编辑的类型就可以打开"类型属性"对话框。

在如图 5-15 所示的线管的"类型属性"对话框中，标准是通过选择标准决定线管所采用的尺寸列表。管件配置参数是用于指定与线管类型配套的管件：弯头/T 形三通/交叉线/过渡件/活接头。通过这些参数可以配置在管线绘制过程中自动生成的线管配件。

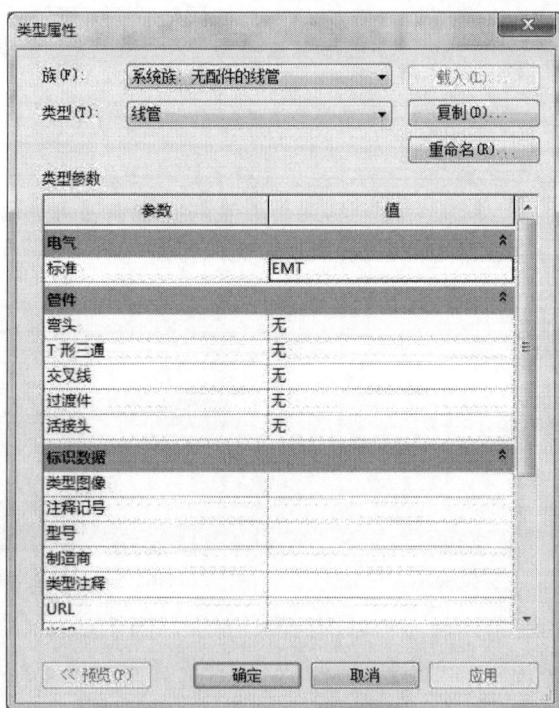

图 5-15　线管类型

5.2　负荷分类

在项目环境下，软件提供了两种进入"负荷分类"和"需求系数"对话框的方式。

① 单击功能区"管理"→"MEP 设置"，在"MEP 设置"下拉菜单下选择"电气设置"，在"电气设置"对话框中选择"负荷计算"，选择"负荷分类"或"需求系数"进入，如图 5-16 所示。

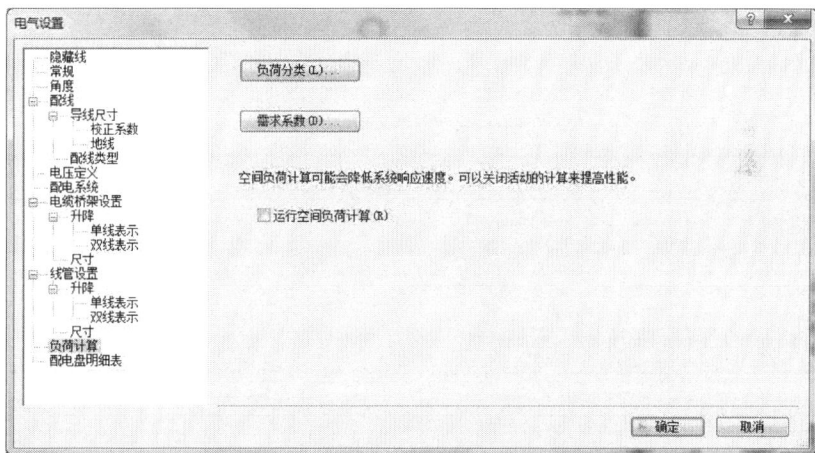

图 5-16　负荷计算

在"电气设计"对话框中，当勾选"运行空间计算负荷"后，在空间"属性"对话框中，空间实际负荷将显示在"电气负荷"组中。在勾选掉"运行空间计算负荷"后，会关闭空间负荷的计算功能，空间的实际负荷将不会计算在内。

② 单击功能区中"管理"，在"MEP 设置"下拉菜单中选择"负荷分类"或者"需求系数"进入。

在"负荷分类"对话框中可以使用新建、复制、重命名及删除命令编辑负荷分类的类型，如图 5-17 所示。同时，可以为每个负荷分类类型选择需求系数或者在需求系数对话框进行自定义设置。在"选择用于空间的负荷分类"中可以定义"照明""电力"或者"无"。如果选择空间负荷分类"照明"或"电力"，该负荷分类将计入空间"电气负荷"的"照明"或"电力"实际负荷值；如果选择"无"则该负荷分类将不计入空间负荷。

目前，软件自带多种负荷分类类型，每种负荷类型对应不同的需求系数及空间负荷类型，负荷分类信息设置符合美国标准。主要的负荷分类有："HVAC""备件""照明""电力""电机"等见表 5-1。

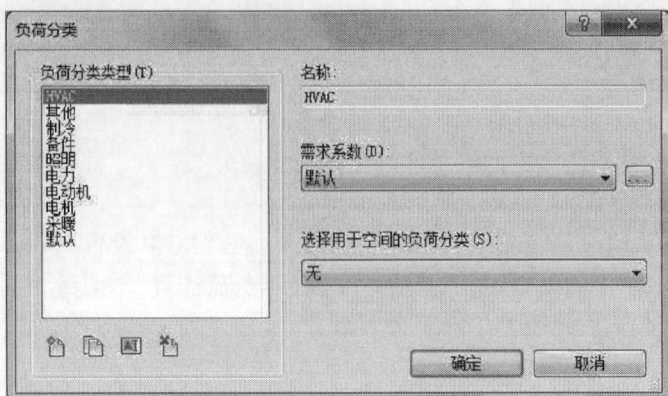

图 5-17　负荷分类

表 5-1 　　　　　　　　　　　负 荷 分 类 类 型

负荷分类类型	对应需求系数类型	空间负荷类型	适用族类别
变压器	变压器	无	电气设备
插座	插座	电力	电气设备
照明	照明	照明	照明设备
电力	电力	电力	电气设备
HVAC	HVAC	无	机械设备
其他	其他	无	电气设备、电气装置、灯具
电机	电机	无	电气设备

5.3　需求系数

需求系数数值的准确性对负荷计算有重要意义。Revit®2015 为自带负荷提供了相应的需求系数推荐值，可以使用新建、复制、重命名及删除命令编辑需求系数类型，如图 5-18 所示。

软件提供三种计算需求系数的方式：

① 固定值：对所有新建的需求系数类型它的默认计算方法均采用固定值方式。可在需求系数框中直接键入数值，默认值为 100，如图 5-19 所示。

② 数量：不同的数量范围其需求系数不同。在"按数量"计算方法下有两种不同计算选项，"按一个百分比计算总负荷"和"每个范围递增"，可用右侧的加减按钮拆分和删除数量范围，同时可在表格中键入数量和需求系数值，如图 5-20 所示。

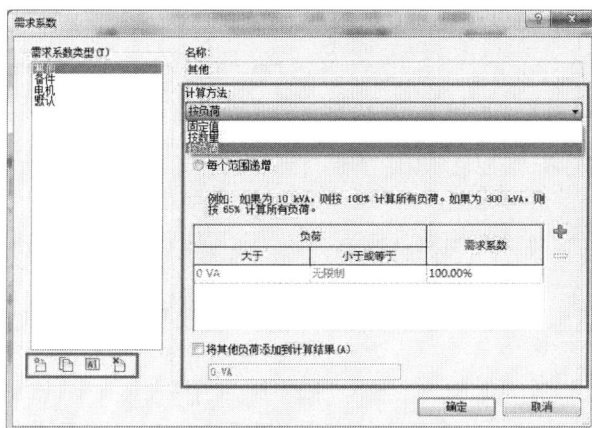

图 5-18　需求系数

图 5-19　需求系数（固定值）

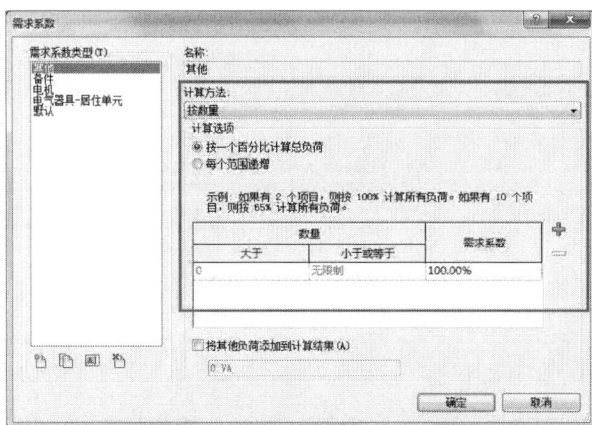

图 5-20　需求系数（按数量）

③ 负荷：不同的负荷范围其需求系数值不同。与上一个计算方法类似，"按负荷"计算方法同样有两种不同的计算选项，"按一个百分比计算总负荷"和"每个范围递增"。可用右侧的加减按钮拆分和删除数量范围，同时可在表格中键入数量和需求系数值，如图 5-21 所示。

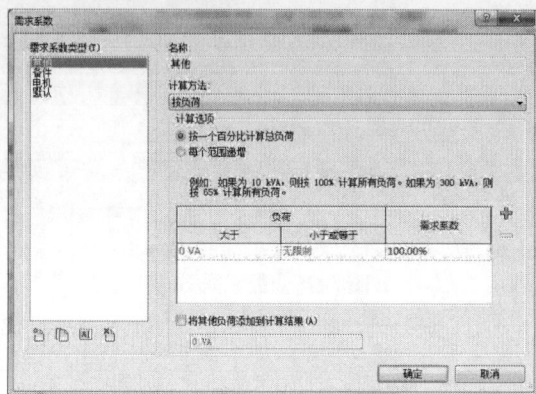

图 5-21　需求系数（按负荷）

与负荷分类类似，系统自带了基本类型名称，但没有进行具体设置。以新建一个"电气器具-居住单元"为例，在需求系数对话框中新建其需求系数类型，如图 5-22 所示。单击计算方法下的"按数量"，然后单击"按一个百分比计算总负荷"。增加一个限制条件，在第一个限制条件下将"小于或等于"栏中的数值改为"3"，并将第二个限制条件下的"需求系数"改为"75%"。这说明连接在同一配电盘下的这类设备超过三个时，第四个及以后的负荷按实际负荷的 75% 计算，如图 5-23 所示。

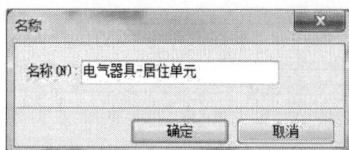

图 5-22　新建名称

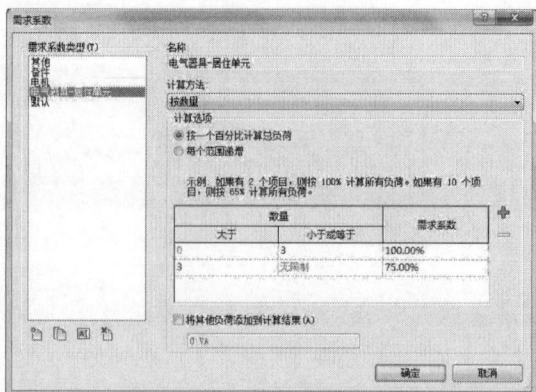

图 5-23　需求系数示例

5.4　电气设备、照明设备和弱电设备

5.4.1　添加电气设备

1. 调用电气族的两种方法

① 从左侧项目浏览器中，单击"族"展开，选择相应类别的族，如电气装置、电气设备等，然后将所选族的某个类型拖到项目视图中，如图 5-24 所示。

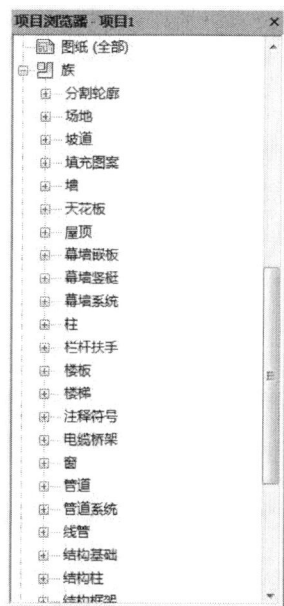

图 5-24　电气族 1

② 单击功能区中"常用"选项卡，在"电气"面板内有"电气设备""设备"和"照明设备"，单击其中相应的按钮，在"属性"停靠栏中的类型选择器中选择想要输入的族及类型，如图 5-25 所示。

图 5-25　电气族 2

2. 放置族、设备、配电盘的方法

① 放置基于面（例如基于工作平面、基于墙、基于天花板等）的族时，要

145

选择相应放置方式。以放置"基于工作平面"的配电盘为例，配电盘要靠墙底放置：先选择配电盘，再单击"放置到垂直面上"将光标定位到所要放置的墙面上，这时才能看到配电盘预先的位置，单击完成放置，如图 5-26 所示。

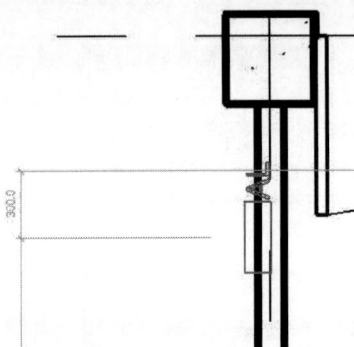

图 5-26　配电盘放置

②　选择放置好的设备，修改"立面"可以移动其放置位置。例如，选择已经放置的配电盘，在"属性"对话框的"限制条件"中，指定"立面"，如图 5-27 所示。

③　可以将放置好的设备命名，方便配电系统的创建。例如，选中配电盘，在"属性"中修改"配电盘名称"，如图 5-28 所示，命名该配电盘为"L-2"。

图 5-27　限制条件　　　　图 5-28　配电盘名称

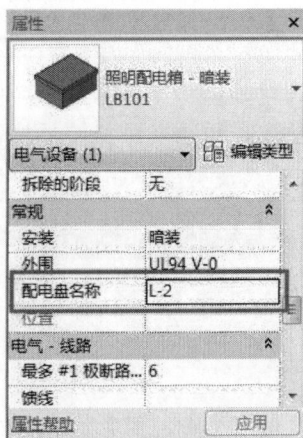

5.4.2　添加照明设备

电气照明在人们的生活和工作中是不可缺少的,良好的照明度对提高工作效率、保证安全生产和保护人们的视力都起着重要的作用。

自带构件族:

在默认安装的情况下,照明设备的族在加载时存放在以下文件夹:"机电/照明"。在"照明"文件夹下还细分"内部""外部"和"特殊灯具"三个子文件夹。"内部"所存放的构件族主要应用于:"室内照明,如台灯、壁灯等";"外部"所存放的构件族主要应用于:"室外照明,如街灯等";"特殊灯具"所存放的构件族主要应用于:"消防应急照明,如安全照明灯等"。

开关插座存放在以下文件夹:"机电/供配电/终端",随着绿色照明概念逐渐深入,软件同时提供了一些应用于智能建筑控制方面的开关。

照明配电箱存放在以下路径:"机电/供配电/配电设备/箱柜"。软件配备了符合中国国标要求的全套用户终端箱,见表 5–2。

表 5–2　　　　　　　　　　　　　用 户 终 端 箱

族　　名	参 看 详 图
动力箱–380V–壁挂式	PB10 系列动力箱结构示意图
动力箱–380V–嵌入式	PB10 系列动力箱结构示意图
双电源切换箱	PBT10 系列双电源切换箱结构示意图
客房配电箱–220V–嵌入式	PB40 系列客房配电箱结构示意图
照明配电箱	LB10 系列照明配电箱结构示意图
电度表箱–带配电回路	MB20 系列电度表箱结构示意图
电度表箱	MB10 系列电度表箱结构示意图
电源箱–380V MCCB	PB60、PB70 系列动力箱结构示意图
配电柜–380V MCCB	PB50 高层住宅配电柜结构示意图
配电盘	DB–3A 型住宅配电箱

具体调用族和放置族的方法参加本节"5.4.1　添加电气设备"中的"放置族、设备、配电盘的方法",这里不再重复讲解。

5.4.3　添加弱电设备

与照明设备类似,对于本节用到的族文件,少部分由自己创建,大部分要利用 Revit® 2015 自带的族文件进行修改。

在默认安装情况下,弱电系统族文件在"机电"目录下的子文件夹中,子文件夹见表 5–3。

子文件夹名称	所存放的构件族
安防	安防系统所用族文件，如"读卡器"等
建筑控件	楼宇自控方面的族，如"自动调温器"等
护士呼叫	放置医院护理系统的族，如"护士室"等
综合布线	用于弱电综合布线的族，如"单联电视插座"等
通信	通信数据传送机广播方面的族，如"扬声器"等

其中消防所用的族直接在"消防/火灾警铃"内，可以在这里调用。

消防系统主要是对感温探测器、感烟探测器、手动报警装置、消防广播等选择原则、方法以及布局等。其中火灾探测器以感烟探测器为主，同时进行消防广播、消防电话等设计。

火灾报警控制器主要布置于一层控制间，各个房间和走廊要放置感烟探测器，在楼梯位置除安装探测器外还要手动安装有手动报警及扬声器。探测器安装在距离地面高度 1.5m 处，如图 5–29 所示。对于烟感探测器，一般安装在天花板上。

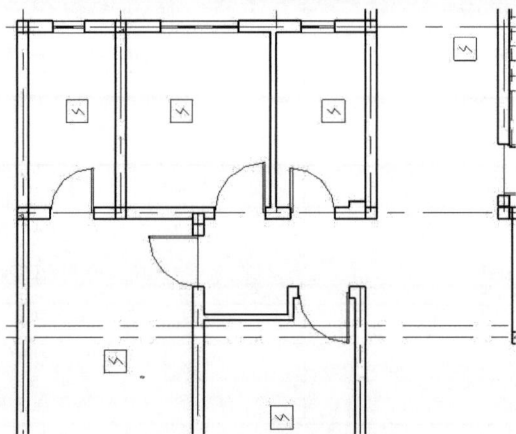

图 5–29   火灾报警控制器

5.5 创建电气回路

5.5.1 绘制电缆桥架路由

在平面视图、立体视图、剖面视图和三维视图均可绘制水平、垂直和倾斜的线管。

1. 基本操作

进入线管绘制模式有以下方式：

● 单击"系统"→"电缆桥架"，如图 5-30 所示。

图 5-30　绘制桥架

● 选中绘图区已布置构建族的电缆桥架连接件，右击鼠标，单击快捷菜单中的"绘制电缆桥架"。

● 直接键入 CT。

按照以下步骤绘制电缆桥架：

① 选择电缆桥架类型。在电缆桥架"属性"对话框中选择所需要绘制的电缆桥架类型，参见图 5-31 左侧类型选择器。

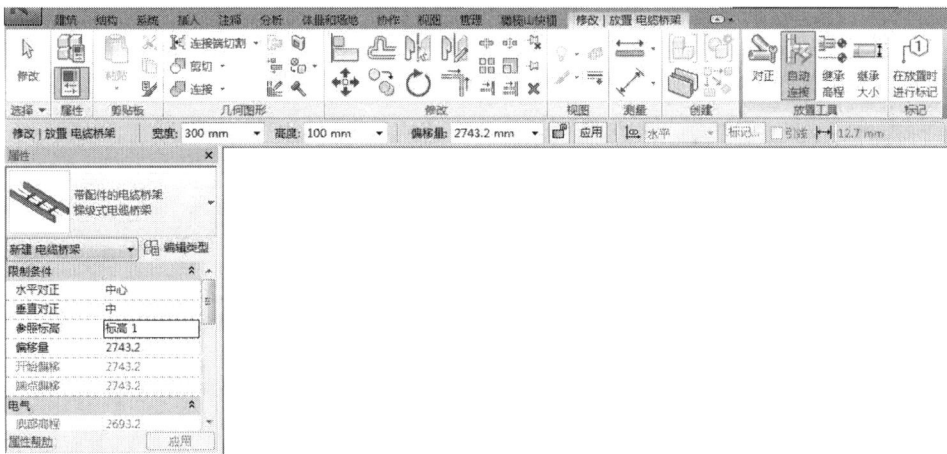

图 5-31　电缆桥架类型

② 选择电缆桥架尺寸。单击"修改|放置电缆桥架"选项栏上"宽度"右侧下拉按钮，选择电缆桥架尺寸。也可以直接输入想绘制的尺寸，如果下拉列表中没有该尺寸，系统将从列表中自动选择和输入尺寸最接近的尺寸。以同样方法设置"高度"。

③ 指定电缆桥架偏移。默认"偏移量"是指电缆桥架中心线相对于当前平面标高的距离。重新定义电缆桥架"对正"方式后，"偏移量"指定的距离含义将发生变化，详见下文"电缆桥架对正"部分。在"偏移量"选项中单击下拉按

钮，可以选择项目中已经用到的偏移量，也可以直接输入自定义的偏移量数值，默认单位为 mm。

④ 指定电缆桥架起点和终点。将鼠标移至绘图区域，单击即可指定电缆桥架起点，移动至终点位置再次单击，完成一段电缆桥架的绘制。可以继续移动鼠标绘制下一段。绘制过程中，根据绘制路线，在"类型属性"对话框中预设好的电缆桥架管件将自动添加到电缆桥架中。绘制完成后，按"Esc"键或者右击鼠标选择"取消"退出电缆桥架绘制命令（注：绘制垂直电缆桥架时，可在立面视图或剖面视图中直接绘制，也可以在平面视图绘制；在选项栏上改变将要绘制的下一段水平桥架的"偏移量"，就能自动连接出一段垂直桥架）。

2. 电缆桥架对正

在平面视图和三维视图中绘制电缆桥架时，可以通过"修改｜放置电缆桥架"选项卡中的"对正"命令指定电缆桥架的对齐方式。单击"对正"，打开"对正设置"对话框，如图 5-32 所示。

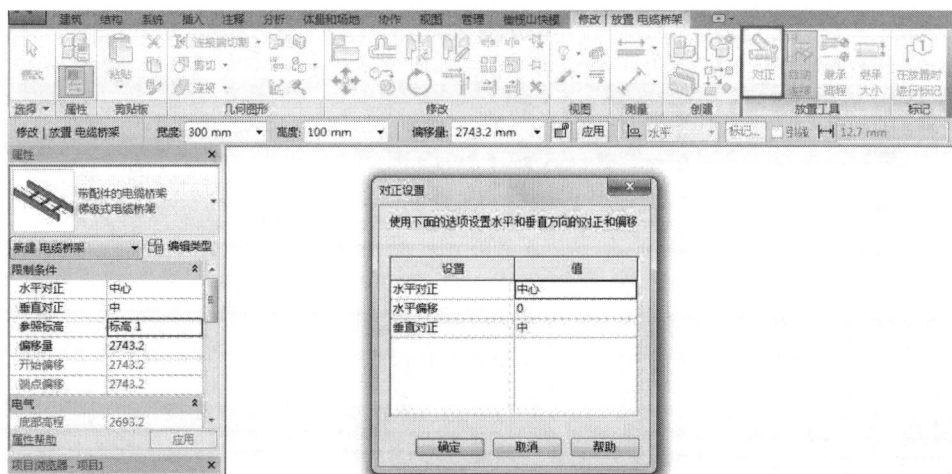

图 5-32　桥架对正

① 水平对正。"水平对正"用来指定当前视图下相邻段之间的水平对齐方式。"水平对正"方式有"中心""左"和"右"。"水平对正"后的效果还与绘制方向有关。

② 水平偏移。"水平偏移"用于指定绘制起始点位置与实际绘制位置之间的偏移距离。该功能多用于指定电缆桥架和墙体等参考图元之间的水平偏移距离。比如，设置"水平偏移"值为 500mm 后，捕捉墙体中心线绘制宽度为 100mm 的直段，这样实际绘制位置是按照"水平偏移"值偏移墙体中心线的位置。同时，距离还与"水平对齐"方式及绘制方向有关：如果自左向右绘制电缆桥架，三种

不同的水平对正方式下电缆桥架中心线到墙中心线的距离标注为："0.050""0.150""0.100"。

③ 垂直对正。"垂直对正"用来指定当前视图下相邻段之间的垂直对齐方式。"垂直对正"方式有："中""底""顶"。另外，电缆桥架绘制完成后，可以使用"对正"命令修改对齐方式。选中需要修改的电缆桥架，单击功能区中"对正"，进入"对正编辑器"，选择需要的对齐方式和对齐方向，单击"完成"，如图 5–33 所示。

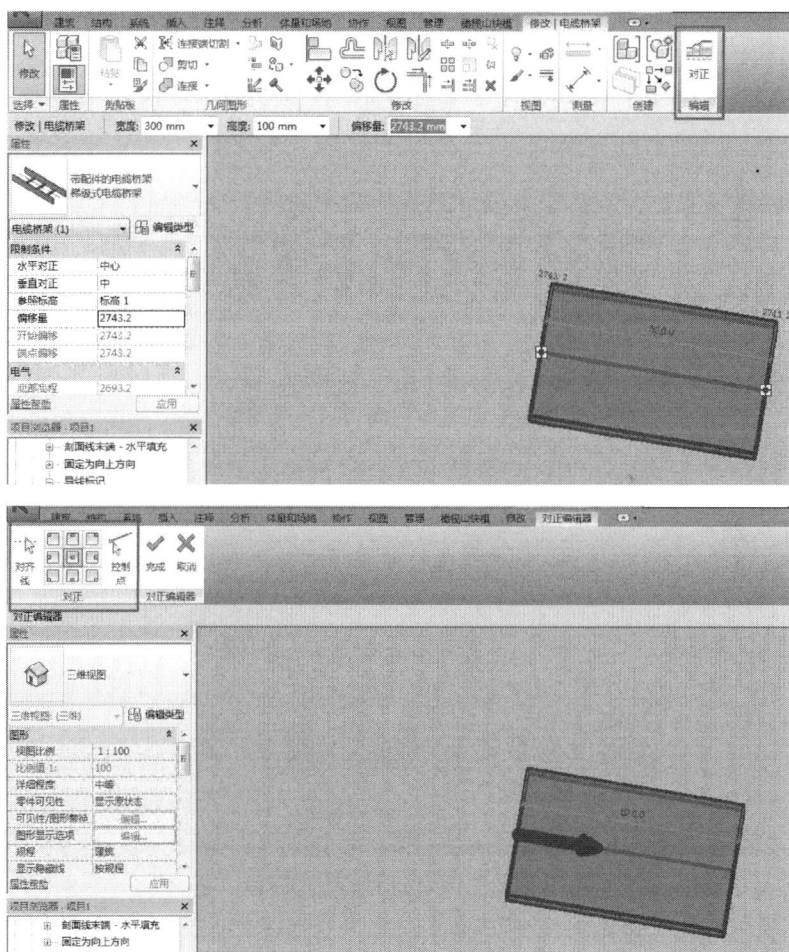

图 5–33　对正编辑器

3. 自动连接

在"修改|放置电缆桥架"选项卡中有"自动连接"这一选项，如图 5–34 所示。默认时，这一选项是勾选的。

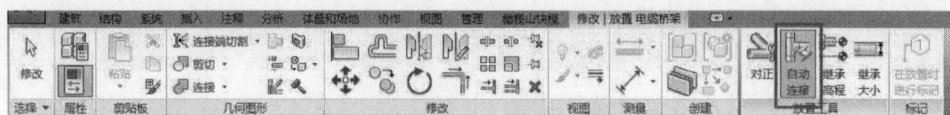

图 5-34　自动连接

勾选与否将决定绘制电缆桥架时是否自动连接到相交的电缆桥架上,并生成电缆桥架配件。当勾选"自动连接"时,在两直段相交位置自动生成四通。如不勾选,则不会生成电缆桥架配件(注:当绘制不同高程的两路电缆桥架时,可暂时去除"自动连接",以避免误连)。

4. 电缆桥架配件放置和编辑

电缆桥架连接中要使用电缆桥架配件。下面介绍绘制电缆桥架时配件的使用。

① 放置配件。在平面视图、立面视图、剖面视图和三维视图都可以放置电缆桥架配件。放置电缆桥架配件有两种方法:自动添加和手动添加。

● 自动添加:在绘制电缆桥架过程中自动加载的配件需要在"电缆桥架类型"中的"管件"参数中指定。

● 手动添加:是在"修改│放置电缆桥架配件"模式下进行,进入"修改│放置电缆桥架配件"有以下方式:

a. 单击功能区中的"系统"→"电缆桥架配件",如图 5-35 所示。

图 5-35　电缆桥架配件

b. 在项目浏览器中,展开"族"→"电缆桥架配件",将"电缆桥架配件"下的族直接拖到绘图区域。

c. 直接键入 TF。

② 编辑电缆桥架配件。在绘图区域中单击某一电缆桥架配件后,周围会显示一组控制柄,可用于修改尺寸、调整方向和进行升级或降级,如图 5-36 所示。

● 在配件的所有连接件都没有连接时,可单击尺寸标注改变宽度和高度。

● 单击(图)符号可以实现配件水平或垂直翻转 180°。

● 单击(图)符号可以旋转配件。注意:当配件连接了电缆桥架后,该符号不再出现。

● 如果配件的旁边出现加号,表示可以升级该配件。例如弯头可以升为 T 形三通。

● 通过未使用连接件的配件旁边的减号可以将该配件降级。例如带有未使用连接件的四通可以降级为 T 形三通。

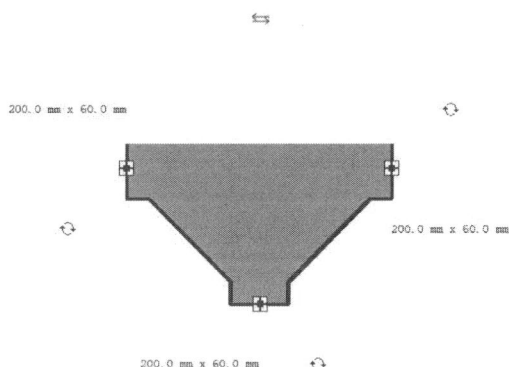

图 5-36　标记电缆桥架配件

5. 带配件和无配件的电缆桥架

绘制"带配件的电缆桥架"和"无配件的电缆桥架"功能上是不同的。前者桥架直段和配件间由分隔线分为各自几段。后者转弯处和直段之间并没有分隔，桥架交叉时，桥架自动被打断，桥架分支时也是直接相连而不插入任何配件。

6. 电缆桥架显示

在视图中，电缆桥架模型根据不同的"详细程度"显示不同，可通过点击"视图"控制栏的"详细程度"按钮，以"带配件的电缆桥架梯级式电缆桥架"为例。切换"精细""中等""粗略"三种粗细程度，如图 5-37 所示。

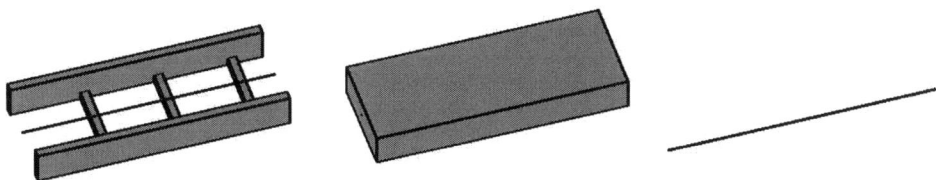

图 5-37　电缆桥架显示

电缆桥架的"精细""中等""粗略"视图显示分别是：

● 精细：默认显示电缆桥架实际模型。
● 中等：默认显示电缆桥架最外面的方形轮廓。
● 粗略：默认只显示电缆桥架的单线。

5.5.2　创建线管管路

在平面视图、立面视图、剖面视图和三维视图均可绘制水平、垂直和倾斜的线管。

1. 基本操作

进入线管绘制模式有以下方式：

● 单击"系统"→"线管"，如图 5-38 所示。

图 5-38　线管类型

选中绘图区已布置构建族的线管连接件，右击鼠标，单击快捷菜单中的"绘制线管"。

● 直接键入 CN。

绘制线管的具体步骤和电缆桥架、风管、管道均类似，可参见本章电缆桥架的绘制。

2. 平行线管

绘制平行线管时根据已有的线管，绘制与其水平或者垂直的线管，并不能直接绘制若干平行线管。通过指定"水平数""水平偏移"等参数来控制平行线管的绘制，其中"水平数"和"垂直数"线管，如图 5-39 所示。

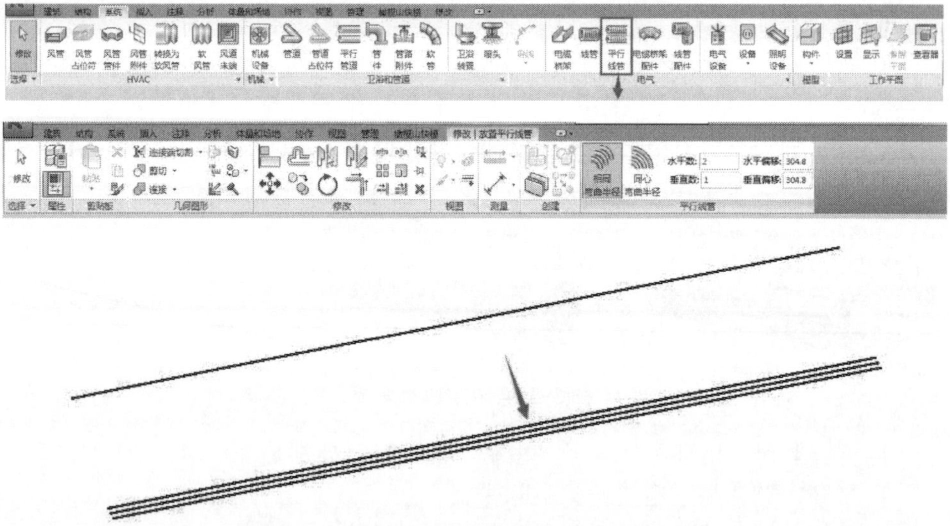

图 5-39　平行线管

3. 带配件和无配件的线管

线管也分为"带配件的线管"和"无配件的线管"，绘制时要注意这两者的区别。另外，用"带配件的线管"和"无配件的线管"的差别还体现在明细表统计上。

4. 线管显示

在电缆桥架中的电缆桥架显示中已讲到，Revit® 2015 的视图可以通过视图控制栏设置三种详细程度：粗略、中等和精细，线管在这三种详细程度下的默认显示如下：在粗略和中等详细程度下，线管默认为单线显示；在精细视图下，线管默认为双线显示，即为线管的实际模型。在创建线管配件等相关族时，应注意配合线管显示特性，确保线管管路显示协调一致。

5.6　检查线路

Revit® 2015 提供了检查电气线路的命令。单击功能区中"分析"→"检查系统"下的"检查线路"。如果项目文件中设备均已连接，会弹出"未发现线路错误"窗口，如图 5–40 所示。若有未连接的设备，会弹出警告窗口。如果该未连接的设备在当前激活的视图中，该设备高亮显示。

在显示的警告窗口中，单击"展开警告对话框"可查看警告的详细信息。

图 5–40　检查线路

5.7　添加标记

在 Revit® 2015 中可以对设备、导线、线管、桥架进行标记，以上的标记可以随线路的更新而更新。

首先要将需要的标注载入到软件中，单击"插入"→"载入族"，本节需要的电气标记族在"注释/电气"目录下，如图 5–41 所示。

图 5–41　载入标记

然后，添加标记，单击功能区中"注释"→"按类别标记"。在选项栏中有放置标记时要用到的设置，如图 5-42 所示。

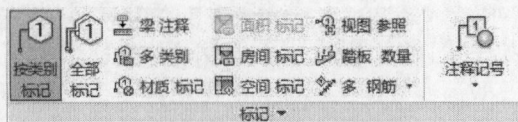

图 5-42　按类别标记

● 使用"方向"可将标记的方向设为水平或垂直。
● "标记"：单击可打开"标记"对话框，可以在其中选择或载入特定构件的标记。
● "引线"：可标记引线的长度和附着的参数。"附着端点"指定引线与视图内构件的接触。"自由端点"指定在构件与引线之间的空隙，如图 5-43 所示。

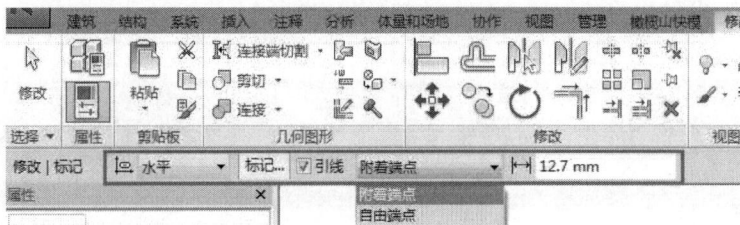

图 5-43　标记选项

在设置完标记选项后，如图 5-44 所示。单击要在视图中标记的线路，即可为其添加标记。

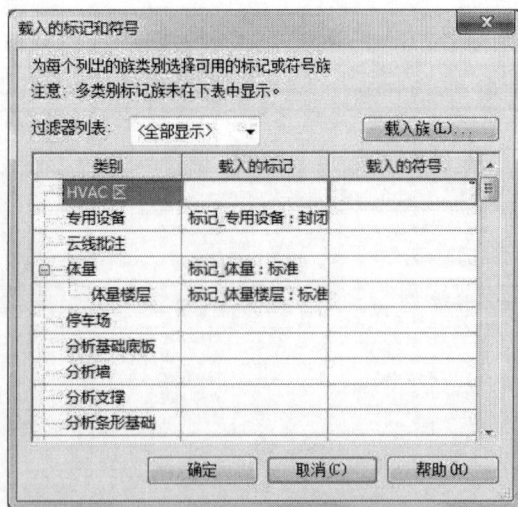

图 5-44　添加标记

5.8　照明计算

照明计算是解决照明供电设计和灯具设计的重要环节。照明计算包括照度计算、导线截面积计算，是选择灯具和材料的前提。照度计算是按照规定的照度值及其他已知条件来计算灯泡的功率，确定其光源和灯具数量。照度的计算方法通常有三种，即利用系数法、单位容量法和逐点计算法。选用计算方法时要做到基本合理，误差在允许范围内即可。

Revit® 2015 软件采用明细表分析的方法，在满足照度要求的同时，也可以对灯具进行选型和布置，步骤如下。

1. 添加"所需照明级别"

在多数文献和规范中，对不同建筑照明的照度都有所规定，如表 5-4 所示。根据建筑内各空间所需的照度值，将为不同类型的空间指定不同的照明级别，首先添加一个新项目参数"照明级别"。单击功能区"管理"→"项目参数"，单击添加按钮，在弹出的"参数属性"对话框中进行如下设置，如图 5-45 所示。

表 5-4　　　　　　　　　照　明　级　别

居住建筑每户照明功率密度值（LPD）			
场所名称	照明功率密度/（W/m²）		对应照明值/lx
	现行值	目标值	
卧室			75
起居室			100
餐厅	7	6	150
厨房			100
卫生间			100
办公建筑照明功率密度值（LPD）			
场所名称	照明功率密度/（W/m²）		对应照度值/lx
	现行值	目标值	
普通办公室	11	9	300
高档办公室、设计室	18	15	500
会议室	11	9	300
营业厅	13	11	300
文档整理、复印、发行室	11	9	300
档案室	8	7	200

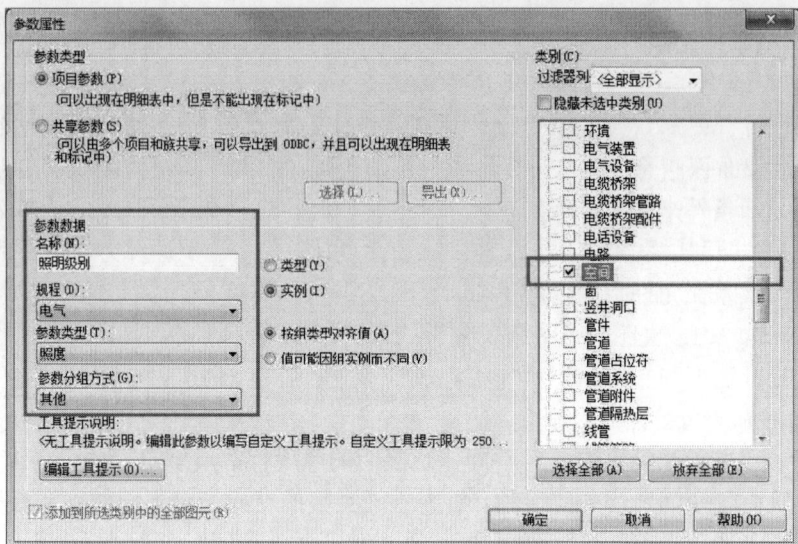

图 5–45　参数属性

2. 创建"空间照度要求明细表"

单击功能区中"分析"→"明细表/数量",在新建明细表对话框中,做如下设置,如图 5–46 所示,单击确定。在明细表属性对话框的"字段"选项卡中,"可用字段"中选择"明细表字段",将字段添加到"明细表字段"列表中。可根据项目实际情况,在明细表中添加行,并分别输入空间类型及所需照明级别,将空间照度要求明细表完成,具体如图 5–47 所示。

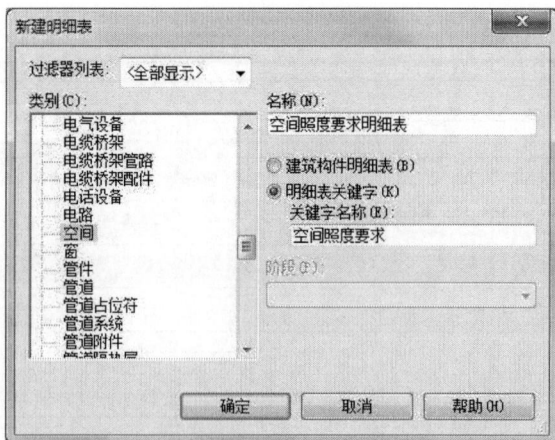

图 5–46　明细表/数量

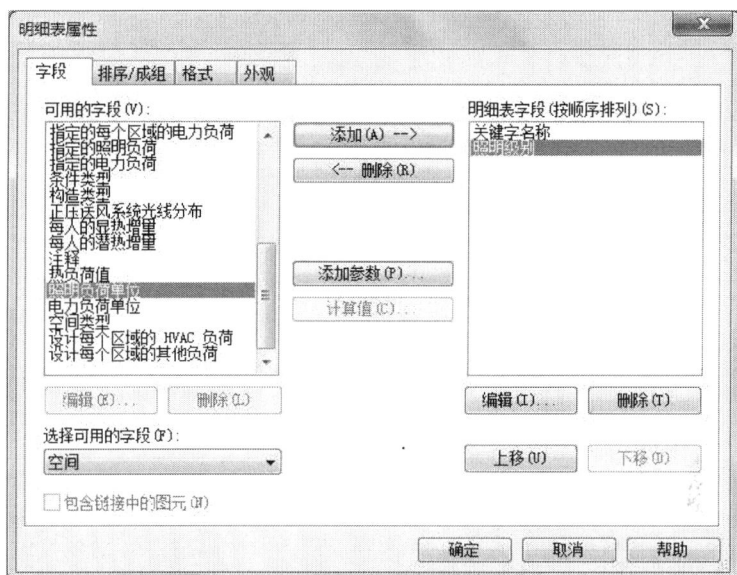

图 5–47　添加字段

3. 创建空间照明分析明细表

在完成上述设置后，为空间创建照明分析明细表，单击功能区中"分析"→"明细表/数量"，在新建明细表对话框中，做以下设置，如图 5–48 所示。单击"确定"。在"明细表属性"对话框的字段选项卡中，将下列字段添加到明细表中，如图 5–49 所示。明细表属性字段有照明级别、天花板反射、平均估算照度，还可添加墙反射、楼板反射及照明计算工作平面。

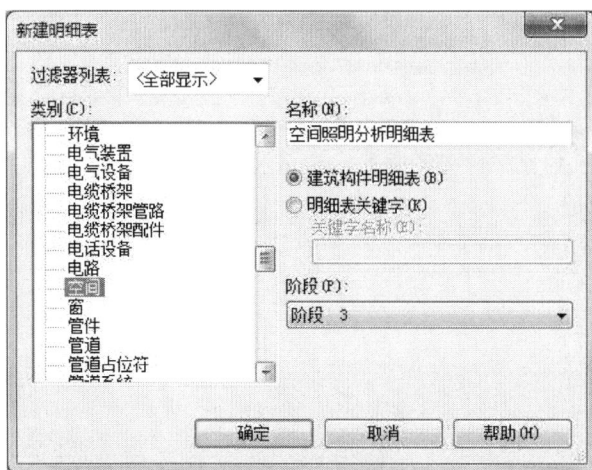

图 5–48　创建明细表

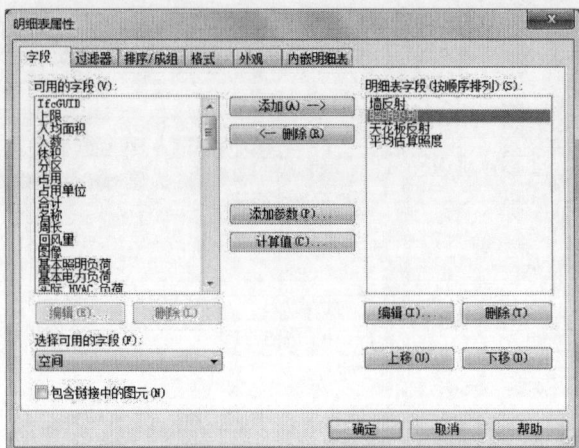

图 5-49　明细表属性

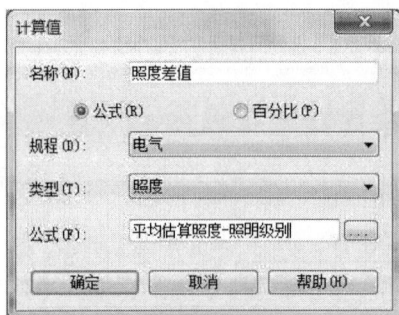

图 5-50　计算值

在"明细表属性"对话框中，单击"计算值"。打开"计算值"对话框，做以下设置后，单击"确定"。如图 5-50 所示。设置"照度差值"为后面灯具数量的设置提供可靠依据。在格式选项卡上的"字段"中，选中"照度差值"，单击"条件格式"，如图 5-51 所示。

打开"条件格式"对话框，"照度差值"选择"不介于"，根据项目的实际需要来设置，这里设定-55～55 lx 为判定值。单击"背景颜色"，如图 5-52 所示。

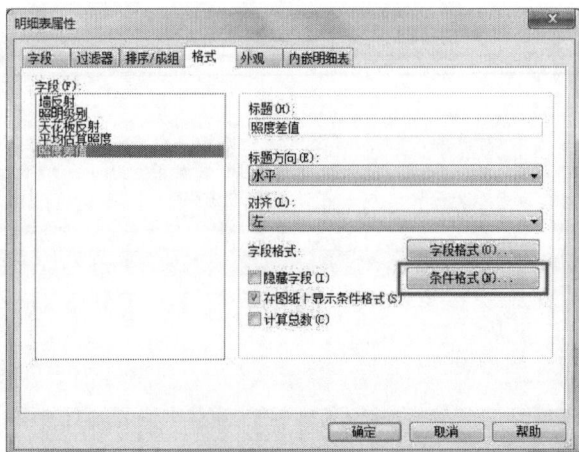

图 5-51　条件格式

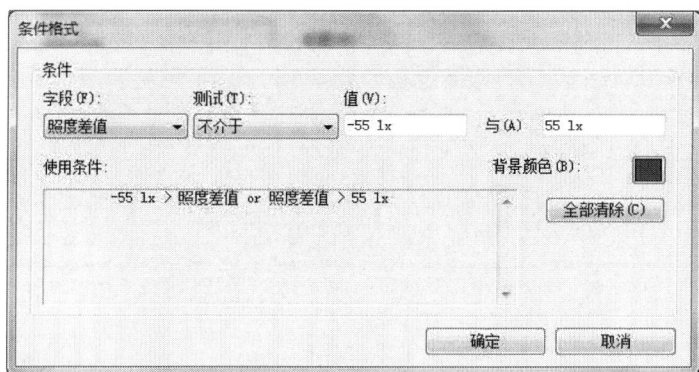

图 5–52　背景颜色

5.9　电气系统现场实例

本节以工程实例中的施工现场为依据，建立 BIM 模型图。建筑电气系统安装主要包括以下内容：

- 线管敷设。
- 金属线槽、桥架、封闭母线安装。
- 电线、电缆敷设及连接。
- 照明配电箱（板）、成套配电盘柜安装。
- 开关、插座安装、灯具安装。
- 建筑物防雷接地系统及等电位联结。
- 电气试运行。
- 智能建筑工程。

本次示例以电缆桥架和线管为主。

1. 电缆桥架图对比

电缆桥架安装应做到以下几点：

① 缩节做法规范，标识清晰；

② 架防火封堵施工规范；

③ 线排列整齐，公用支架固定可靠；

④ 架排布均匀整齐，横担水平有序，桥架走向平直。

电缆桥架现场图参见图 5–53 和图 5–54。电缆桥架相应信息模型如图 5–55 所示。

图 5-53　桥架现场图 1

图 5-54　桥架现场图 2

图 5-55　桥架信息模型图

2. 线管图对比

线管布置应注意以下几点：

① 设备末端接地可靠；

② 屋面设备电源制防水弯；

③ 顶棚明配管排列整齐、有序；

④ 配管支吊架排列整齐，间距符合要求，固定可靠；

⑤ 预埋管线应在现浇板面标出。

电缆桥架现场图参见图 5-56 和图 5-57。电缆桥架信息模型图参见图 5-58。

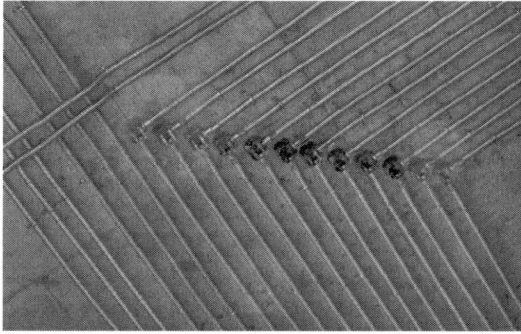

图 5-56　桥架现场图 1

图 5-57　桥架现场图 2

图 5-58　桥架相应信息模型图

第六章 协同工作方式

在建筑项目设计中，建筑、结构和设备各系统需要及时沟通设计理念，共享设计信息，如建筑系统要提供标高和轴网等信息结构/设备系统，给排水和暖通专业提供设备的位置和设计参数给电气系统进行配线等，电气专业的灯具同时要避免同暖通系统的风口碰撞等。

Revit 提供的"链接模型""工作共享"和"碰撞检查"等功能，可以帮助设计团队进行高效的协同工作。针对同一项目，各专业工程师之间通过实时共享设计信息、及时同步项目文件和模拟管线综合，准确便捷地进行设计管理，提高设计质量和设计效率，有效地解决了传统设计流程中工程信息交互滞后和设计人员沟通协调不畅的问题。本章将逐一研究如何应用这些功能。

6.1 链接模型

Revit 中"链接模型"是指工作组成员在不同专业项目文件中以链接模型共享设计信息的协同设计方法。这种方法的特点是：各专业主体文件独立，文件较小，运行速度较快，主体文件可以实时读取链接文件信息以获得链接文件的有关修改通知，但无法在主体文件中直接编辑链接模型。

链接模型范围：Revit 可以由许多单独的链接模型组成，以创建所有数据的组合模型。但是，在将一个项目分解为多个模型之前，需要认真考虑以下限制和工作流。

● 主体项目中的图元与链接模型中的图元的有限链接与相互作用使得图元无法清理或连接链接模型中的图元。但是从单个链接模型内的几何图形可以生成一些图元，例如房间和天花板轮廓。

● 主体项目和链接模型之间的图元名称、编号和标识数据比较难管理，可能会导致名称或编号重复。对于链接到一个项目的多个单元或重复单元，这一问题尤为突出。在这些情况下，应使用组来定义重复单元，而不是链接模型。

● 主体项目和链接模型各自的项目标准可能会导致模型之间彼此不同步。

● 为了保持良好的控制，需要对链接模型进行认真的管理。

1. 创建链接的方法

● 打开已经有的项目或者启动新项目，将其他项目链接到此项目。

● 单击"插入"选项卡→"链接"面板→"链接 Revit"命令，如图 6-1 所示。

● 在"导入/链接 RVT"对话框中，选择需要链接的模型，大多数情况下选择"自动"，如图 6-2 所示。

● 指定所需的选项作为"定位"。如果当前项目使用共享坐标，请选择"自动–通过共享坐标"。

● 单击"打开"。

● 将链接模型放置在所需位置。在将模型链接到主项目时，可共享项目坐标，以便可以正确定位该模型。

图 6-1 链接 Revit

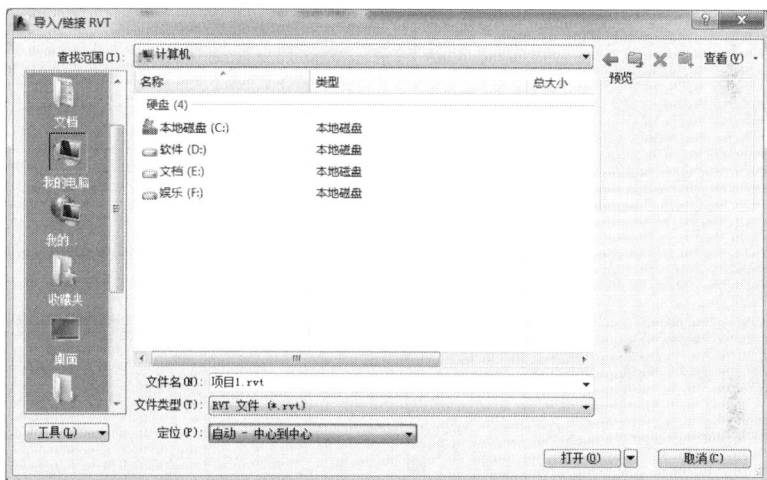

图 6-2 导入/链接 RVT

如果在绘图区域无法看到链接项目，在视图属性中，选择"协同"作为"规程"。该设置确保视图显示所有规程的图元，要按半色调显示链接项目，请单击"可见性/图形"对应的"编辑"。在"Revit 链接"选项卡中，对于链接项目，选择"半色调"，然后单击"确定"按钮。

2. 管理链接

单击"插入"选项卡→"链接"面板→"管理链接"命令。"管理链接"对话框中有"Revit""CAD 格式"等选项卡，如图 6-3 所示。选项卡下面的各列提供了有关链接文件的信息。

3. 绑定链接

"绑定链接"可以使链接模型转换为组并载入到主体项目中，成组后可以编辑组中的图元。完成编辑后也可以将组转换为链接的 Revit 模型。

165

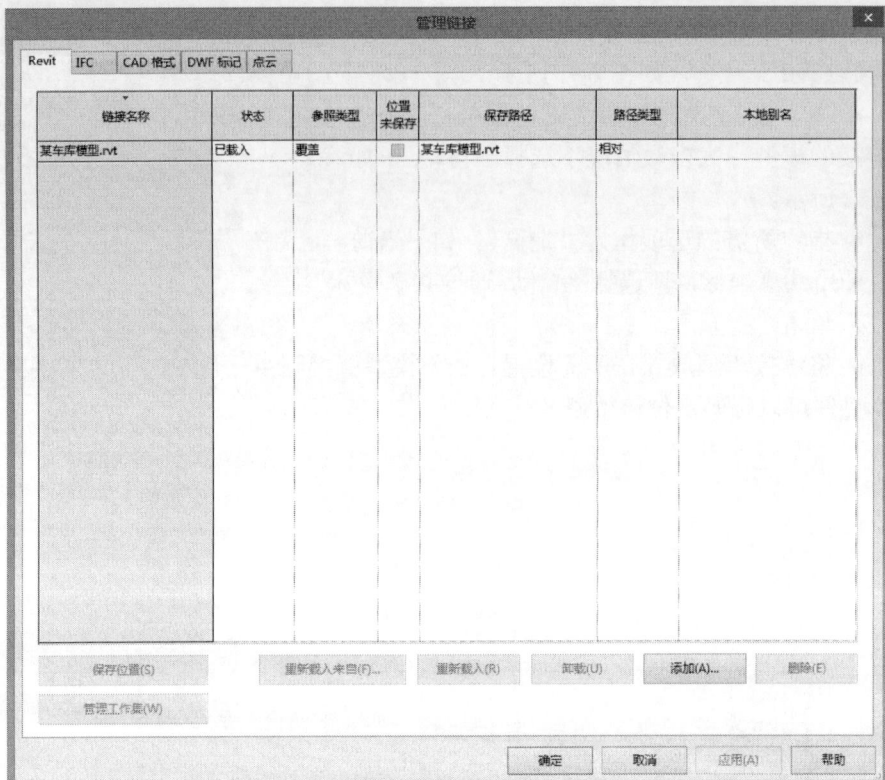

图 6-3　管理链接

● 将链接的 Revit 模型转换为组

在绘图区域中选择链接的 Revit 模型，单击功能区中"修改|RVT 链接"→"绑定链接"，如图 6-4 所示。

打开"绑定链接选项"对话框，选择要在组内包含的图元和基准，然后单击"确定"，如图 6-5 所示。

图 6-4　修改 RVT 链接

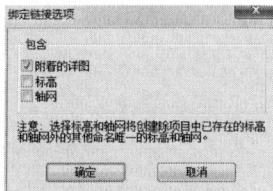

图 6-5　绑定链接选项

● 将组转换为链接的 Revit 模型

在绘图区域中选择该组，单击功能区中"修改|模型组"→"链接"，打开"转换为链接"对话框，在对话框中进行相关选择。

4. 创建工作共享

工作共享是一种设计方法，此方法允许多名团队成员同时处理一个项目模型。在许多项目中，会为团队成员分配一个让其负责特定功能的领域。

① 工作集：在给定时间内，只有一个用户可以编辑每个工作集。所有团队成员都可以查看其他团队成员拥有的工作集，但是不能对它们进行修改。此限制防止了项目中潜在的冲突。可从不属于自己的工作集中借用图元。

② 工作集流程：

假设 A、B 两人同时工作在同一个中心文件上，A、B 先分别创建自己的工作集即 A 工作集和 B 工作集。A 把 A 工作集的所有者设为自己，B 把 B 工作集的所有者设为自己，并且各自将创建的构件放在各自的工作集内。如果 A、B 之间的工作没有交叉，那么他们的工作都能顺利进行。一旦 A 需要修改编辑 B 的构件，必须向 B 方发送请求，在 B 同意把构件"借"出去之前 A 无法编辑该构件。一旦 B 将该构件"借"给 A，A 将拥有该构件的权限，并能自由编辑该构件，直到 A 把该构件的权限还给 B 工作集。

以上是基本的工作流程，但是用户可以根据自己的需要做调整，如多人能工作在同一工作集上，但是工作集的拥有者只能有一个，其他人只是这个工作集的借用者，工作集的拥有者对该工作集的所有已存在的构件有权限，除了被借走的构件。其他非工作集的拥有者能把构件创建在该工作集内，但是不能拥有工作集内已有构件的权限，并且非工作集的拥有者创建的构件相当于被该用户"借"走了，一旦他还回去了，将需要重新向工作集的拥有者"借"。当工作集没有拥有者时，Revit 会自动把该构件借给需要借的用户。

③ 图元借用：

通常情况下，建议在中心模型的本地副本中工作，不要将工作集置于可编辑状态。编辑未被其他团队成员编辑的图元时，将自动成为该图元的借用者，可根据需要对其进行修改。因此，建议工作时经常与中心文件同步。默认情况下，同步即可放弃借用图元，允许其他团队成员对其进行编辑。要保留部分项目时，可使用工作集。

5. 启动工作共享

单击"协作"选项卡→"工作集"面板→"工作集"命令。自动弹出"工作共享"对话框，如图 6-6 所示。

启动工作共享时，需要从现有模型创建主项目模型，主项目模型也称作中心模型。中心模型将存储项目中所有工作集和图元当前所有权信息，并充当该模型所有修改的分发点。所有用户都应保存各自的中心模型本地副本，在该工作空间本地进行编辑，然后与中心模型进行同步，将其所做的修改发布到中心模型中，以便其他用户可以看到他们的工作成果。

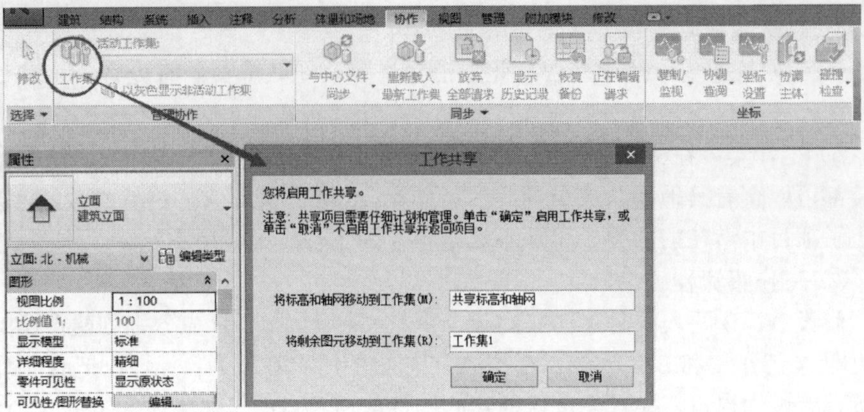

图 6-6　工作共享

6. 开始工作共享

每位团队成员将在本地网络或硬盘驱动器上创建中心模型的副本,以开始使用工作共享。当决定将某个项目共享以供团队成员同时处理时,需要确定项目的共享方式等,进行管理团队项目。使用工作集,打开工作集,使其在项目中可见,将工作集设置为可编辑状态,编辑工作集,与中心模型同步,或者从中心模型重新载入最新的修改。如图 6-7 和图 6-8 所示。

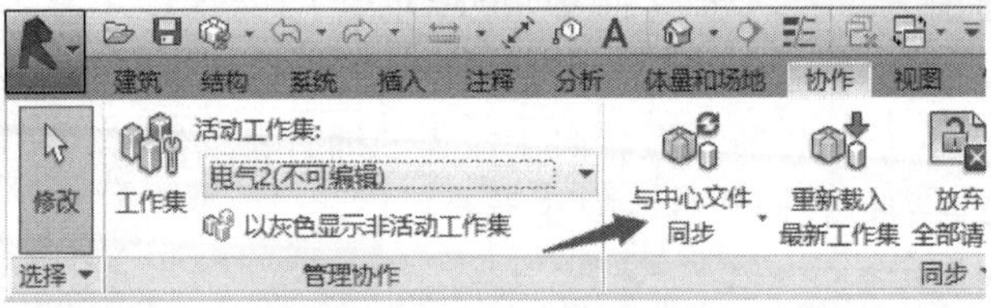

图 6-7　与中心文件同步

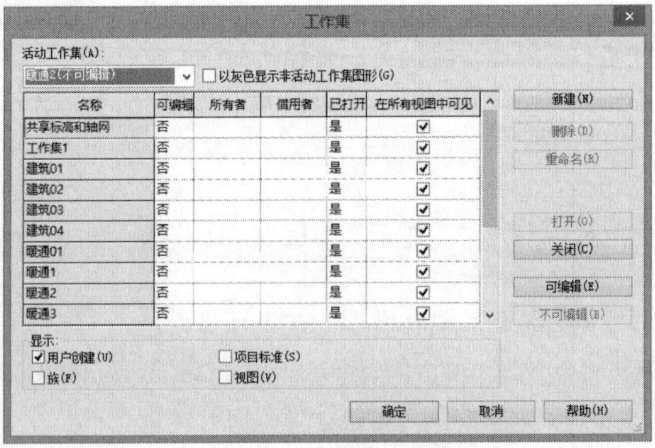

图 6-8　工作集对话框

7. 工作共享显示模式

使用工作共享显示模式可以直观地区分工作共享项目图元,可以使用工作共享显示模式来显示。检出状态:图元的所有权状态。所有者:图元的特定所有者。模型更新:已经与中心模型同步或已经从中心模型中删除的图元。工作集:已知图元指定的特定工作集。

在启用工作共享显示模式时,会出现以下情况显示样式:线框保留为线框,隐藏线保留为隐藏线,其他所有显示样式切换为隐藏线,阴影关闭,当关闭工作共享显示模式时,原始显示样式设置将自动重设。

8. 协同工作实例

协同工作可以让模型信息实时共享,各专业在设计过程中得到极大程度的优化,使空间得到更合理分配。图 6-9、图 6-10 分别为项目模型总览、各专业空间分配。

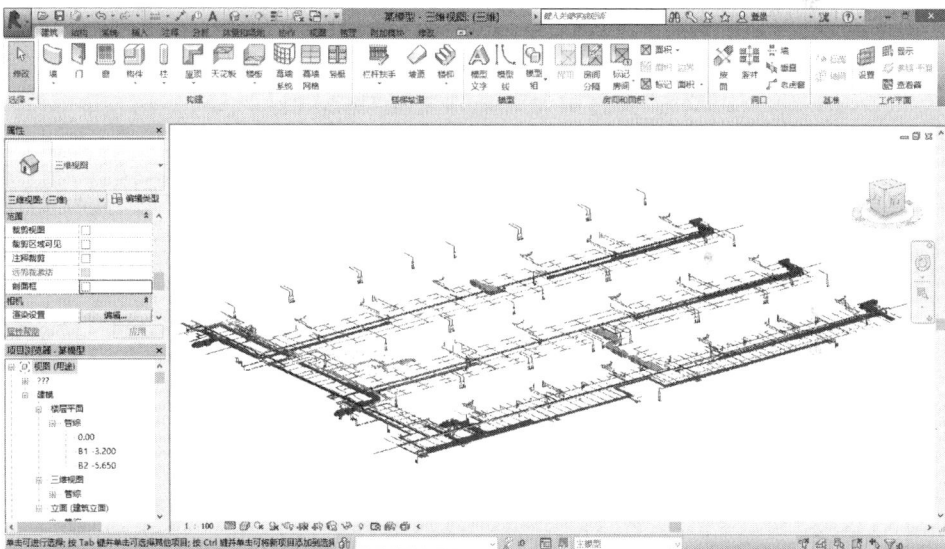

图 6-9 项目模型总览

协同是 BIM 的核心概念,同一构件元素,只需输入一次,各工种共享元素数据并于不同的专业角度操作该构件元素。从这个意义上说,协同已经不再是简单的文件参照。可以说 BIM 技术将为未来协同设计提供底层支撑,大幅提升协同设计的技术含量。BIM 带来的不仅是技术,也将是新的工作流及新的行业惯例。

因此,未来的协同设计,将不再是单纯意义上的设计交流、组织及管理手段,它将与 BIM 融合,成为设计手段本身的一部分。借助于 BIM 的技术优势,协同的范畴也将从单纯的设计阶段扩展到建筑全生命周期,需要设计、施工、运营、维护等各方的集体参与,因此具备了更广泛的意义,从而带来综合效率的大幅提升。

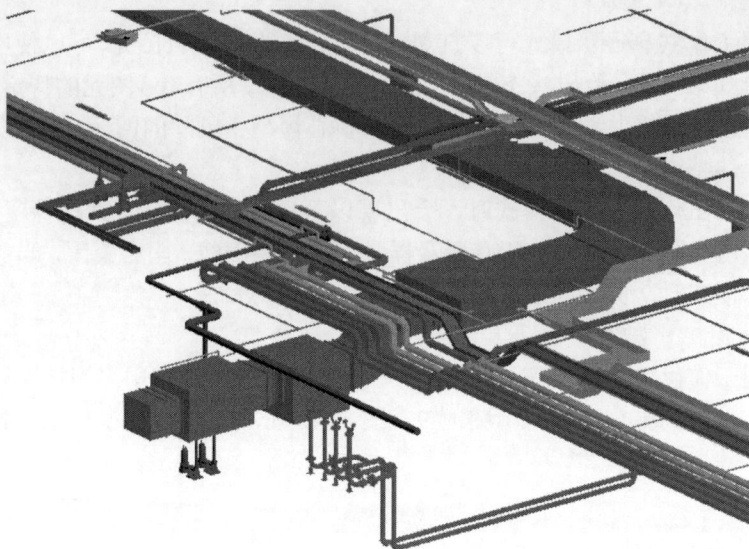

图 6–10　各专业空间分配

6.2　碰撞检查

　　碰撞检查是指提前查找和报告在工程项目中不同部分之间的冲突。碰撞分硬碰撞和软碰撞（间隙碰撞）两种。硬碰撞指实体与实体之间交叉碰撞，而软碰撞指实体间实际并没有碰撞，但间距和空间无法满足相关施工要求。例如，空间中两根管道并排架设时，因为要考虑到安装、保温等要求，两者之间必须有一定的间距。如果这个间距不够，即使两者未直接碰撞，但其设计是不合理的。目前 BIM 的碰撞检查应用主要集中在硬碰撞上。通常碰撞问题出现最多的是安装工程中各专业设备管线之间的碰撞、管线与建筑结构部分的碰撞以及建筑结构本身的碰撞。

　　使用"碰撞检查"工具可以找到一组选定图元中或者模型所有图元中的交点。在设计过程中，可以使用此工具来协调主要的建筑图元和系统。使用该工具可以防止冲突，并可以降低建筑变更及成本超限的风险。

　　使用"碰撞检查"功能的操作方法如下：

　　1. 选择图元

　　如果要进行项目布局图元碰撞检查，应先选择所需检查的图元。要检查该视图内风管管路和水管管路的碰撞，可框选该视图范围中的所有图元。如果要检查整个项目中的图元，可以不选择任何图元，直接进入第二步操作。

2. 运行碰撞检查

在视图中选择一些图元，单击"协作"选项卡→"协调"面板→"碰撞检查"命令，如图 6-11 所示。

将打开"碰撞检查"对话框。如果在视图中选择了积累图元，则该对话框将进行过滤，可根据图元类别进行选择。如果未选择任何图元，则对话框将显示当前项目中的所有类别，如图 6-12 所示。

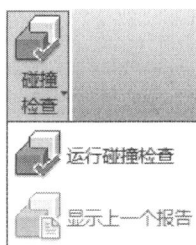

图 6-11　运行碰撞检查　　　　　图 6-12　碰撞检查

3. 选择"类别来自"

在该对话框中，分别从左侧的第一个"类别来自"（即类别 1）和右侧的第二个"类别来自"（即类别 2）下拉列表中选择一个值。这个值可以是"当前选择""当前项目"，也可以是链接的 Revit 模型。软件将检查类别 1 中图元和类别 2 中图元的碰撞。

在检查和"链接模型"之间的碰撞应注意以下几点：

● 能检查"当前选择"和"链接模型（包括其中的嵌套链接模型）"之间的嵌套。

● 能检查"当前项目"和"链接模型（包括其中的嵌套链接模型）"之间的碰撞。

● 不能检查项目中两个"链接模型"之间的碰撞。一个类别选了链接模型后，另一个类别无法再选择其他链接模型。

4. 选择图元类别

分别在类别 1 和类别 2 下勾选所需检查图元的类别。将检查当前项目中的"管道""管件"类别的图元和当前项目中"电缆桥架""电缆桥架配件"之间的碰撞，如图 6–13 所示。

图 6–13　选择图元类别

5. 检查冲突报告

完成以上步骤后，单击"碰撞检查"对话框右下角的"确定"按钮。如果没有要报告的冲突，则会显示一个对话框，通知"未检测到冲突"，如图 6–14 所示。如果有要报告的冲突，则会显示"冲突报告"对话框。该对话框会列出相互之间发生冲突的所有图元，如图 6–15 所示。

图 6–14　未检测到冲突

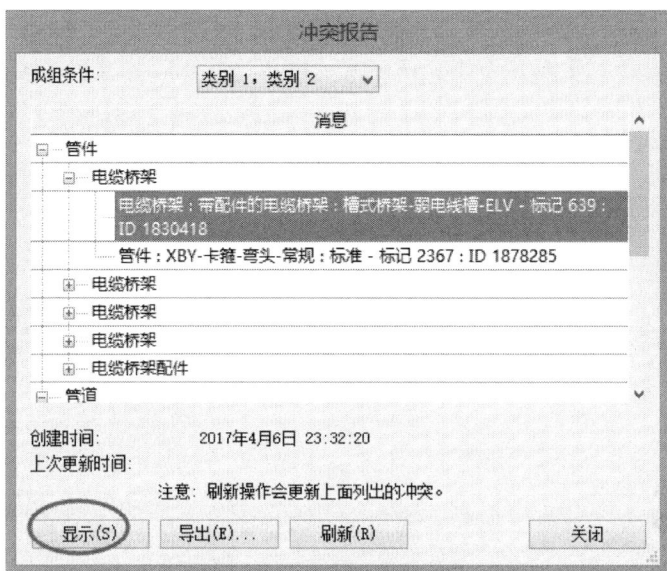

图 6–15　冲突报告

　　该对话框会列出相互之间发生冲突的所有图元,冲突根据生产检查的方式进行分组。默认情况下,冲突被分组为"类别 1"和"类别 2"。可以将这种分组改为"类别 2"和"类别 1"。例如:如果运行结构柱与桥架的碰撞检查,则对话框会先列出结构柱类别,然后列出与结构柱有冲突的桥架。图 6–16 为柱与桥架的碰撞检测结果。

图 6–16　结构柱和桥架碰撞检测结果

要查看其中一个有冲突的图元时,在"冲突报告"对话框中选择该图元名称,然后单击"显示";要解决冲突,请在视图内单击,然后修改重叠图元。"冲突报告"对话框仍保持可见。图 6-17、图 6-18 分别为柱与桥架碰撞处理前后。

图 6-17　碰撞处理前

图 6-18　碰撞处理后

解决问题后,在"冲突报告"对话框中单击"刷新",如果问题已经解决,则会从冲突列表中删除发生冲突的图元。如果由于没有小组成员的进一步工作而无法解决所有冲突,可以生成 HTML 格式的报告。在"冲突报告"对话框中,单击"导出"。输入名称,定位到保存报告的所需文件夹,然后单击"保存"按钮,在"冲突报告"对话框中,单击"关闭"按钮。

要再次查看生成的上一个报告，请单击"协作"选项卡→"碰撞检查"下拉菜单的"显示上一个报告"，即可查看上一次碰撞检查结果。

6. 碰撞检查处理

碰撞检查的处理时间可能会有很大的不同。在大的模型中，对所有类别进行相互检查费时较长，建议不要进行此类操作。要缩短处理时间，请选择有限的图元集或者有限数量的类别。要对所有可用类别运行检查，请在"碰撞检查"对话框中单击"全选"，然后选择其中一个类别旁边的复选框。单击"无"将清除所有类别的选择，单击"反选"将在当前选定类别与未选定类别之间切换选择。

在 Revit 系列软件中直接进行碰撞检查的优势：

● 可选择需要做碰撞的构配件，而不需要全部图元参加；

● 无须文件转换，可直接进行；

● 同软件中，可以对碰撞随时修改（各专业都可以以本专业模型为基础，将需要碰撞的专业模型参照进来）；

● 错误 ID 查询简单明了，即当所查找图元不在本视图内时，软件会自动跳转到与当前视图最接近的能够显示本图元的视图；

● 碰撞结果可以文本格式导出，HTML 格式方便查询。

不足之处则体现在：

● 如果多文件碰撞，操作速度会减慢；

● 不能设置图元间误差或间隙值，而在绘图过程中不可避免地出现一些很小的误差或重叠，这些也将作为碰撞结果被列出，其中有部分或者大部分碰撞是可以忽略的；

● 每次只能与一个参照模型进行碰撞检测，如在建筑模型中参照结构、设备风道两个模型，只能进行建筑—结构，建筑—风道，而不能一起进行；

● 无碰撞图片显示，生成文本文件不够直观。

6.3　协同工作的意义

协同工作是 BIM 的核心，将原来分工造成的信息孤岛及碎片高效地整合在一起，其运作主要利用建筑物构件以特定的信息标准表达，利用此标准可让各专业人员在进行自己负责的作业（如设计或施工模拟）时，可以了解（通常以立体3D 的方式直接看到）别人的作业内容，因此 BIM 环境下操作时，便可及时（非通过抽象专业的符号）进行沟通探讨，有效减少错误或瑕疵的发生，快速整合专业间的歧视或误解，因而可避免因重复劳作而浪费的时间与成本。BIM 的应用将使建筑各系统间生产运作模式大为改变，从传统的二维空间信息分散作业模式，迈向三维空间信息与建筑属性信息的共同协同作业，大大提升项目各利益相关单位的沟通效率，可让建筑生命周期各阶段的参与人都可增加效益。

碰撞检测是在协同工作的基础上实现的，是 BIM 技术应用初期最易实现、最直观、最易产生价值的功能之一。利用软件将二维图纸转换成三维模型的过程，不但是个校正的过程，解决漏和缺的问题，实际上更是个模拟施工的过程，在图纸中隐藏的空间问题可以轻易地暴露出来，解决错和碰的问题，图 6-19、图 6-20 为 BIM 模型与现场施工图对比。这样的一个精细化的设计过程，能够提高设计质量，减少设计人现场服务的时间，并且，一个贴近实际施工的模型，对预算算量的精确度及工作量，能有巨大的提升和降低，对于施工、物业管理、后期维修等，均有裨益。一个质量良好的模型，对于整个建筑行业，都有着积极的意义。

图 6-19　Revit 建模模型

图 6-20　相应施工现场图

第七章　族

7.1　族的概述

　　族是在 Revit 软件中一个非常重要的构成要素，掌握族的概念和用法至关重要。正是因为族的概念的引入，用户才可实现参数化的设计。比如，在 Revit 中可通过修改参数，实现修改门窗等族的宽度、高度或材质等。也正是因为族的开放性和灵活性，用户在设计时可以自由定制符合设计需求的注释符号和三维构件族等，从而满足建筑师应用 Revit 软件的本地化标准定制的需求。所有添加到 Revit 项目中的图元（从用于构成建筑模型的结构构件、墙、屋顶、窗和门到用于记录该模型的样图索引、装置、标记和详图构件）都是使用族构件的。

　　通过使用预定义的族和在 Revit 中创建新族，可将标准图元和自定义图元添加到建筑模型中。通过族，还可以对用法和行为类似的图元进行某种级别的控制，以便用户轻松地修改设计和更高效地管理项目。族是一个包含通用属性（称为参数）集和相关图形表示的图元组。属于一个族的不同图元的部分或全部参数可能有不同的值，但是参数（其名称与含义）的集合是相同的。族中的这些变体称为族类型或类型。例如，家具族包含可用于创建不同家具（如桌子、椅子和橱柜）的族和族类型。尽管这些族具有不同的用途并由不同的材质构成，但它们的用法却是相关的。族中的每一类型都具有相关的图形表示和一组相同的参数，称为族类型参数。

7.2　族的分类

7.2.1　内建族

　　1. 内建族的应用范围

　　内建族的应用范围主要有以下几种：

　　① 斜面墙或锥形墙。

　　② 独特或不常见的集合图形，非标准屋顶。

　　③ 不需要重复利用的自定义构件。

　　④ 必须参照项目中的其他几何图形的集合图形。

⑤ 需要多个族类型的族。

2. 内建族的创建

① 在"建筑"选项卡下"构件"面板中的"构件"下拉列表中选择"内建模型"选项，在弹出的对话框中选择组族类别为"屋顶"，输入名称，进入创建模式。记住仅在必要时创建。如果项目中有许多内建族，会增加项目文件的大小并降低系统的性能。

此过程中设置类别也很重要。只有设置了"族类别"，才会使它拥有该类族的特性。在该案例中，设置"族类别"为屋顶才能使它拥有让墙体"附着/分离"的特性等。

② 在标高视图中通过设置工作平面命令来拾取一个面，然后进入西立面视图，绘制 4 条参照平面，如图 7-1 所示。

图 7-1 参照平面

③ 单击"创建"选项卡下"形状"面板中的"拉伸""融合""旋转""放样""放样融合"和"空心形状"等建模工具为族创建三维实体和洞口，此案例使用"拉伸"工具创建屋顶形状，如图 7-2 所示。

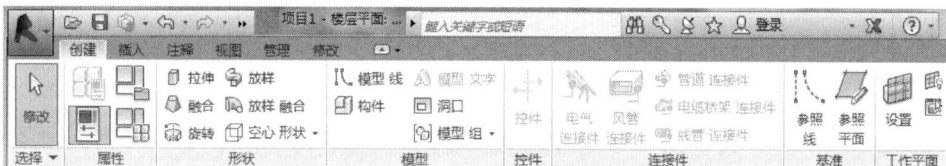

图 7-2 "创建"选项卡

④ 单击"拉伸"按钮，选择"拾取一个平面"，转到视图"立面：北"绘制屋顶形状，完成拉伸，如图 7-3 所示。

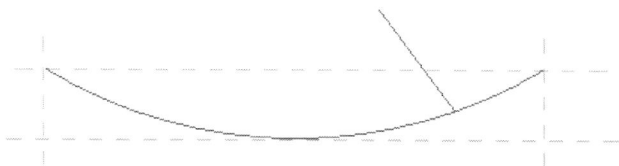

图 7-3 屋顶形状

⑤ 进入 3D 视图，通过拖拽修改屋顶长度，如图 7-4 所示。单击"在位编辑"，选择"创建"选项卡下"形状"面板中的"空心形状"上下文选项卡中"空心拉伸"命令，绘制洞口，完成空心状态，单击完成。单击几何图形中的"剪切"上下文选项卡中的"剪切几何图形"为屋顶开洞。

⑥ 为几何图形指定材料，设置其可见性/图形替换。在模型编辑状态下单击选择屋顶，在"属性"面板上设置其材料及可见性，如图 7-5 所示。

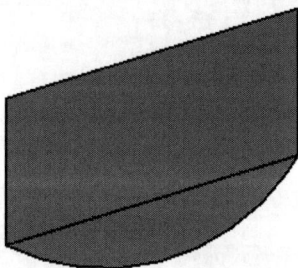

图 7-4　屋顶 3D 视图

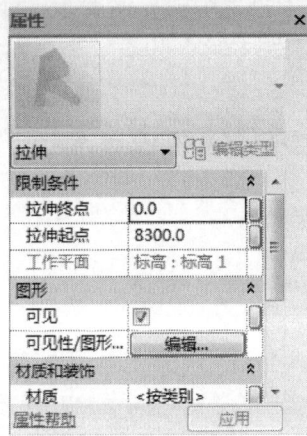

图 7-5　属性设置

在"属性"面板中直接选择材质时，在完成模型后材质不能在项目中调整；如果需要材质能在项目中做调整，那么单击材质栏后的矩形按钮添加"材质参数"，如图 7-6 所示。

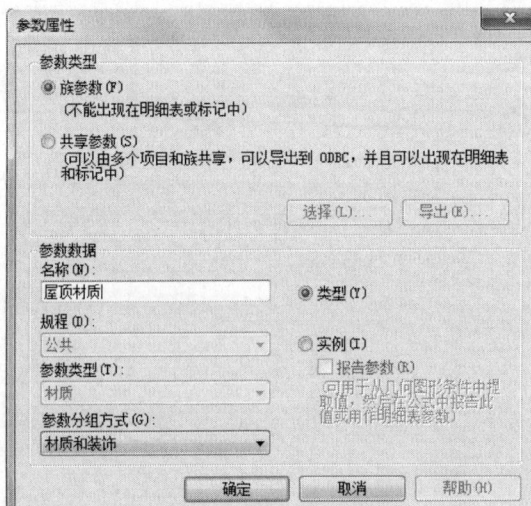

图 7-6　添加"材质参数"

3. 内建族的编辑

● 复制内建族

展开包含要复制的内建族的项目视图，选择内建族实例，或在项目浏览器的族类别和族下选择内建族类型。单击"修改"上下文选项卡下"剪切板"面板中的"复制-粘贴"按钮，单击视图放置内建族图元。此时粘贴的图元处于选中状态，以便根据需要对其进行修改。根据粘贴的图元的类型，可使用"移动""旋转"和"镜像"工具对其进行修改。如果要复制的内建族是在参照平面上创建的，则必须选择并复制带内建族实例的参照平面，或将内建族作为组保存并将其载入项目中。

● 删除内建族

在项目浏览器中展开"族"和族类别，选择内建族的族类型。也可以在项目中选择内建族图元。然后单击鼠标右键，在弹出的快捷菜单中选择"删除"命令。如果要从项目浏览器中删除该内建族类型，那么项目中具有该类型的实例，会显示一个警告。在警告对话框中单击"确定"按钮删除该类型的实例。

● 查看项目中的内建族

可以使用项目浏览器查看项目中使用的所有内建族。展开项目浏览器的"族"，此时显示项目中所有族类别的列表。该列表中包含项目中可能包含的所有内建族、标准构建族和系统族。

7.2.2 系统族

1. 系统族的概念和设置

系统族包含基本建筑图元，如墙、天花板、楼板及其他要在施工场地使用的图元。标高、轴网、图纸和视口类型的项目和系统设置也是系统族。系统族已在 Revit 中预定义且保存在样板和项目中，系统族中至少应包含一个系统族类型，除此之外的其他系统族类型都可以删除。可以在项目和样板之间复制和粘贴或者传递系统族类型。

2. 查看项目或样板中的系统族

使用项目浏览器来查看项目样板中的系统族和系统类型。在项目浏览器中，展开"族"和族类别，选择墙族类型，在 Revit 中有 3 个墙系统族：基本墙、幕墙和叠层墙。展开"基本墙"，此时将显示可用的基本墙的列表，如图 7-7 所示。

图 7-7　基本墙列表

181

3. 创建和修改系统族类型

● 创建墙体类型

在"属性"选项卡中单击"编辑类型"按钮，弹出"类型属性"对话框，单击"复制"按钮，创建一个新的墙类型，如图 7-8 所示。

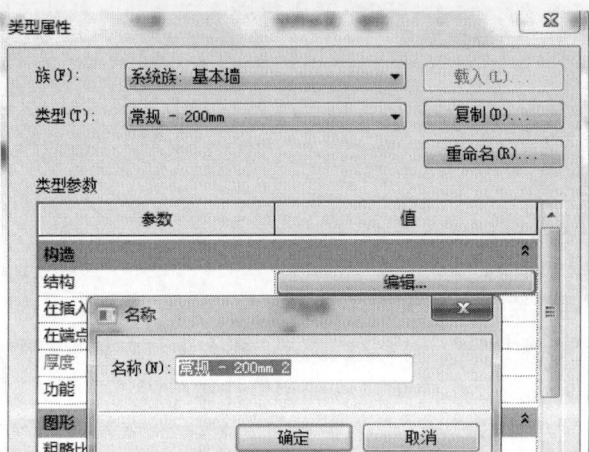

图 7-8　创建墙类型

● 创建墙材质

单击"管理"选项卡下"设置"面板中的"材质"按钮，弹出"材质浏览器"对话框，如图 7-9 所示。

图 7-9　材质浏览器

在"材质浏览器"对话框的左侧窗格中，选择"隔热层/保温层–空心填充"，单击右键"复制"，在对话框中输入"隔1"作为名称，如图7-10所示。

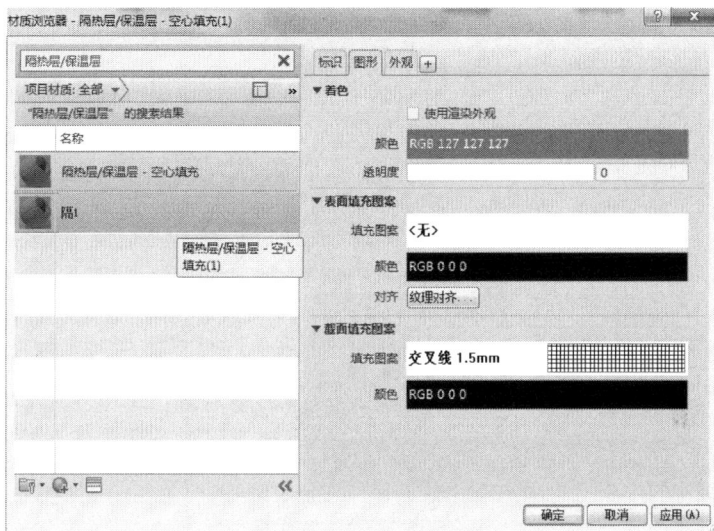

图7-10 设置材质

在"材质浏览器"对话框的"图形"选项卡下的"着色"选项区域，单击颜色样例，指定材质的颜色，单击"确定"按钮。

指定颜色后，创建表面填充图案并应用到材质，以便在将材质应用到自定义墙类型时能够产生木材效果。单击"表面填充图案"选项区域中的"填充样式"。在"填充图案类型"选项区域选择"模型"单选按钮，如图7-11所示。模型图案表示建筑上某图元的实际外观，模型图案相对于模型是固定的，即随着模型比例的调整而调整比例。

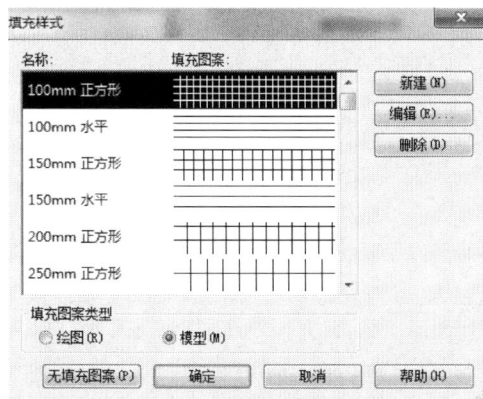

图7-11 材质填充样式

单击"确定"按钮，完成材质的创建。

● 修改墙体构造

选择墙，在"属性"选项卡中单击"编辑类型"按钮，弹出"类型属性"对话框。单击类型参数中"构造"下的"结构-编辑"按钮，弹出"编辑部件"对话框，可以通过在"层"中插入构造层来修改墙体的结构，如图 7-12 所示。

图 7-12　墙属性编辑

4. 删除项目中或样板文件中的系统族

尽管用户不能从项目和样板中删除系统族，但可以删除未使用的系统族类型，要删除系统族类型，可以使用两种不同方法。

① 在项目浏览器中选择并删除该类型：展开项目浏览器中的"族"，选择包含要删除系统族类型，单击鼠标右键，在弹出的快捷菜单中选择"删除"命令，或按 Delete 键，即可从项目或样板中删除该系统族类型。

② 使用"清除未使用项"命令：单击"管理"选项卡下"设置"面板中的"清除未使用项"工具，弹出"清除未使用项"对话框。该对话框列出了所有可从项目中卸载的族和族类型，包括标准构件和内建族，如图 7-13 所示。

选择需要清除的类型，可单击"放弃全部"按钮，展开包含要清除的类型的族和子族，选择类型，然后单击"确定"按钮。

5. 将系统族载入项目或样板中

① 在项目或样板之间复制墙类型。

如果仅需要将几个系统族类型载入项目或样板中，步骤如下：

● 打开包含要复制的墙的类型或样板，在打开要将类型粘贴到其中的项目，选择要复制的墙类型，单击"修改|墙"选项卡下"剪贴板"面板中的"复制到剪贴板"按钮。

● 单击"视图"选项卡下"窗口"面板中的"切换窗口"按钮，如图 7-14 所示。

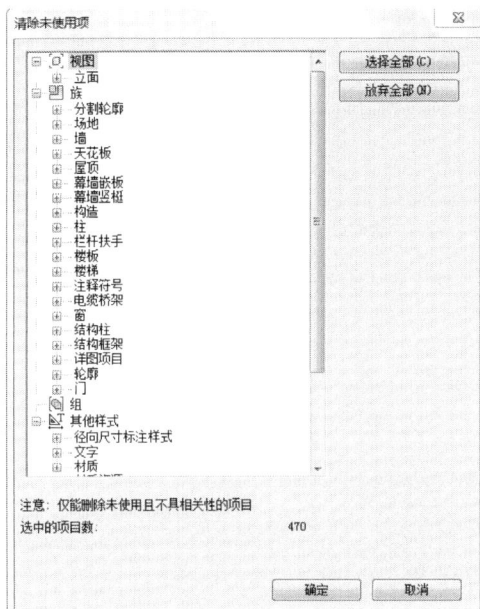

图 7-13 "清除未使用项"命令

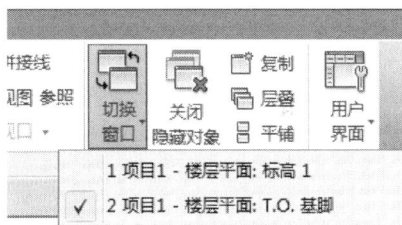

图 7-14 切换窗口

● 选择视图中要将墙粘贴到其中的项目。单击"修改|墙"的上下文选项卡中的"剪贴板"面板中的"粘贴"按钮，墙类型将被添加到另一个项目中，并显示在项目浏览器中。

② 在项目或样板之间传递系统族类型。

如果要传递许多系统族类型或系统设置（如需要创建新样板时），例如将项目 2 中的系统族类型传递到项目 1 中，那么步骤如下。

分别打开项目 1 和项目 2，把项目 1 切换为当前窗口，单击"管理"选项卡下"设置"面板中的"传递项目标准"按钮，弹出"选择要复制的项目"对话框，"复制自"选择"项目 2"。单击"放弃全部"按钮，仅选择需要传递的系统族类型，然后单击"确定"按钮，如图 7-15 和图 7-16 所示。

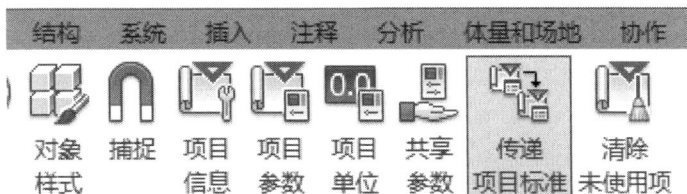

图 7-15 传递项目标准

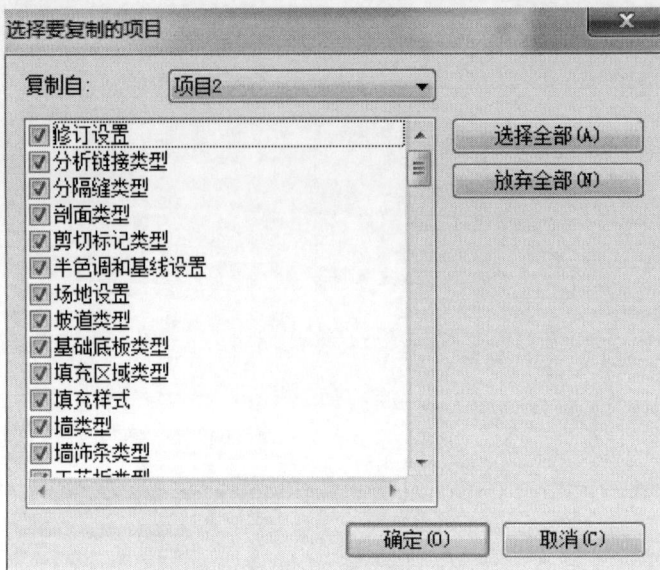

图 7-16   选择传递的族类型

7.2.3   标准族构件

1. 标准构件族的概念

标准构件族是用于创建建筑构件和一些注释图元的族。构件族包括在建筑内和建筑周围安装的建造构件，例如窗、门、橱柜、装置家具和植物。此外，它们还包含一些常规自定义的注释图元，如符号和标题栏。它们具有高度可自定义的特征，构件族是在外部.rfa 文件中创建的，并可导入（载入）项目中。

创建标准构件族时，需要使用软件提供的族样板，样板中包含有关要创建的族的信息。

先绘制族的几何图形，使用参数建立族构件之间的关系，创建其包含的标题或族类型，确定其在不同视图中的可见性和详细程度。完成族后，需要在项目中对其进行测试，然后使用。

2. 构件族在项目中的使用

① 使用现有的构件族。

Revit 包含大量预定义的构件族。这些族的一部分已经预先载入样板中，单击"插入"选项卡下"从库中载入"面板中的"载入族"按钮，弹出的对话框如图 7-17 所示。

其他族则可以从该软件包含的 Revit 英制库、公制库或个人制库的族库中导入。用户可以在项目中载入并使用这些族及其类型。

图 7-17 载入预定义构件族

② 查看和使用项目或样板中的构件族。

单击展开项目浏览器中的"族"列表，直接点选图元拉到项目中，或者单击项目中的构件族，在"属性"面板中修改图元类型。

单击展开项目浏览器中的"族"列表，在构件族上单击鼠标右键，在弹出的快捷键菜单中选择"创建实例"命令，此时在项目中创建实例。

3. 构件族制作的基础知识

① 族编辑器的概念：族编辑器是 Revit 的一种图形编辑模式，使用户能够创建可引入项目中的族。当开始创建族时，在族编辑器中打开要使用的样板。样板可以包括多个视图，如平面视图和立面视图等。族编辑器与 Revit 中的项目环境具有相同的外观和特征，但在各个设计栏中包括的命令不同。

② 用族编辑器的方法打开或创建新的族（.rfa）文件，如图 7-18 所示。选择使用构件或内建族类型创建的图元，并单击"模式"面板中的"编辑族"按钮。

③ 族编辑器命令。

创建族的常用命令如图 7-19 所示。

图 7-18 窗

187

图 7-19　创建族常用命令

● 族类型命令：用于打开"族类型"对话框。可以创建新的族类型或新的实例参数和类型参数。

● 形状命令：可以通过"拉伸""融合""旋转""放样""放样融合"来创建实心或空心形状。

● 模型线命令：用于在不需要显示实心几何图形时绘制二维几何图形。例如，可以以二维形式绘制门面板和五金器具，而不用绘制实心拉伸。在三维视图中，模型线总是可见的，可以选择这些线，并从选项栏中单击"可见性"按钮，控制其在平面视图和立面视图中的可见性。

● 构件命令：用于选择要插入族编辑器中的构件类型，选择此命令后，类型选择器为激活状态，可以选择构件。

● 模型文字命令：用于在建筑上添加指示标志或在墙上添加字母。

● 洞口命令：仅用于基于主题族样板（例如，基于墙的族样板或基于天花板的族样板）。通过在参照平面上绘制其造型，并修改其尺寸标注来创建洞口。创建洞口后，在将其载入项目前，可以选择改动看并将其设置为在三维和/或立面视图中显示为透明。单击选择该窗口，出现修改洞口剪切选项栏后，从选项栏中勾选"透明于"旁边的"3D"和/或"立面"复选框。

● 参照平面命令：用于创建参照平面（为无限平面），从而帮助绘制线和几何图形。

● 参照线命令：用于创建与参照平面类似的线，但创建的线有逻辑起点和终点。

● 控件命令：将族的几何图形添加到设计中后，"控件"命令可用于放置箭头以旋转和镜像族的几何图形。在"常用"选项卡中单击"控件"面板的"控件"按钮，在"控制"面板中选择"单向垂直"或"单向水平"，或选择"双向垂直"或"双向水平"箭头，也可以选择多个选项，如图 7-20 所示。

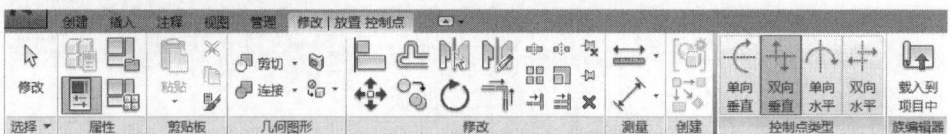

图 7-20　修改/放置控制点

创建族的注释工具如图 7-21 所示。

图 7-21　注释工具

● 尺寸标注命令：绘制几何图形时，除了Revit会自动创建永久性尺寸标注，该命令也可向族添加永久性尺寸标注。如果希望创建不同尺寸的族，该命令很重要。

● 符号线命令：用于绘制仅用于符号目的的线。例如，在立面视图中可绘制符号线以表示开门方向。

● 详图构件命令：用于放置详图构件。

● 符号命令：用于放置二维注释绘图符号。

● 遮罩区域命令：用于对族的区域应用遮罩。如果使用族在项目中创建图元，则遮罩区域将遮挡模型图元。

● 文字命令：用于向族中添加文字注释。在注释中这是典型的使用方法。该文字仅为文字注释。

● 填充区域命令：用于对族的区域应用填充，如图7-22所示。

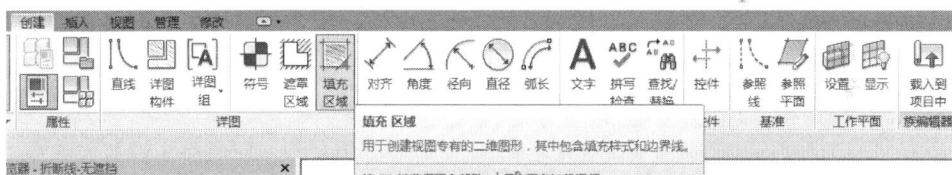

图 7-22　填充区域

● 标签命令：用于在族中放置智能化文字，该文字实际代表族的属性。指定属性值后，它将显示在族中。此命令仅在注释族样板中显示，如图7-23所示。

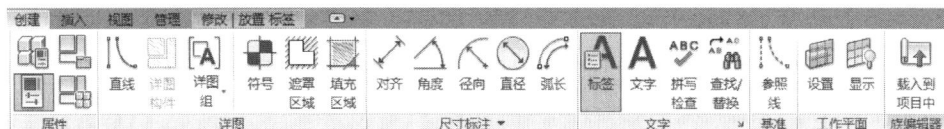

图 7-23　标签

4. 创建构件族的工作流程

通常情况下，需要创建的标准构件族是指建筑设计中使用的标准尺寸和配置的常见构件与符号。要创建构件族，可使用Revit提供的族样板定义族的几何图形和尺寸。随后可将族保存为独立的Revit族文件（.rfa文件），并可根据需要将其载入任意一个项目。创建过程可能会很耗时，具体取决于族的复杂程度。如果能够识别与用户要创建的族比较类似的族，则通过复制、重命名和修改该族来创建新族，既省时又省力。

① 在开始创建族之前，先规划族：

● 族是否需要适应多个尺寸？

● 如何在不同视图中显示族？

● 该族是否需要主体？一次确定用于创建族的样板文件。.rfa 格式文件，基于墙的样板、基于天花板的样板、基于楼板的样板和基于屋顶的样板被称为基于主体的样板。只有当某主体类型的图元存在时，才能在项目中放置基于主体的族。

● 如何确定建模的详细程度？某些情况下，可能不需要以三维形式表示几何图形，而只需要绘制二维形状来表示族即可。

● 族的原点即插入点位置。

● 选择适合的族样板创建新文件（.rfa）。

● 定义族的子类别有助于控制族几何图形的可见性。

● 创建族时，样板会将其指定给可用于定义族几何图形的线宽、线颜色、线型图案和材质指定的类别。要向族的不同几何构件指定不同的线宽、线颜色、线型图案和材质，需要在类别中创建子类别。稍后，在创建几何图形时，将相应的构件指定给各个子类别。

例如，在窗族中，可以将窗框、窗扇和竖梃指定给一个子类别，而将玻璃指定给另一个子类别。然后可将不同的材质（木材和玻璃）指定给各个子类别。

② 创建族的构架。

● 定义族的原点（插入点）。

● 视图中两个参照平面的交点定义了族原点。通过选择参照平面并修改它们的属性可以控制那些参照平面定义原点。

● 设置参照平面和参照线的布局有助于绘制构件几何图形。

● 添加尺寸标注以指定参数化关系。

● 测试或调整构架。

● 通过指定不同的参数定义族类型的变化。

● 在实心或空心中添加单标高几何图形，并将该几何图形约束到参照平面。

● 调整新模型（类型和主体），以确认构件的行为是否正确。

● 重复上述步骤直到完成族几何图形。

③ 设置族的可见性。

选择已经创建的几何图形，单击"属性"面板中的"可见性/图形替换"按钮，弹出"族图元可见性设置"对话框，如图 7-24 所示。

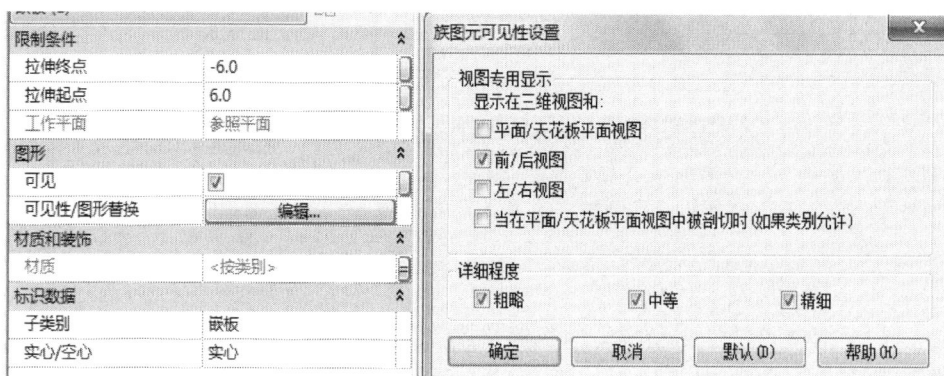

图 7-24　族的可见性设置

在"族图元可见性设置"对话框中，选择要在其中显示该几何图形的视图：平面/天花板平面视图、前/后视图、左/右视图。

选择希望几何图形在项目显示的详细程度：粗略、中等、精细，其详细程度取决于试图比例。

④ 保存新定义的族，然后将其载入项目进行测试。

将要进行测试的族载入项目中，选中该族，单击"修改族"的上下文选项卡下"属性"面板中的类型属性，弹出"类型属性"对话框，修改任意参数，单击"确定"按钮查看并确认修改。在"族图元可见性设置"对话框中有一个"当在平面/天花板平面视图中被剖切时（如果类别允许）"选项。勾选该复选框，则当几何图形与视图剖切面相交时，几何图形将显示截面。

7.3　族的创建

7.3.1　门标记族（注释族）

使用"M_门标记.rft"族样板，可以创建任何形式的门标记。创建其他类型的标记族过程与创建门标记类似。下面以创建图 7-25 所示的门标记为例，说明创建门标记族的一般过程。该门标记读取门对象类型参数中的"类型注释"参数值。

（1）启动 Revit，单击"应用程序菜单"按钮，在列表中选择"新建→族"命令，弹出"新建族-选择族样板"对话框，单击"注释"文件夹，选择"M_门标记.rft"作为族样板，单击"打开"按钮进入族编辑器状态。该族样板中默认提供了两个正交参照平面，参照平面交点位置表示标签的定位位置。

（2）在"常用"选项卡的"文字"面板中单击"标签"工具，自动切换至"修改/放置标签"上下文选项卡,如图 7-26 所示,设置"格式"面板中水平对齐和垂直对齐均为居中。

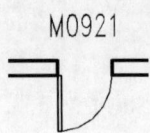

M0921

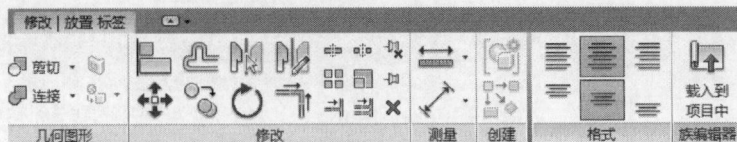

图 7-25 门标记　　　　　　　　　图 7-26 修改/放置标签

（3）确认"属性"面板中的标签格式为"3.0mm"。打开"类型属性"对话框,复制出名称为"3.5mm"的新标签类型,如图 7-27 所示,该对话框中类型参数与文字类型参数完全一致。修改文字"颜色"为"蓝色","背景"为"透明";设置"文字字体"为"仿宋","文字大小"为 3.5mm,其他参数参照图中所示设置,完成后单击"确定"按钮,退出"类型属性"对话框。标签文字的字体高度会自动随项目中视图比例的变化而调整。

类型参数

参数	值	=
图形		☆
颜色	■ 蓝色	
线宽	1	
背景	透明	
显示边框	☐	
引线/边界偏移量	0.0000 mm	
文字		☆
文字字体	Arial	
文字大小	3.0000 mm	
标签尺寸	12.7000 mm	
粗体	☐	
斜体	☐	
下划线	☐	
宽度系数	1.000000	

图 7-27 标签属性

（4）移动鼠标指针至参照平面交点位置后单击鼠标左键,弹出"编辑标签"对话框。如图 7-28 所示,在左侧"类别参数"列表中列出门类别中所有默认可用参数信息。选择"类型注释"参数,单击"将参数添加到标签"按钮 ⇛,将参数添加到右侧"标签参数"栏中。修改"样例值"为 M1021,单击"确定"按钮关闭对话框,将标签添加到视图中。

（5）适当移动标签,使样例文字中心对齐垂直方向参照平面,底部稍偏高于水平参照面。单击"注释"选项卡"详图面板"中的"直线"工具,设置线类型为"门标记";使用矩形绘制模式,按图 7-29 中所示位置绘制矩形框。

192

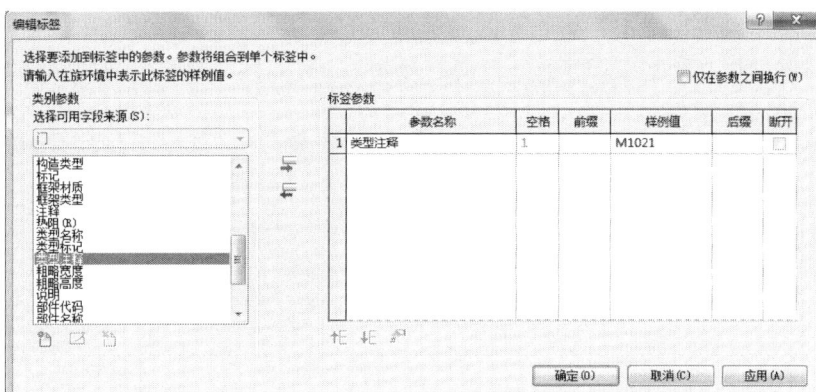

图 7-28　添加标签参数

（6）保存文件，命名为"门类型注释.rfa"。新建项目，载入该标签，在项目中创建墙和门图元，标签显示如图 7-30 所示，该标签将提取门"类型属性"对话框中"类型注释"的参数值。如果项目中门"类型注释"参数值为空，则标记将显示为空白。

图 7-29　绘制标签矩形框

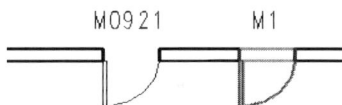

图 7-30　载入门标签

如果已经在打开项目文件，单击"族编辑器"面板中的"载入到项目中"工具可以将当前族直接载入到项目中。

7.3.2　窗族（模型族）

与注释族类似，可以通过"族类别和族参数"对话框修改模型族的族类别，以扩展由 Revit 默认提供的族样板功能。在定义族时，可以根据需要添加任意控制参数，达到参数化修改的目的。下面就以创建窗族为例，除可以调节宽度和高度尺寸外，还可以通过参数控制窗中间横梃是否显示。

（1）单击"应用程序菜单"按钮，选择"新建→族"选项，打开"新族-选择样板文件"对话框。选择"基于墙的公制常规模型.rft"族样板文件，单击"打开"按钮进入族编辑器模型。

（2）在项目浏览器中切换至"参照标高"楼层平面视图，该族样板默认提供了主体墙和正交的参照平面。打开"族类别和族参数"对话框，在"族类别"列表中选择"窗"，勾选"总是垂直"选项，设置窗始终与墙面垂直，不勾选"共享"选项，单击"确定"按钮关闭对话框。

（3）使用"绘制参照平面"工具在"中心（左/右）"参照平面两侧绘制两个参照平面，如图 7–31 所示。

（4）选择上一步中绘制的左侧参照平面，如图 7–32 所示，修改"属性"面板中的"名称"参数为"左"，"是参照"选项为"左"，不勾选"定义原点"选项。使用相同的方式修改右侧参照平面的"名称"参数为"右"，设置"是参照"选项为"右"。载入项目后，参照平面的"是参照"参数决定该参照平面的位置是否能被尺寸捕捉。强参照的优先级高于弱参照的优先级。当使用尺寸标注工具选择标注方式为"整个墙"时，如果选择捕捉门窗洞口边缘，则 Revit 会自动捕捉"是参照"参数设置为"左"和"右"的参照平面位置。"定义原点"参数用于定义放置构件时鼠标指针所在的插入点位置。一个族中，仅能设置一个参照平面具有"定义原点"选项。

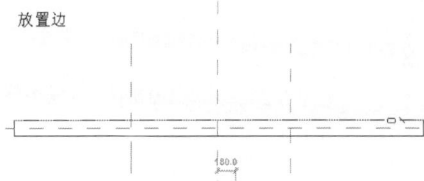

图 7–31　参照平面

图 7–32　修改"属性"

（5）如图 7–33 所示，使用"对齐标注"工具，单击拾取平面中 3 个参照平面处，放置尺寸线，在各参照平面间创建尺寸标注。选择尺寸标注，单击尺寸线上方的 EQ 选项添加等分约束；使用"对齐标注"选项标注左、右参照平面；使用"对齐标注"工具"左""右"参照平面间添加尺寸标注。

（6）如图 7–34 所示，选择上一步骤中创建的"左""右"参照平面间尺寸线。单击选项栏中的"标签"下拉列表，该列表显示"窗"族类别中系统提供的默认可用参数，在参数列表中选择"宽度"作为尺寸标签。

（7）此时尺寸标注线将显示标签名称，如图 7–35 所示，尺寸标签即 Revit族参数名称。双击"宽度"尺寸标注，进入尺寸值修改状态，输入 1800，按回车键确认，注意该尺寸将驱动左、右参照平面调整距离。该功能与"族类型"对话框中修改参数值的功能相同。

（8）切换至"放置边"立面视图，按图 7–36 所示绘制参照平面，分别修改上、下参照平面名称为"顶"和"底"，设置"是参照"分别为"顶"和"底"，使用"对齐尺寸标注"工具标注顶、底参照平面距离并设置尺寸标签为"高度"。

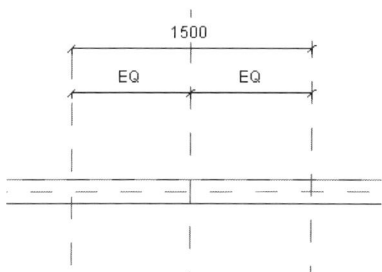

图 7-33 等分标注

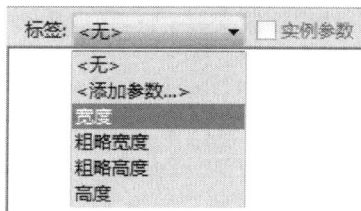

图 7-34 添加尺寸标签

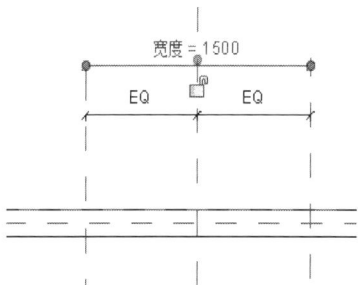

图 7-35 尺寸标签

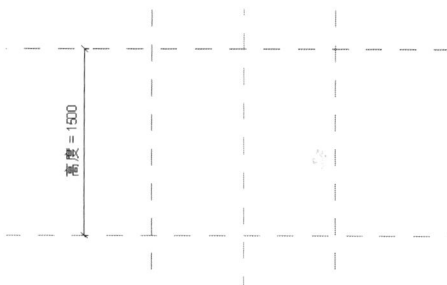

图 7-36 "放置边"立面视图

（9）使用"对齐尺寸标注"工具在"底"参照平面与参照标高之间增加尺寸标注。选择标注尺寸，设置选项栏中标签选项为"添加参数"，弹出"参数属性"对话框。如图 7-37 所示，选择参数类型为"族参数"，设置参数名称为"默认窗台高"，"参数分组方式"为"尺寸标注"，设置参数为"类型"。单击"确定"按钮关闭对话框，尺寸标签将设置为"默认窗台高"。

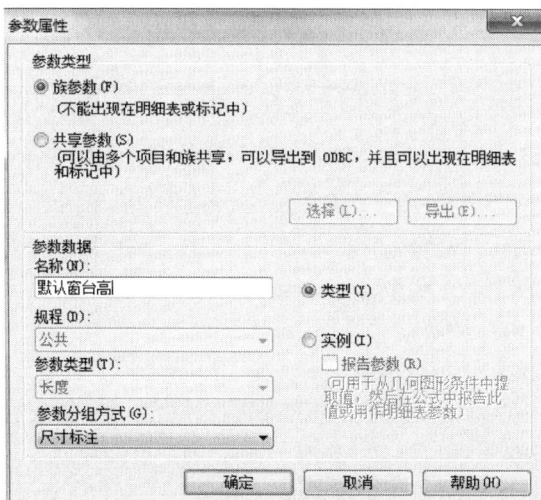

图 7-37 参数属性

自定义的"默认窗台高"属于"族参数",它不能在明细表中统计,也不能通过窗标记族将其显示在标签中。Revit 提供了 13 种不同的"参数类型",分别是文字、整数、编号、长度、面积、体积、角度、坡度、货币、URL、材质、是/否和族类型。

（10）单击"常用"选项卡"模型"面板中的"洞口"工具,自动切换至"修改/创建洞口边界"上下文选项卡。使用矩形绘制模型,分别捕捉至宽度与高度参照平面交点,作为矩形对角线顶点,按图 7-38 所示,沿上、下、左、右参照平面绘制矩形洞口轮廓,单击"锁定"符号标记,锁定轮廓线与参照平面间位置。单击"完成编辑模式"按钮,完成洞口编辑,创建窗洞口。

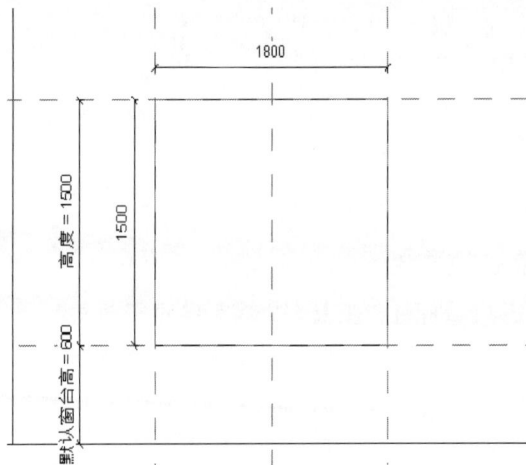

图 7-38　添加窗洞口

打开"族类型"对话框,分别修改"宽度"值为 1000,"高度"值为 1200,"默认窗台高"为 900,单击"确定"按钮,退出"族类型"对话框,观察洞口位置、大小与参照平面参数关联。

（11）使用"拉伸"工具,自动切换至"修改/拉伸"上下文选项卡。确认绘制模式为"矩形",选项栏中的"偏移量"设置为 0;沿上、下、左、右参照平面绘制矩形拉伸轮廓。设置绘图模式为"拾取线",设置选项栏中的"偏移量"值为 60;移动鼠标指针至轮廓线处,按 Tab 键直到显示图 7-39 所示偏移预览,单击鼠标左键创建内部轮廓。

（12）打开"族类型"对话框,分别修改"高度""宽度"和"默认窗台高"参数值为 1500、1200 和 600,测试所绘制的轮廓已随各参数值的变化而变化。

（13）如图 7-40 所示,设置"属性"面板中"拉伸终点"为 30,"拉伸起点"为-30,即在当前工作平面两侧分别拉伸 30mm;修改"子类别"为"框架/竖梃",即设置所建拉伸模型为窗"框架/竖梃"子类别。

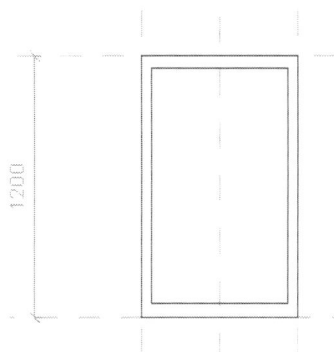

图 7-39 偏移预览

限制条件		⌃
拉伸终点	30.0	
拉伸起点	-30.0	
工作平面	参照平面：墙	
图形		⌃
可见	☑	
可见性/图形替换	编辑...	
材质和装饰		⌃
材质	<按类别>	
标识数据		⌃
子类别	框架/竖框	
实心/空心	实心	

图 7-40 属性设置

（14）单击"材质"参数列表最后的参数关联按钮，打开"关联族参数"对话框，单击"添加参数"按钮，弹出"参数属性"对话框，设置"参数类型"为"族参数"，"名称"为"窗框材质"，选择参数类型为"类型"。

（15）完成后单击"确定"按钮，返回"添加参数"对话框，选择"窗框材质"，再次单击"确定"按钮，退出"添加参数"对话框。单击"完成编辑模式"按钮完成拉伸，创建拉伸窗框。

（16）切换至三维视图，观察绘制的窗框。打开"族类型"对话框，分别修改宽度、高度值，测试当参数变化时，窗框的变化。

（17）切换至放置边立面视图。使用相同的方式，按图 7-41 所示尺寸和位置创建左侧窗扇草图轮廓。设置拉伸实例参数中的"拉伸终点"为18，"拉伸起点"为-20，其余设置与窗框拉伸实例参数设置相同。单击"完成编辑状态"按钮完成当前拉伸创建左侧窗框。

（18）使用相同的方式拉伸右侧窗框。切换至 3D 视图，此时床模型显示如图 7-42 所示。打开"族参数"对话框，分别调节各宽度、高度参数，观察窗框模型随参数的调整而变化。

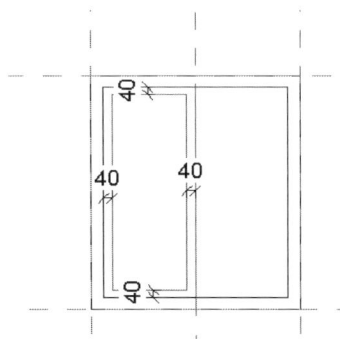

图 7-41 左侧窗扇草图轮廓

图 7-42 3D 窗模型视图

（19）切换至"放置边"立面视图，使用实体拉伸工具，按图 7-43 所示绘制窗玻璃拉伸轮廓。设置拉伸图元属性中的"拉伸终点"为 3，"拉伸起点"为 -3，拉伸图元子类型为"玻璃"。单击"完成编辑模式"按钮，为窗添加玻璃。

（20）切换至"放置边"立面视图。使用"绘制参照平面"工具，按图 7-44 所示在窗中间位置绘制水平参照平面，并对该参照平面添加 EQ 等分约束。

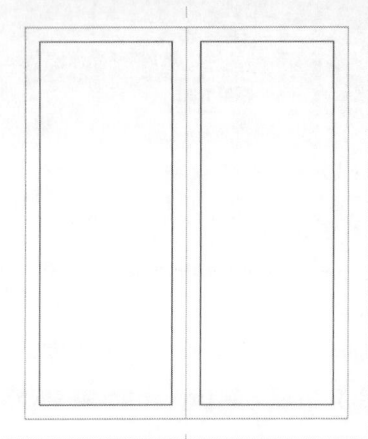

图 7-43　窗玻璃轮廓

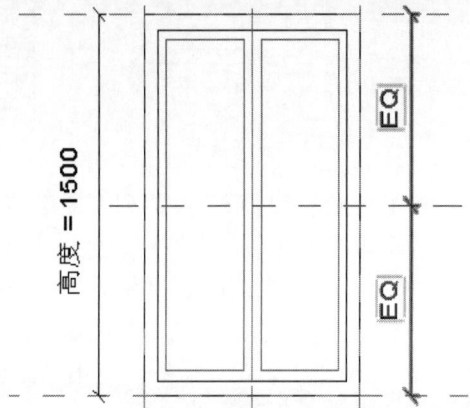

图 7-44　对窗高等分

（21）使用拉伸工具，按图 7-45 所示在左、右窗扇内绘制拉伸轮廓。沿水平轮廓边界和参照平面间添加对齐尺寸标注，分别添加轮廓边界至参照平面的距离锁定约束。设置拉伸实例参数中的"拉伸终点"为 20，"拉伸起点"为 -20；指定"材质"参数为"窗框材质"；设置"子类别"为"框架/竖梃"。完成后单击"完成编辑模式"按钮完成拉伸，为窗添加中间竖梃。

（22）切换至三维视图，打开"族参数"对话框，调节族中各参数，测试模型随族的变化。注意无论窗"高度"如何修改，上一步中创建的横梃都将位于窗中间位置。

（23）选择横梃拉伸单元，单击"属性"面板"可见性"参数后的按钮关联参数按钮，添加名称为"横梃可见"。注意该"参数模型"为"是/否"。

按建筑设计标准的要求，窗在平面视图中显示为双线，而 Revit 默认显示的是窗模型的实际剖切结果。因此需要控制模型的可见性并绘制符号线代表窗在平面视图中的显示样式。

（24）选择所有窗框和玻璃模型，注意不要选择"洞口"图元。自动切换至"修改|选择多个"上下文选项卡。单击"模式"面板中的"可见性设置"工具，打开"族图元可见性设置"对话框。如图 7-46 所示，取消勾选"平面/天花板平面视图"和"当在平面/天花板平面视图中被剖切时（如果类别允许）"选项，单

击"确定"按钮关闭对话框。切换至"参照标高"楼层平面视图，所有拉伸模型已灰显，表示在平面视图中将不再显示模型的实际剖切轮廓线。

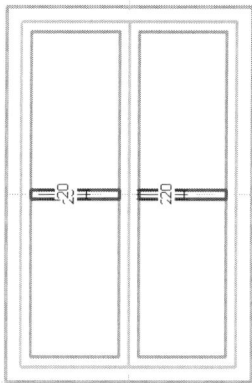

图 7-45 轮廓拉伸

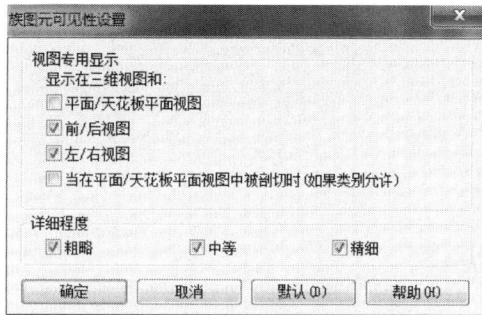

图 7-46 可见性设置

（25）单击"注释"选项卡"详图"面板中的"符号线"工具，自动切换至"修改|放置符号线"上下文选项卡。设置符号线样式为"[窗截面]"，绘制样式为"直线"；设置选项栏中的"平面"为"标高：参照标高"。单击捕捉"左"参照平面为起点，"右"参照平面为结束点，在窗模型两侧绘制水平符号线。

（26）使用"对齐尺寸"标注工具，如图 7-47 所示，使用"对齐标注"方式，设置捕捉参照"首选"为"墙平面"，标注墙面与符号线尺寸，并为该尺寸添加等分约束。

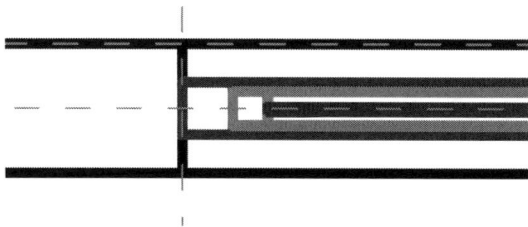

图 7-47 设置捕捉参照

（27）使用类似的方法，在"族图元可见性设置"对话框中，取消勾选"左/右视图"选项，在族中添加剖面视图，并在剖面视图中绘制符号线。当窗被剖面视图符号剖切时将显示符号线。

（28）切换至参照标高楼层平面视图。单击"常用"选项卡"控件"面板中的"控件"工具，自动切换至"修改/放置控制点"上下文选项卡。如图 7-48 所示，确认"控制点类型"面板中当前控制点为"双向垂直"，在参照标高视图墙"放置边"一侧窗中心位置单击，放置内外翻转控制符号。

图 7-48　放置控制点

（29）打开"族类型"对话框，分别修改宽度、高度、默认窗台高度值为 1500、1800 和 900，勾选"横梃可见"选项，单击"重命名"按钮，修改族类型名称为 C1518，如图 7-49 所示。单击"新建"按钮，输入新族类型名称为 C0912，修改宽度、高度和默认窗台高度值分别为 900、1200 和 900，不勾选"横梃可见"选项，单击"确定"按钮，退出"族类型"对话框。保存该族，并重命名为"双扇窗.rfa"。

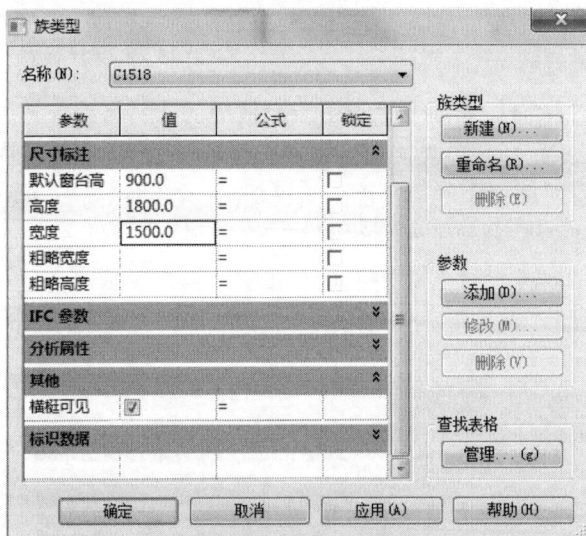

图 7-49　修改族类型参数

（30）新建空白项目，绘制任意墙体，载入该窗族，注意窗族默认包含 C1518 和 C0912 两个类型。分别创建该窗族两个类型的实例，平面中已显示为符合制图规范要求的 4 线窗。新建不同的窗类型，通过勾选类型参数中的"横梃可见"参数，控制窗中间横梃是否可见。至此完成窗族创建。

在绘制族二维表达符号线时，不要使用"常用"选项卡"模型"面板中"模型线"。模型线属于模型图元，它可以显示在任何视图中。而符号线属于注释图元，只会显示在绘制的视图类型中。Revit 提供了模型线与符号线之间相互转换的工具。选择已绘制的线后，单击"修改/线"上下文选项卡"编辑"面板中的"转换线"工具，如图 7-50 所示，可以在符号线与模型线之间互相转换。

图 7–50 转换线编辑

7.3.3 族的嵌套

可以在族中载入其他族，被载入的族称为嵌套族。将现有的族嵌套在其他族中，可以节约建模的时间。下面以实例说明如何使用嵌套族以及如何关联主体族和嵌套族的参数信息。

（1）用"公制常规模型.rft"族样板创建一个长方体。在"族类型"对话框中，新建一个族类型"类型 1"，添加类型参数"长"和"宽"，分别对长方形和宽进行标签，如图 7–51 所示。

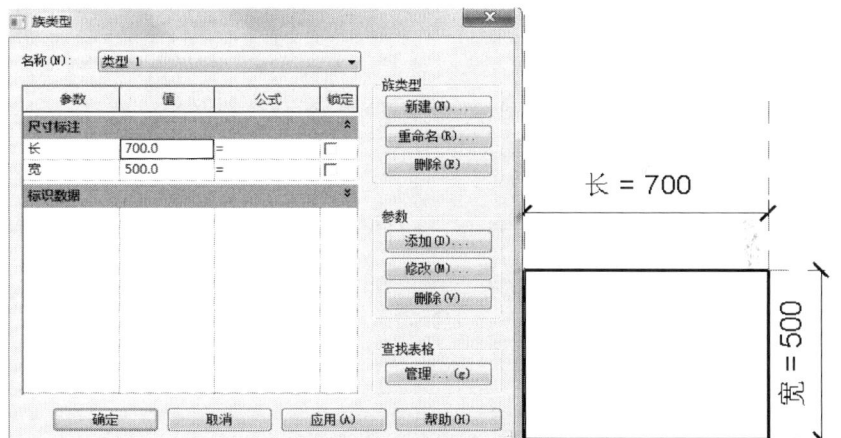

图 7–51 添加参数并标签

（2）将这个族保存为"嵌套族 1.rfa"。

（3）用"公制常规模型.rft"族样板创建另一个族，保存为"父族.rfa"。

（4）打开"嵌套族 1.rfa"文件，单击功能区中"载入到项目中"按钮，如图 7–52 所示，将"嵌套族 1.rfa"载入到"父族.rfa"中。

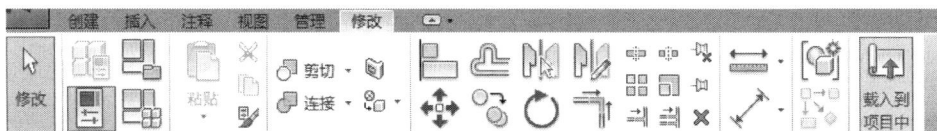

图 7–52 载入项目

（5）在"父族.rfa"的项目浏览器中出现一个族名为"嵌套族1"，类型名为"类型1"的嵌套族。单击"类型1"，然后拖到绘图区域，如图7–53所示。

（6）在"父族.rfa"的"族类型"对话框中，添加类型参数"父族长"和实例参数"父族宽"，分别输入"100"和"500"作为参数值，如图7–54所示。

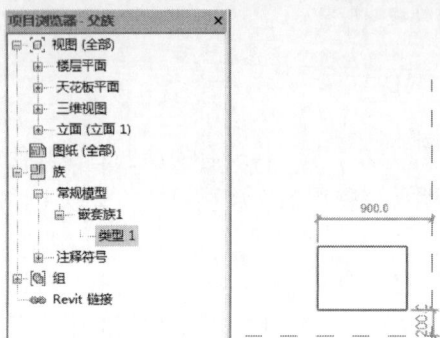

图 7–53　嵌套族

图 7–54　添加类型参数

（7）在项目浏览器中双击"类型 1"，打开"类型属性"对话框。此时只能看到参数"长"因为这个参数是"类型"参数。参数"宽"不可见，因为参数"宽"是实例参数。单击参数"长"最右边的"关联族参数"对话框，选择"父族长"参数。这样就可以用"父族.rfa"中的"父族长"参数去驱动"嵌套 1.rfa"中的"长"参数了。

（8）单击绘图区域中的长方体，在"属性"对话框中只能看到实例参数"宽"，而看不到类型参数"长"。单击参数"宽"最右边的"关联族参数"按钮，打开"关联族参数"对话框，选择"父族"参数。这样就可以用"父族.rfa"中的"父族宽"参数去驱动"嵌套族 1.rfa"中的"宽"参数了。

第八章 案 例 分 析

本章以实际项目 BIM 全周期设计方案为样本，在设计与施工部分有效应用 BIM 的思路、方法和内容。该分析可作为 BIM 设计方案为读者提供参考。

8.1 某大学项目实例

8.1.1 工程概况

项目描述：该项目为××大学施工总承包项目，总建筑面积合计约 117 000m²。本工程建筑内容包括 A 教学楼、B 教学楼和 C 实验楼。A 教学楼建筑面积约 25 526m²，地下 1 层、地上 7 层，建筑总高度为 29.85m；A 教学楼地下部分为全埋式地下车库，战时为人防掩蔽工程。地上部分首层主要功能为餐厅，首层以上为教室、干式实验室（计算机教室）及配套的教室办公室。

B 教学楼建筑面积约 53 879.4m²，地上 7 层，建筑总高度为 31.9m；B 教学楼下首层主要功能为学生配套商店、综合管道走廊、办公室及设备用房。

C 实验楼建筑面积 37 594.6m²，地上 8 层，建筑总高度为 41.3m。C 实验楼下首层主要功能为重力实验室、设备用房，首层主要功能为实验室、咖啡厅、设备用房及大堂，二层以上主要功能为实验室、办公室及研习间。

8.1.2 设计原则

（1）严格执行建设程序，遵照国家有关政策、法令和有关规程规范。

（2）本 BIM 实施策划方案确保合同中的技术、工期等要求的实现。

（3）本 BIM 实施策划方案符合相关法律法规和强制性标准的要求。

（4）本 BIM 实施策划方案力争更好地为施工方提供施工指导。

8.1.3 BIM 应用目标

工作要求：

（1）BIM 工作软硬件及技术团队配备。

（2）前期资料搜集工作。

（3）创建 BIM 模型。

（4）碰撞检查。

（5）深化设计。

（6）沟通协调。

（7）进度控制。

（8）工程量统计和造价管理。

（9）施工方案模拟。

（10）施工指导。

（11）材料过程控制。

（12）下料优化。

（13）工程档案管理。

（14）运维模型。

8.1.4　工程准备阶段 BIM 应用

1. 施工图模型创建

在完成技术准备工作后，将依据项目 BIM 的实际应用要求，进行 BIM 施工图模型创建。在每个区域的建模工作启动之前，我们会根据项目设计图纸的情况分系统定制样板文件。样板文件中主要包括：轴网、标高、视图模板、通用模型、特殊模型、项目信息、构件信息等。BIM 模型创建需将场地模型（包含施工现场布置大临、道路、堆场等标化设施）、土建模型（包含建筑、结构）、机电模型（包含给排水、暖通、电气）分别进行创建，专业之间采用链接的方式整合模型。模型基本元素要求、基本元素信息要求分别见表 8-1 和表 8-2。

表 8-1　　　　　　　　　　模 型 基 本 元 素 要 求

序号	专业	元素类型要求
1	建筑结构	基坑与边坡支护涉及的桩、土钉、结构基础、结构柱、结构梁、结构墙、楼板、楼梯、钢结构等 门、窗、墙（包含基墙、外墙、内墙、隔断等）、幕墙及嵌板、屋面、柱、板、天花吊顶、坡道、高架地板、天沟檐沟、地下集水井、楼梯、护栏、建筑面积、二次结构、日照分析等
2	机电	所有暖通和动力设备（含支撑）、风管管道、内衬、隔热层、附件、管件、风道末端、相关的支吊架等；所有给排水设备、管道、附件、管件、隔热层、卫浴装置、喷头、相关的支吊架等；电缆桥架、桥架配件、电缆保护管、所有电气、通信、音频/视频、照明、控制、低压和安保设备等

表 8–2   模型基本元素信息要求

序号	元素类型	元素信息
1	门	项目编码、几何信息（如长、宽、高）、类型（类型应根据项目设计文件信息确定）、材质
2	窗	几何信息（如长、宽、高）、类型（类型应根据项目设计文件信息确定）、材质
3	墙	几何信息（如长、宽、厚度）、类型（类型应根据项目设计文件信息确定）、材质
4	幕墙	几何信息（如厚度、覆盖面域等）、类型（类型应根据项目设计文件信息确定）、材质、关联构件
5	屋面	几何信息（如厚度、覆盖面域等）、类型（类型应根据项目设计文件信息确定）、材质
6	柱	计算尺寸（如长、宽、高等）、类型（类型应根据项目设计文件信息确定）、材质
7	板	几何信息（如厚度、覆盖面域等）、类型（类型应根据项目设计文件信息确定）、材质
8	天花吊顶	几何信息（如厚度、覆盖面域等）、类型（类型应根据项目设计文件信息确定）、材质
9	坡道	几何信息（如厚度、坡度等）、类型（类型应根据项目设计文件信息确定）、材质
10	天沟檐沟	几何信息（如尺寸、斜角等）、类型（类型应根据项目设计文件信息确定）、材质
11	集水井	几何信息（如长、宽、深度等）、类型（类型应根据项目设计文件信息确定）、材质
12	楼梯	几何信息（如踏板深度、厚度、踢面类型、高度）、类型（类型应根据项目设计文件信息确定）、材质
13	护栏	几何信息（如长度、高度、样式、安装间距）、类型（类型应根据项目设计文件信息确定）、材质、关联构件

2. 碰撞检查

利用 Navisworks 软件对模型进行整合并实时浏览、审阅和协调碰撞问题。具体审核流程：待各系统模型创建完成之后，模型负责人组织各系统建模员对模型进行初审，分楼层、专业、区域对模型进行校对与碰撞检查；然后 BIM 团队技术负责人对模型进行终审，出具并编制碰撞报告，与设计单位协调，进行模型优化，并及时向建设单位汇报优化情况。图 8–1～图 8–3 分别是建模模型导入 Navisworks、在 Navisworks 中运行碰撞检测、检测结果（冲突部分亮显）。

图 8-1　模型导入 Navisworks

图 8-2　运行碰撞检测

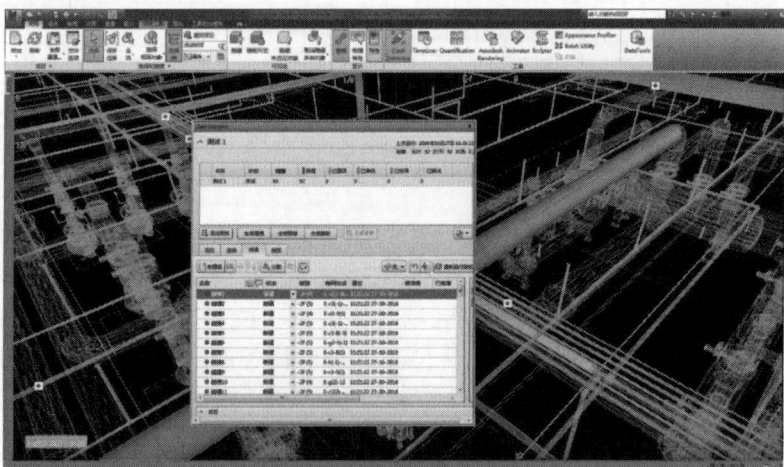

图 8-3　碰撞检测结果

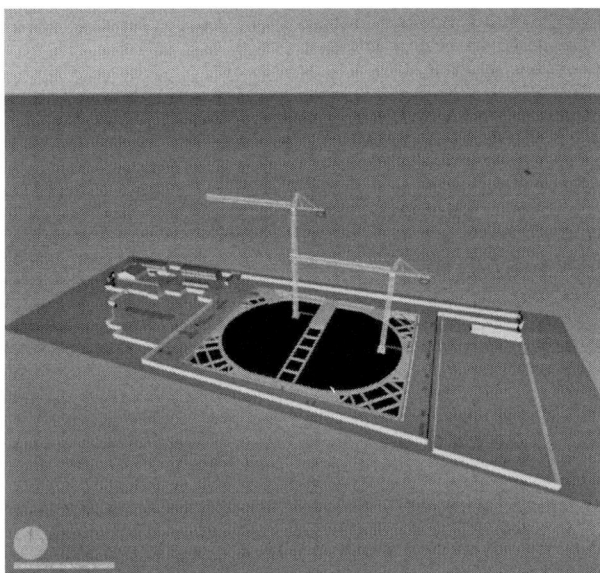

图 8-4　施工模拟图

3. 深化设计

基于 BIM 模型，根据规范要求，对模型进行深化，消除各专业碰撞及设计不合理之处，提交设计审核，待发包人确认后，最终形成深化后的完整模型，并出具满足要求的深化设计图，指导现场施工。图 8-5（a）、（b）分别是施工图模型和深度优化模型。

4. 施工场地规划

在工程实施前，根据项目部提供的场地布置图，利用 BIM 技术将其进行三维可视化模拟，场地模型中主要包含临时道路、临时设施、临水临电、物料堆场、施工机械、施工区域、设备及物料进出场方向、排水系统、消防系统管道及设备等内容。同时利用场地模型对塔吊覆盖范围、土方运输等进行模拟，达到施工场地布局更加合理的目的。

5. 重难点施工方案模拟

利用 BIM 可视化的特点，将对施工过程一些重要的施工环节或关键节点、施工现场的平面布置进行三维模拟及分析，对一些重要或所采用的新工艺进行工序模拟，以提高计划的可行性，使施工工序直观化。

6. 预制加工

利用 BIM 技术将构件参数输入到模型中，再根据现场实际情况对模型进行调整，调整一致后再将信息导出一张完整预制加工图，按照预制图纸进行预制加工，成品加工件运送至现场安装使用，从而达到提高工程建设质量水平和缩短工程建设工期的目的。

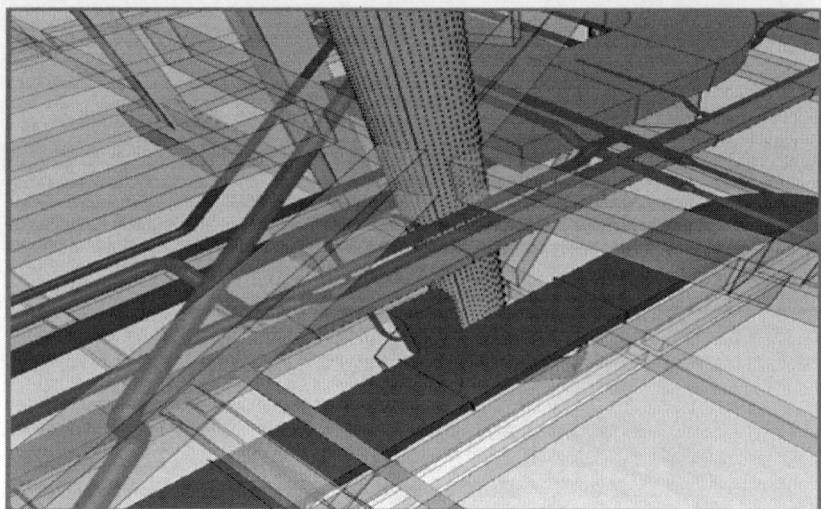

(a)

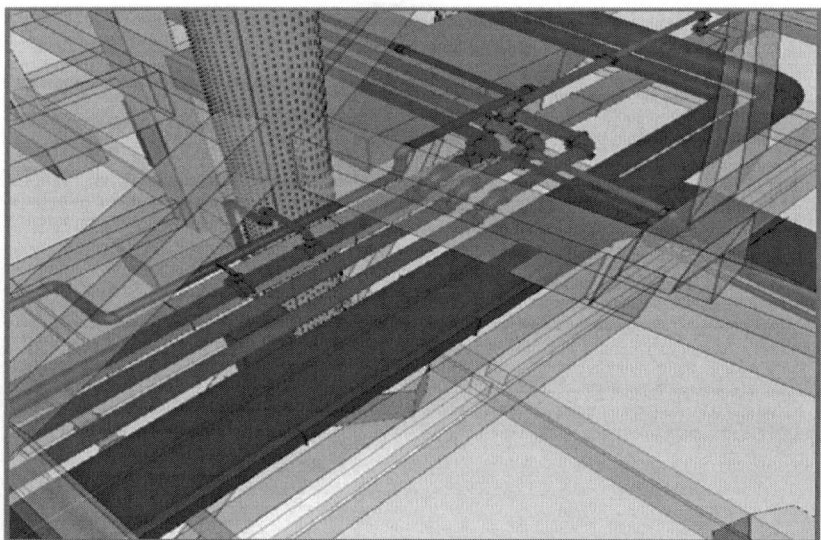

(b)

图 8-5 深度优化

7. 进度控制

根据三维 BIM 模型进行施工进度模拟即 4D 模拟：通过 4D 模拟，在施工过程中不断根据施工进度计划进行 4D 模型的调整，在宏观层面反映施工进度计划的同时，微观层面体现局部的施工安装细节，配合编制物流运输计划等，以合理制定施工计划、材料采购计划、人员调配计划，精确控制施工进度，优化施工资源。

8. 沟通协调

通过搭建三维信息模型，将原本的平面信息三维化、虚拟化，使得各方沟通协调更快捷，也更直观。通过三维模型组织每周的项目例会，对工程进度及工程的重难点进行有效直观的分析，并对各个解决方案进行三维演示及可行性评估。同时通过三维可视化模型向施工班组进行技术交底。

9. 工程量统计

根据三维信息模型，对各专业工程量进行统计，这其中包括门窗表、建筑细部做法面积、二次结构、结构承重构件的体积、钢筋重量、模板、脚手架、电各系统管线的长度、面积，配件数量等主控材料。但统计数据为工程实物量的净值，不包含设计余量和施工过程中的合理损耗，并通过 BIM 模型实时反映工程变更对工程造价的影响。

10. 施工指导

利用 BIM 模型，对施工过程中的预留预埋、管线敷设等工作进行实时指导，同时形成预留预埋图和管线安装节点详图辅助施工。

11. 材料过程控制

在施工过程中基于 BIM 模型按区域、施工段、阶段性获取准确的工程实物量，配合材料采购部，制订材料用量计划，以合理制订材料采购计划。

12. 下料优化

利用 BIM 技术对模板配模、砌筑工程排砖等进行优化，提高材料利用率，减少浪费。

8.1.5 竣工交付阶段 BIM 应用

运维管理：在 BIM 模型中输入所需要的相关信息（如型号、厂家、维保期等），进行准确记录，以便在后续使用过程中的模型信息提取、构件检索、物业信息化管理等。

8.1.6 BIM 应用流程

在施工总承包 BIM 项目实施过程中，通过制定合理的 BIM 工作流程，可以保证 BIM 模型、深化设计和现场施工三者之间合理、高效的衔接和实施。根据工程特点，制订在施工阶段 BIM 应用的实施流程，如图 8-6 所示。

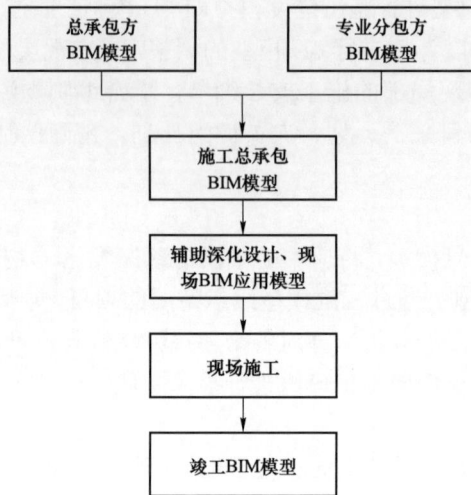

图 8-6 BIM 在施工阶段应用实施流程

8.1.7 BIM 项目组织体系

1. 组织架构

为了全方面实现施工总承包 BIM 团队管理，对各专业分包进行 BIM 管理严格控制，以制度的形式进行规范，通过定期的 BIM 例会来协调 BIM 实施过程中遇到的问题，并通过 BIM 实施计划确保 BIM 的有序推进，在 BIM 实施过程中，施工总承包对各专业实施进行控制，并通过审核的方式确保 BIM 实施的质量。具体施工总承包 BIM 实施控制流程如图 8-7 所示。

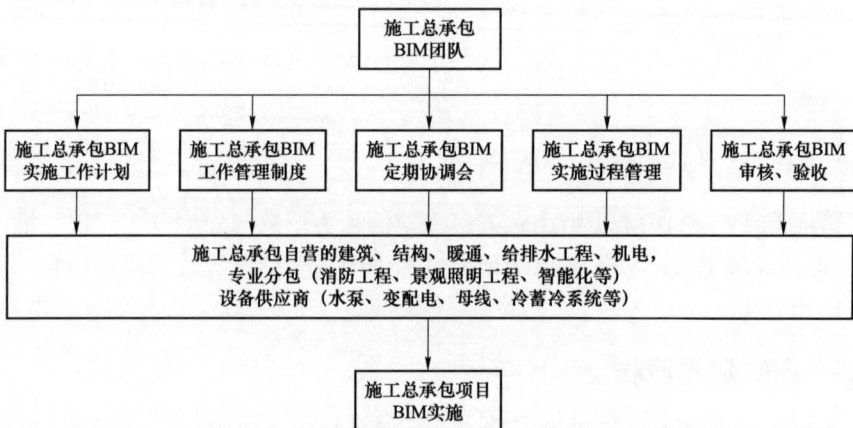

图 8-7 施工总承包 BIM 实施控制流程图

2. 工作职责

各岗位职责分配如表 8-3 所示。

表 8-3 岗位职责分配表

序号	人员	管理职责	人数
1	项目总工	总体负责该项目 BIM 应用,明确项目各部门在 BIM 实施过程中的职责,对阶段性 BIM 成果进行验收检查;并负责对 BIM 实施方案、实施计划等进行审核	1 人
2	项目部职能部门负责人	严格执行项目总工制定的在 BIM 实施过程中所属职责。项目进程中,及时将 BIM 团队所需信息反馈至 BIM 团队,积极配合 BIM 团队的工作,方便 BIM 团队为各职能部门提供技术支持,共同推进项目有效有序进行	3 人
3	BIM 项目经理	负责协调项目中 BIM 的应用并确保项目团队正确执行 BIM 实施方案,其主要职责为:制定并实施《项目 BIM 实施策划方案》;在整个项目周期内及时更新《项目 BIM 实施策划方案》;协调、沟通项目各利益相关方(业主、设计方、施工方及 BIM 工作组内部)的工作,确保各方严格执行《项目 BIM 实施策划方案》;BIM 工作组的工作管理,确认建模计划、模型设置及维护等	1 人
4	土建负责人	对本工程土建专业建立并运用 BIM 模型,进行建筑模型创建及审核、模型整合、碰撞检查、建筑深化设计、工程量统计、方案模拟、现场质量检查等	1 人
5	机电负责人	对本工程水、暖、电专业建立并运用 BIM 模型,管线综合深化设计、机械设备、管路的设计复核等工作,主要包括提供完整的暖通管道、系统机柜、完整的给排水及消火栓系统、喷淋系统的管道、阀门及管道附件、电气管路、终端设备等的 Revit 模型,以及主要的平面、立面、剖面视图和管道及设备明细表,以及平面视图主要尺寸标注	1 人
6	BIM 工程师	对本工程各专业 BIM 模型的创建、修改、深化,并负责对专业内的模型整合与协调	6 人

8.1.8 BIM 应用解决方案

8.1.8.1 机电深化设计

1. 应用目的

深化设计是指在原设计方案、设计图纸等基础上,结合现场实际情况,对原设计进行补充、建模、优化,形成具有可实施性的成果文件,解决原图纸上存在的问题,使各个系统管线排布更加合理,避免施工过程中因图纸问题造成的返工,减少人力物力财力的浪费,使施工工作更加顺利进行。

2. 深化设计范围

本项目中,A 教学楼、B 教学楼、C 实验楼三栋单体均需要建模和出具深化图,深化图包括机电管线综合协调图以及单系统图纸,图 8-8 为管综深化图。

图 8-8　管综深化模型

3. 各参与方职责

施工单位应严格按照深化图施工，对图纸有疑问时，应及时与深化设计人员沟通解决；深化设计人员应做好图纸进度与现场进度控制，保证现场施工人员拥有审批通过的深化图纸，当有设计变更时，深化人员应及时将变更反映到深化图纸中，并给施工人员进行图纸交底，并全部设计问题应形成准确问题联系单记录。

8.1.8.2　深化设计标准

1. 模型精度

表 8-4　　　　　　　　　模 型 精 度 信 息 表

暖通专业模型元素信息		
序号	元素类型	元　素　信　息
1	设备	元素名称、位置（所属楼层等）、尺寸、标高、设备编号、型号
2	暖通风管	元素名称、所属系统、位置（所属楼层等）、尺寸、标高、材质、保温隔热层尺寸、保温隔热层材质
3	暖通水管	元素名称、所属系统、位置（所属楼层等）、尺寸、坡度、标高、材质、保温隔热层尺寸、保温隔热层材质
4	管件	元素名称、所属系统、位置（所属楼层等）、尺寸、标高、材质、保温隔热层尺寸、保温隔热层材质
5	附件	元素名称、所属系统、位置（所属楼层等）、尺寸、标高、型号、保温隔热层尺寸、保温隔热层材质
6	风口	元素名称、所属系统、位置（所属楼层等）、尺寸、标高、型号
7	支架	元素名称、支架编号、位置（所属楼层等）、尺寸、标高、材质
给排水专业模型元素信息		
序号	元素类型	元　素　信　息
1	设备	元素名称、位置（所属楼层等）、尺寸、标高、设备编号、型号
2	管道	元素名称、所属系统、位置（所属楼层等）、尺寸、坡度、标高、材质、保温隔热层尺寸、保温隔热层材质
3	管件	元素名称、所属系统、位置（所属楼层等）、尺寸、标高、材质、保温隔热层尺寸、保温隔热层材质
4	附件	元素名称、所属系统、位置（所属楼层等）、尺寸、标高、型号、保温隔热层尺寸、保温隔热层材质
5	支架	元素名称、支架编号、位置（所属楼层等）、尺寸、标高、材质

电气专业模型元素信息

序号	元素类型	元素信息
1	设备	元素名称、位置（所属楼层等）、尺寸、标高、设备编号、型号
2	电缆桥架	元素名称、位置（所属楼层等）、尺寸、标高、材质
3	桥架配件	元素名称、位置（所属楼层等）、尺寸、标高、材质
4	母线槽	元素名称、位置（所属楼层等）、尺寸、标高、型号
5	线管	元素名称、位置（所属楼层等）、尺寸、标高、材质
6	支架	元素名称、支架编号、位置（所属楼层等）、尺寸、标高、材质

2. 综合协调原则

各专业管线综合排布顺序是：排水管、电缆桥架、线槽、空调水管、空调风管、给水管及消防管道。

管线避让原则：小管让大管；有压管道让无压管道；冷水管让热水管；无保温管道让保温管道；成本低管道让成本高管道；水管避让风管；电气管线在上，水管在下；不经常检修的管路排列在上，检修频繁的管路排列在下。

3. 出图标准

机电深化设计图纸主要包括管线综合深化图，专业平、立、剖面深化图，机房深化图，管井深化图，预留预埋图，支架详图，设备安装详图等。机电图纸深化标准见表 8–5。

表 8–5　　　　　　　　机电图纸深化标准

深化设计图纸种类	图纸类型	图面信息
管线综合图	管线综合深化平面图	建筑结构底图、图纸说明，图例、机电管线平面及标注，关键设备及设备型号规格、主要工作参数、外形尺寸、平面立面定位等信息。项目如需进行支架深化设计，还应包含支架平面、定位、支架编号等信息
	管线综合节点大样图	建筑结构底图、图纸说明，图例，与平面编号对应的节点剖面及管线标注等，关键设备及设备型号规格、主要工作参数、外形尺寸、立面定位
专业深化图	专业深化平面图	建筑结构底图、图纸说明，图例、机电管线平面及标注，关键设备及设备型号规格、主要工作参数、外形尺寸、平面立面定位等信息。项目如需进行支架深化设计，还应包含支架平面、定位、支架编号等信息
	专业深化节点大样图	建筑结构底图、图纸说明，图例，与平面编号对应的节点剖面及管线标注等，关键设备及设备型号规格、主要工作参数、外形尺寸、立面定位

深化设计 图纸种类	图纸类型	图　面　信　息
机房大样图	机房深化 平面图	建筑结构底图、图纸说明，图例、机电管线平面及标注，关键设备及设备型号规格、主要工作参数、外形尺寸、平面立面定位等信息。项目如需进行支架深化设计，还应包含支架平面、定位、支架编号等信息
	机房深化节点 大样图	建筑结构底图、图纸说明，图例，与平面编号对应的节点剖面及管线标注等，关键设备及设备型号规格、主要工作参数、外形尺寸、立面定位
预留预埋图	预留预埋 平面图	建筑结构底图、图纸说明、图例、机电管线平面、关键设备平面、预留孔洞预埋套管编号及平面定位、预留孔洞及预埋套管编号信息表。预留孔洞及预埋套管编号信息表应反映各编号预留孔洞尺寸、标高、穿管尺寸及所属系统，预埋套管尺寸、规格型号、标高、穿管尺寸及所属系统
	预留预埋节点 大样图	建筑结构底图、图纸说明、图例、机电管线平面、关键设备平面、预留孔洞预埋套管编号及立面定位
管井深化图	管井深化图	建筑结构底图、图纸说明、图例、支架定位、支架规格及安装方式、机电管线平面及标注、关键节点剖面及标注、三维模型视图平面及标注
支架大样图	支架大样图	图纸说明、图例、机电管线剖面及标注、各编号支架剖面及标注、支架规格及安装方式
设备安装详图	设备安装详图	建筑结构底图、图纸说明、图例，机电管线平面及标注、关键节点剖面及标注，设备平面及设备型号规格、主要工作参数、外形尺寸、平立面定位等信息

4. 深化设计保证措施

对深化设计来说严格合理的工作流程、体制和控制程序是保证深化设计质量的关键因素。设计制图人员根据设计图纸、国家和部委的规范规程以及本公司的深化设计标准完成自己负责的设计制图工作后，要经过以下检查和审核过程。制图人自审：审查图面上有没有明显错误，是否使用最新图纸，是否反映最新变更；图面是否清晰，标注是否齐全，是否按照部门文件制图；图纸编号、数目是否与图纸目录相符。自审完成后签字进行下一步审批。

项目负责人核查：核查各专业系统是否完整；图面表达是否清楚。核查完成后签字并进行下一步审批。

部门领导审定：平、立、剖面图纸是否完整，表达信息是否准确，深化图能否达到施工深度要求。审批通过后，交付项目部。

5. 流程图

施工深化设计 BIM 应用的操作流程如图 8-9 所示。

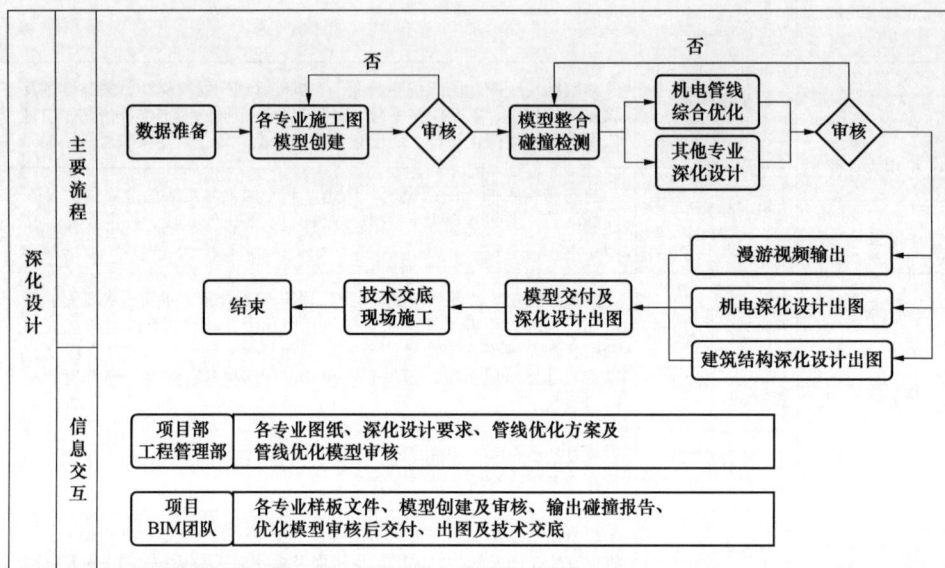

图 8-9　BIM 深化设计操作流程

8.1.9　工程量统计

1. 应用目的

基于 Revit 模型来获取项目主控材料的工程量，与预算算量进行对比分析，辅助报价，同时为施工现场材料采购提供可靠依据，制定合理的采购计划，达到项目精细化管理目标。

2. 实施步骤

基于施工设计图纸，按照项目需求分层分区域进行模型绘制，同时模型信息须满足比目云算量要求，如构件几何信息，构建名称，所属区域、所属楼层等。在比目云中进行工程设置（如映射规则、扣减规则、工程量导出规则等），随后在构件列表中为各构件套入合理的清单做法，同时各构件的输出信息要确保满足项目需要。

项目部门对工程量清单进行审核，审核通过后辅助现场进行资源分配。同时对模型工程量与预算量、上阶段 BIM 模型量与现场施工工程量进行比较，分析量差原因，并对下一阶段的模型进行相应的调整优化。

3. 流程图

工程量统计 BIM 应用的操作流程如图 8-10 所示。

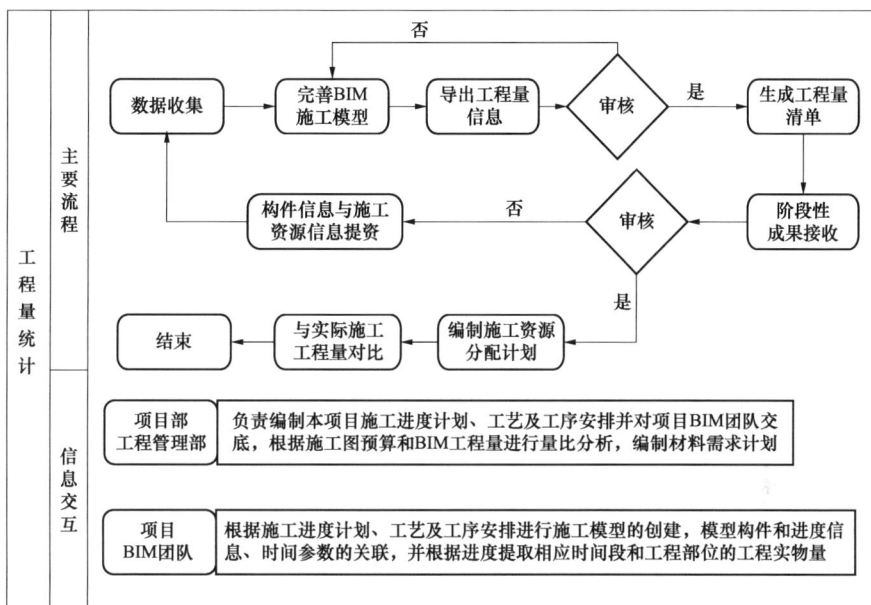

图 8-10　BIM 工程量统计操作流程图

8.1.10　协作策略

为了全方面实现施工总承包 BIM 团队管理，对各专业分包进行 BIM 管理严格控制，以制度的形式进行规范，通过定期的 BIM 例会来进行协调 BIM 实施过程中遇到的问题，并通过 BIM 实施计划确保 BIM 推进的有序进行，在 BIM 实施过程中，施工总承包对各专业实施进行控制，并通过审核的方式确保 BIM 实施的质量。具体施工总承包 BIM 实施控制流程如图 8-11 所示。

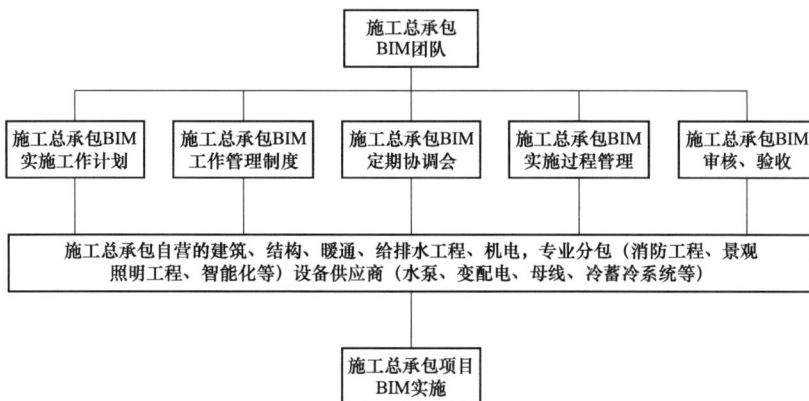

图 8-11　施工总承包 BIM 实施控制图

8.1.11 成果文件审核

BIM 成果文件全部采用内审+外审的双重模式进行审核，确保成果文件的准确性，同时全部会审结果须形成准确记录。

8.1.12 部分模型图及现场图

图 8-12 为部分管综设计模型，经深化设计后，各专业管线布局更加合理。

图 8-12 部分管综图

图 8-13 为在 Navisworks 中打开项目完整模型，可以在 Navisworks 中进行碰撞检测、漫游等。

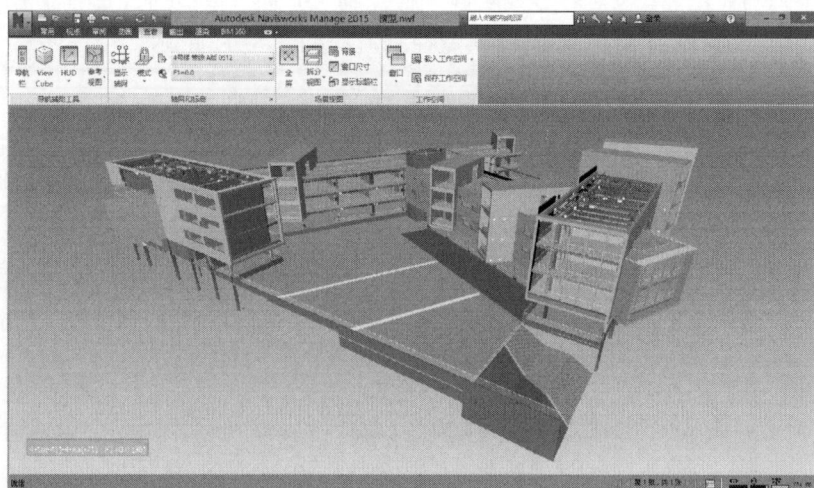

图 8-13 完整模型图

图 8-14 为施工 4D 模拟图，可以实现监视进度，提供施工指导。

图 8-14　施工模拟图

图 8-15 为现场管线布局，通过 BIM 设计的优化，在施工安装过程，可以提前生产预构件，实现安装零误差。

图 8-15　管道现场图

图 8-16　机电现场图

8.2　某科技中心项目实例

8.2.1　编制依据

（1）《基于 BIM 的民用建筑机电深化设计标准》；

（2）《建筑结构专业基础建筑信息模型创建规程》；

（3）业主提供的设计图纸及其他资料；

（4）本公司承担类似工程的建设经验；

（5）本工程项目涉及的相关法律、法规及规范性文件。

8.2.2　编制原则

（1）严格执行建筑设计程序，遵照国家有关政策、法令和有关规程规范；

（2）本 BIM 实施策划方案确保合同中的技术、工期等要求的实现；

（3）本 BIM 实施策划方案符合相关法律法规和强制性标准的要求；

（4）本 BIM 实施策划方案力争更好地为某科技中心项目提供施工指导。

8.2.3　BIM 服务目标

（1）全面履行招投标文件中的 BIM 相关条款；

（2）辅助项目总承包、业主对于项目的精细化管理；

（3）探索更多的 BIM 新技术在项目的实际运用。

8.2.4　项目描述

工程规模及特征：地块总用地面积约 66 661m²。包含大数据学院体验中心、大数据学院会议酒店、大数据学院多功能研讨大楼、大数据学院主楼。

8.2.5　项目 BIM 服务重难点

（1）本工程提量大，工期紧，BIM 建模、深化等工作任务重，时间紧；

（2）本工程钢结构需求量大，BIM 的钢结构深化设计任务重；

（3）大型设备安装多，质量要求高，BIM 建模、施工模拟复杂；

（4）本工程管线系统复杂，排布要求高，BIM 深化设计任务重；

（5）本工程各专业交叉作业组织协调难，BIM 辅助现场三维可视化交底工作任务重。

8.2.6　基于 BIM 的建筑信息模型的创建

1. 土建模型创建

（1）创建依据：

符合《建筑结构专业基础建筑信息模型创建规程》及设计院给定图纸。

（2）土建模型创建要求。

● 模型文件拆分规则，符合深化设计和进度模拟需求。

● 钢结构由钢结构设计院深化，现场服务人员按照相应规则将钢结构深化模型整合在土建模型中。

● 土建信息模型包含建筑物固有的土建结构模型、场地模型，安全文明施工模型、样板间模型、装饰装修样板模型、复杂节点模型等。

● 土建模型的创建需在现场施工进度之前 1 个月进行。

2. 机电模型创建

（1）创建依据。

机电信息模型符合《基于 BIM 的民用建筑机电深化设计标准》及业主给定图纸。

（2）机电模型创建要求。

● 机电信息模型的创建内容包含办公区管线综合、设备机房管线、机电系统模型、相应的机电节点模型等。

● 机电模型的创建精度达到《基于 BIM 的民用建筑机电深化设计标准》中的一类标准。

● 机电模型的创建完成时间控制在深化设计工作开始前 15 天。

● 机电信息模型文件拆分，符合现场的施工工序。

8.2.7　基于 BIM 的深化设计

1. 土建深化设计

（1）土建深化设计依据。

本工程所涉及的主要国家、行业或地方规范、规程、法规、图集等。

（2）土建深化设计内容。

土建深化设计内容包含钢结构深化、幕墙深化设计、二次结构深化、预留洞位置深化、装修配合深化、土建模型相应节点的渲染等，其中钢结构和幕墙深化由系统分包单位负责深化。

（3）工作安排。

土建结构深化工作完成在现场相应节点工程施工前。

2. 机电深化设计

（1）创建依据。

机电深化设计应符合本工程所涉及的主要国家、行业或地方规范、规程、法规、图集等。

（2）机电深化设计内容。

碰撞检查及管线综合：整合土建各专业、机电各系统模型，基于 Revit 或 Navisworks 进行碰撞检测，分析碰撞主要内容，形成碰撞分析报告，并辅助管线的排布方案制定。

（3）管线综合深化设计。

基于碰撞检测报告和相应的图集规范等，制定相应的管线水平垂直及相应节点的机电布置方案，在 Revit 中调整相应管线位置或相应的方案，同时基于 BIM 模型生成二维的深化设计图纸、节点深化设计图纸。图 8-17 为管综模型图。

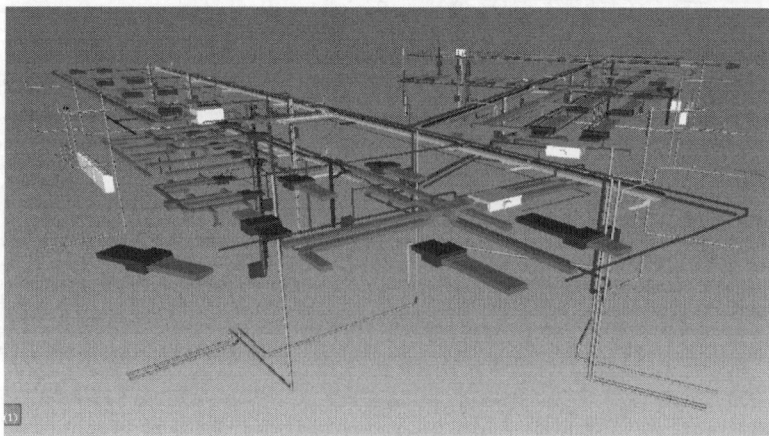

图 8-17　管综模型图

（4）设备机房深化。

设备机房的管线系统复杂，通过机房的深化设计，展示机房管线的布局走向，设备布置、设备基础布置、支吊架布置情况，基于 Revit 导出深化设计图，并辅助后期的机房设备的吊装、支架布置方案的制定。图 8-18 为设备机房深化后模型图。

图 8-18　设备机房深化后模型图

（5）管井深化设计。

基于机电系统的信息模型，优化协调立管与水平接管的关系，同时进行支架的布置，并基于模型导出管井深化设计图纸，同时基于模型的施工技术交底。图 8-19 为电井深化模型。

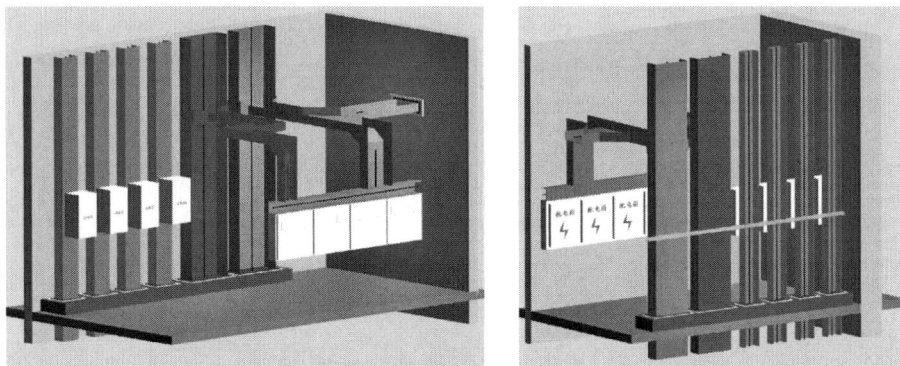

图 8-19　电井深化模型

（6）支吊架深化设计。

基于审核通过后的深化设计模型，按照相应的规范同时现场的需求，进行支架的深化设计。通过受力的计算和校核，设计支架形式，优先考虑综合支架，并形成支吊架深化设计图。

8.2.8　基于 BIM 辅助施工管理

1. 三维可视化汇报和交底

对于书面表达现场进度和计划时的不足，通过 BIM 模型的三维可视化、关联性、审阅性特点，将现场已完工和计划工程量进行标识不同色彩标识，同时根据已完工工程量关联现场照片，直观展示当前完成和计划工程量。汇报可以结合项目部业主例会，进行展示，同时也可以对于可能遇到的重难点进行可视化的讨论等工作。

基于本工程交叉作业施工安排较多的情况，交底是保证施工质量的关键。在施工开始前，基于 BIM 模型对施工班组进行技术交底，交底直观、清晰，保证工程质量。同时基于移动终端平板 BIM 模型浏览，便于我们施工过程中的施工质量控制和检查。

2. 基于 Navisworks 的模型审核

在土建、机电深化设计或者在施工方案的模拟的过程初期，基于 Navisworks 的模型审核，讨论相关的做法，审核相应的施工做法，管线排布方案。例如在机电深化设计初调完成后，深化设计出图前，对于部分区域不明确，存在有相应的疑问的情况，要对遇到的问题进行审核。图 8-20 为项目模型导入 Navisworks 中。

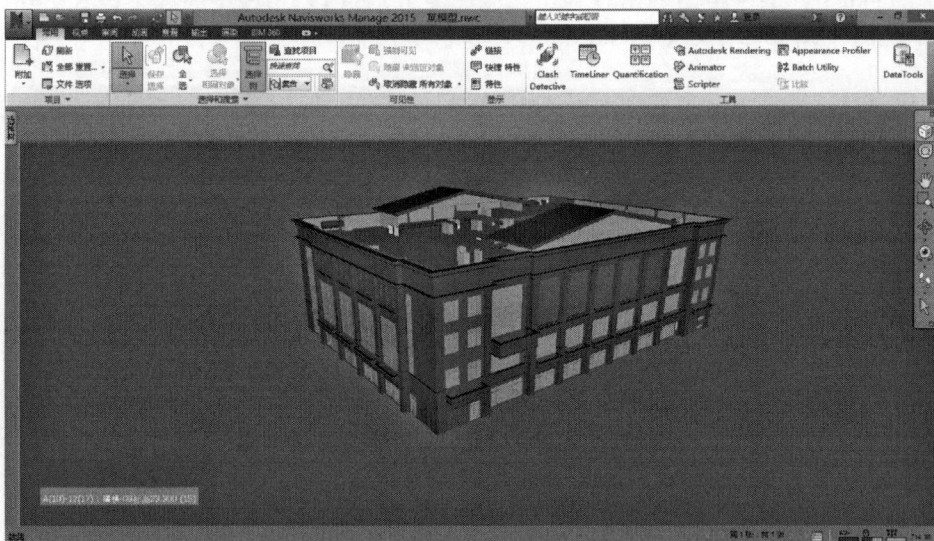

图 8-20　模型导入到 Navisworks

3. 审核前准备

在土建、机电或相关方案模型审核的过程前，对于已施工或有修改处模型的准确性应给予复核，保证模型的准确性。

4. 审核会参与人员

包括总包相关技术负责人、分包单位技术负责人、BIM 中心负责人。（在涉及问题较大、需要业主或设计院参加时，邀请业主或设计院相关成员参加。）

5. 审核内容

（1）土建模型、方案模型审核：

土建结构模型及需要展示体现的模型、视频、图片、文字方案等。

（2）机电模型审核：

模型导出按系统导出，这个导出也可以再次审核我们的模型系统的准确性，同时保证系统的完整。

模型应包含土建结构模型（在管线复杂处穿二次结构的预留洞密集处时，土建结构模型中需要考虑构造柱和相应的过梁）、机电初始模型、机电调整模型。

内容还包含但不限于审核涉及的图片、文字资料等。

6. 审核过程

（1）土建结构、方案模型审核：

基于 BIM 模型、施工模拟的视频对于施工的指导性或者方案的可行性进行审核。

（2）机电模型审核：

模型审核前制作相应的机电管线的漫游视频，可以保留在 Navisworks 里面，在时间允许的情况下可以导出相应的视频，方便播放。

根据相应机电管线的分布情况，给予垂直净空分析，分析形式可以通过剖面的垂直面高度的调整，考虑支架高度或其他因素，设定剖面的位置和间距。

在设计图改动较大的位置、空间布置紧凑、空间不够、支架共用的地方，保存相应的视点，同时给予相应的审阅标识。

7. 审核记录整理签字

审核过程由 BIM 中心人员组织编写，总包、分包、BIM 中心各留一份。编写内容为视点名称（或者截图）、审核过程中的问题、审核过程中的解决方案等。

8. 注意事项

视点命名：视点的命名可以根据相应的防火分区号、轴号、区域编号等，审核过程应逐点逐条审核。

审核模型会由建模调整者负责或者驻场人员负责，对于模型、视频进行方案阐述。

9. 4D 进度模拟辅助进度管控

基于本工程项目工期短，施工任务重，合理的组织施工是保证工期的关键。根据三维 BIM 模型进行施工进度模拟即 4D 模拟：通过 4D 模拟，在施工过程中不断地根据施工进度计划进行 4D 模型的调整，在宏观层面反映施工进度计划的同时，在微观层面体现局部的施工安装细节，配合编制物流运输计划等，以合理制定施工计划、材料采购计划、人员调配计划，精确控制施工进度，优化施工资源。模拟如图 8-21 所示。

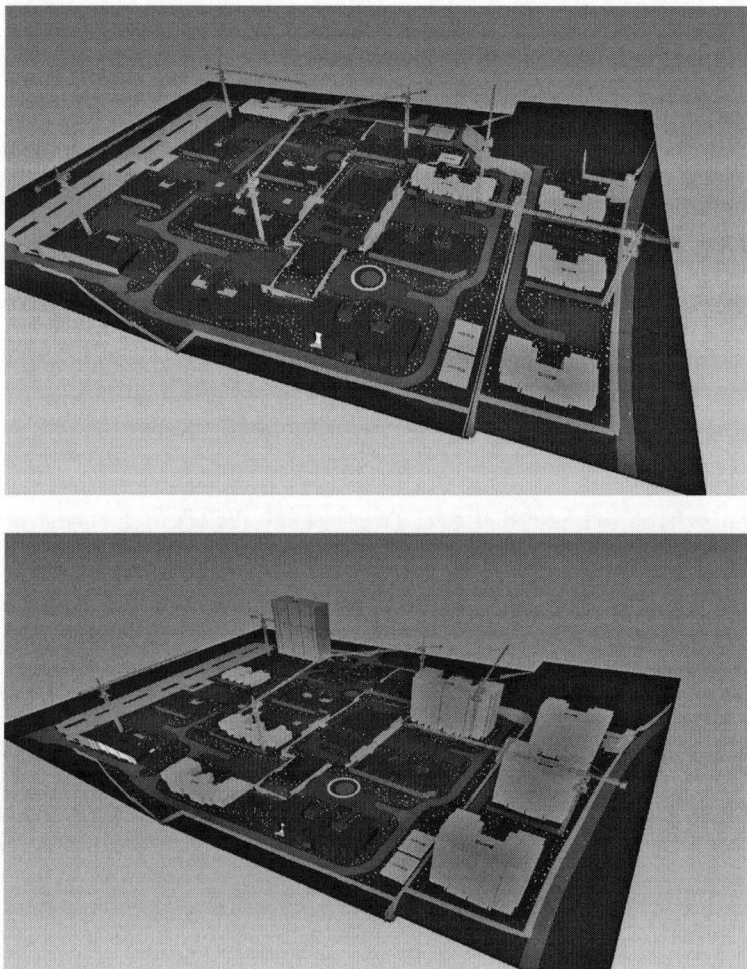

图 8-21　4D 模拟图

10. 辅助现场施工方案制定

（1）考虑基于本工程钢结构与混凝土的节点、屋面施工防水要求高，细部节点施工工艺复杂等工程重难点；

（2）利用 BIM 可视化的特点，将对施工过程一些重要的施工环节或关键节点、施工现场的平面布置进行三维模拟及分析，对一些重要或所采用的新工艺进行工序模拟，提高计划的可行性，使施工工序直观化，并对实际进度及计划进度进行对比，找出差异原因。

（3）施工方案模拟流程如图 8-22 所示。

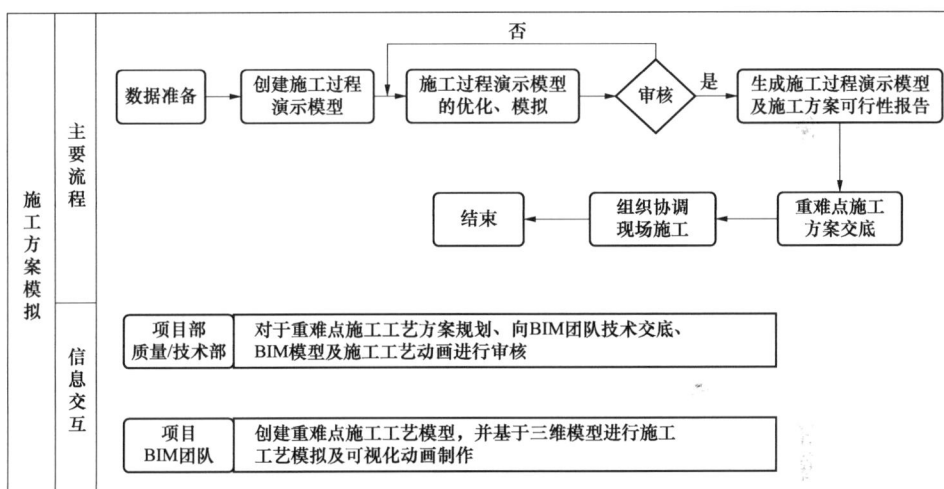

图 8-22　施工方案模拟流程

8.2.9　基于 BIM 模型工程量统计辅助工程提量

根据三维信息模型，结合项目的切实需求，对各专业工程量进行统计，这其中包括门窗表、建筑细部做法面积、二次结构、结构承重构件的体积、机电各系统管线的长度、面积，配件数量等主控材料。但统计数据为工程实物量的净值，不包含设计余量和施工过程中的合理损耗，并通过 BIM 模型实时反映工程变更对工程造价的影响。

8.2.10　应用点工作量

1. 应用点工作量

本工程工作量主要集中在土建模型创建，机电模型创建、调整、深化出图，4D 进度模拟工作，结合项目实际情况，预计工程量统计见表 8-6：

227

表 8-6　　　　　　　　　　　应 用 点 工 作 量

序号	应用点名称	工时	备　　注
1	场地布置优化	28	根据项目进程实时更新
2	施工图模型创建	160	根据图纸及工程联系单回复情况实时更新
3	模型整合及碰撞检测	50	出具碰撞检测报告
4	深化设计	60	含土建、机电各专业
5	可视化汇报及技术交底	240	贯穿整个项目施工周期
6	进度控制 4D 模拟	240	贯穿整个项目施工周期
7	协同管理平台应用	200	贯穿整个项目施工周期

2. 应用点工作流程

在施工总承包 BIM 项目实施过程中，通过制定合理的 BIM 工作流程，可以保证 BIM 模型、深化设计和现场施工三者之间能够合理、高效的衔接和实施。根据本工程特点，制定如图 8-23 在施工阶段 BIM 应用的实施流程。

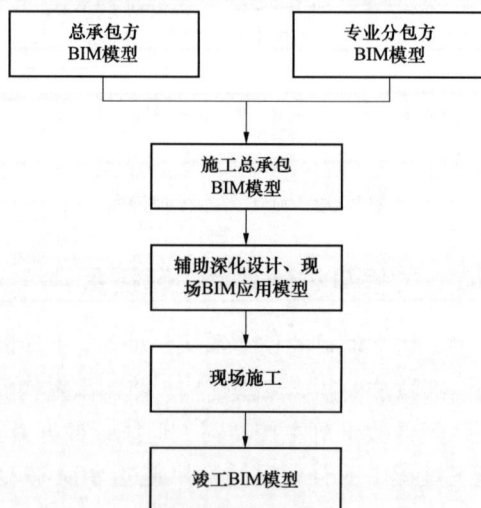

图 8-23　BIM 在施工阶段应用实施流程

8.2.11　BIM 应用质量保障措施

1. BIM 管理组织架构及职责

BIM 应用质量是指在项目整个过程中的 BIM 运用点落实和 BIM 价值体现情

况，旨在利用 BIM 技术手段保证项目的整体质量创优。

2. BIM 应用质量组织体系

为了全方面实现施工总承包 BIM 团队管理，对各系统分包进行 BIM 管理严格控制，以制度的形式进行规范，通过定期的 BIM 例会来进行协调 BIM 实施过程中遇到的问题，并通过 BIM 实施计划确保 BIM 推进的有序进行，在 BIM 实施过程中，施工总承包对各系统实施进行控制，并通过审核的方式确保 BIM 实施的质量。具体施工总承包 BIM 实施控制流程如图 8-24 所示。

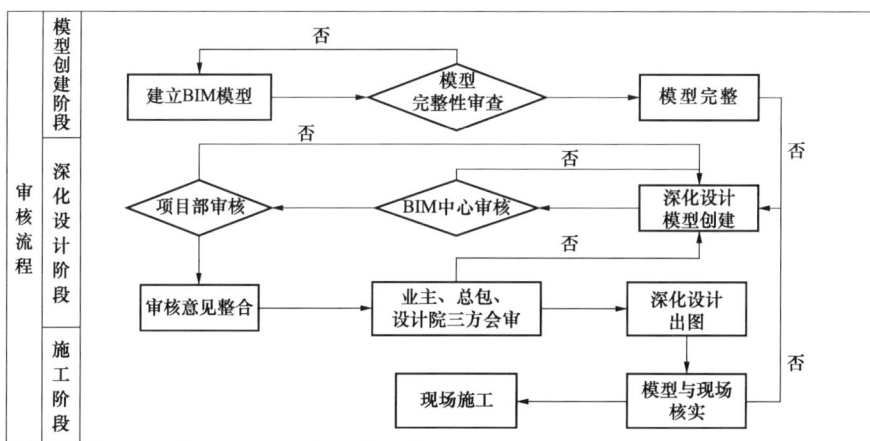

图 8-24　施工总承包 BIM 实施控制流程图

3. BIM 应用质量岗位职责

项目设 BIM 工作室，工作室由项目总工主管负责项目 BIM 应用的指导、监督和检查工作，BIM 经理负责项目 BIM 应用过程的实施；设项目部 BIM 服务人员若干名，BIM 中心土建和机电系统工程师若干，BIM 中心项目总监工程师负责项目技术支持和项目评估。

项目 BIM 相关人员职责如表 8-7 所示。

表 8-7　　　　　项 目 岗 位 职 责 表

序号	人员	职 责 内 容	人数
		BIM 岗位职责表	
1	项目总工	总体负责该项目 BIM 应用，明确项目各部门在 BIM 实施过程中的职责，对阶段性 BIM 成果进行验收检查；并负责对 BIM 实施方案、实施计划等进行审核	1 人
2	项目部职能部门负责人	严格执行项目总工制定的在 BIM 实施过程中所属职责。项目过程中，及时将 BIM 团队所需信息反馈至 BIM 团队，积极配合 BIM 团队的工作，方便 BIM 团队为各职能部门提供技术支持，共同推进项目有效有序进行	3 人

BIM 岗位职责表

序号	人员	职 责 内 容	人数
3	BIM 项目经理	负责协调项目中 BIM 的应用并确保项目团队正确执行 BIM 实施方案,其主要职责为:制定并实施《项目 BIM 实施策划方案》;在整个项目周期内及时更新《项目 BIM 实施策划方案》;协调、沟通项目各利益相关方(业主、设计方、施工方及 BIM 工作组内部)的工作,确保各方严格执行《项目 BIM 实施策划方案》;BIM 工作组的工作管理,确认建模计划、模型设置及维护等	1 人
4	土建负责人	针对本工程土建专业建立并运用 BIM 模型,进行建筑模型创建及审核、模型整合、碰撞检查、建筑深化设计、工程量统计、方案模拟、现场质量检查等	1 人
5	机电负责人	针对本工程水、暖、电专业建立并运用 BIM 模型,进行管线综合深化设计、机械设备、管路的设计复核等工作,主要包括提供完整的暖通管道、系统机柜、完整的给排水及消火栓系统、喷淋系统的管道、阀门及管道附件、电气管路、终端设备等的 Revit 模型,主要的平面、立面、剖面视图和管道及设备明细表,以及平面视图主要尺寸标注	1 人
6	BIM 工程师	针对本工程各专业 BIM 模型的创建、修改、深化,并负责对专业内的模型整合与协调	6 人

4. BIM 应用质量控制要点

(1)质量管理措施。

项目施工前,组织施工班组进行三维可视化技术交底,明确施工内容,清楚施工工艺流程。

(2)质量控制其他措施。

● BIM 相关技能知识培训

根据项目的实际需求,对项目部相关成员普及 BIM 相关政策、BIM 发展概况等,同时进行软件 Navisworks 基本技能的培训,提高项目部自身 BIM 运用能力。能独立完成三维可视化汇报和交底工作。

● 设置定期的看图看模型日

针对本项目任务重、工期紧,在施工前基于 BIM 模型的交底工作和审核工作是保证 BIM 运用的关键。在项目部时间允许的情况下,设定每周的看图日,辅助现场的施工方案的制定,施工技术交底,管线排布方案审核等工作。

● 模型审核制度

模型审核制度旨在保证模型的实用性。模型审核制度分为"两审一会一核",其主要流程如图 8-25 所示。

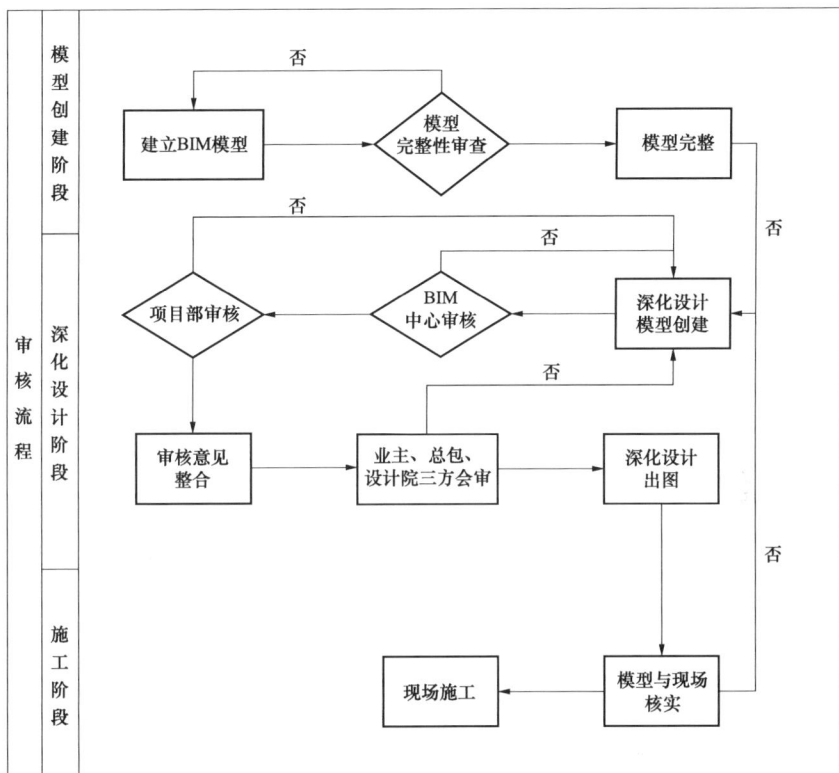

图 8-25 项目流程图

8.2.12 部分模型图及现场图

图 8-26 和图 8-27 分别为模型设计模型和现场布局，经过深度优化，设计模型承担施工指导功能。

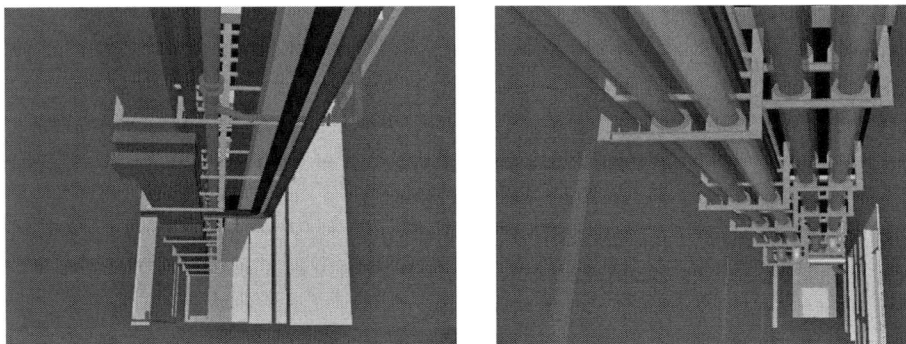

图 8-26 管综模型图

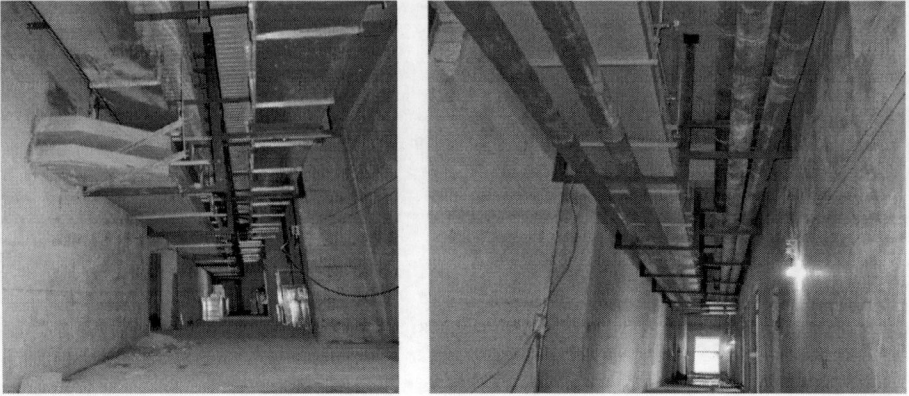

图 8-27　现场布局图

参 考 文 献

［1］ 柏幕进业. Autodesk Revit Architecture 2014 官方标准教程［M］. 北京：电子工业出版社，2014.

［2］ 廖小烽，王君峰. Revit 2013/2014 建筑设计火星课堂［M］. 北京：人民邮电出版社，2013.

［3］ 欧特克软件（中国）有限公司构件开发组. Autodesk® Revit® MEP 2012 应用宝典［M］. 上海：同济大学出版社，2012.

［4］ 黄亚斌，徐钦. Autodesk Revit Architect 实例详解［M］. 北京：中国水利水电出版社，2013.

［5］ 王君峰，陈晓，等. Autodesk Revit 土建应用之入门篇［M］. 北京：中国水利水电出版社，2013.